池田大作「権力者」の構造

溝口　敦

講談社+α文庫

文庫版のためのまえがき

現在、公明党は自民党と連立を組み、政権を掌握している。公明党の支持率の低さから見て、公明党の政権参加を不快に思う国民は少なくないはずだが、かといって遠からず創価学会・公明党による独裁政治が始まる、創価学会以外の宗教は禁止される、学会員でないと社会的に不利に扱われる――といった不安と危惧を感じている国民は少ないのではないか。

なぜなのか。おそらく創価学会・公明党には間違っても第一党になるような力はない、日本国民は創価学会に独裁を許すほどバカじゃないといった、半ば創価学会・公明党を見くびった読みがあるのかもしれない。

彼らに独裁を許す時代は来ないという側に筆者も賭けたいが、一九六〇年代、創価学会にはファシズムの危険性さえ指摘されていた。当時と比べて、今、公明党は現実的により権力に近づき、政権の一角を占めている。にもかかわらず、なぜ国民の多くは創価学会・公明党の存在に危機感を覚えないのか。

ナチスは結党十四年で一党独裁体制を確立した。一九二八年の国会選挙での得票率はわずか二・四％だったが、その五年後には素早く第三帝国を樹立している。対して公明党は結党以来四十一年、今もって政党支持率二～四％程度で足踏みしている。池田大作名誉会長は「総体革命」を唱え、政財官の要路を創価学会員で独占しようとしたが、あまりに時間がかかりすぎて間延びしたということか。

ナチスを生んだころのドイツは厳しい政治経済状況にあったが、それと戦後日本の経済状況は異なる。ドイツのように極端に走る必然性はなかった。

創価学会が信仰者の政権掌握（王仏冥合《おうぶつみょうごう》）を理想とする考えはもともと日蓮正宗《にちれんしょうしゅう》の教義に発している。つまり日蓮の教えが広まるとき（広宣流布《こうせんるふ》）に理想郷が実現するとの教えである。

広宣流布が成ったとき、どのような状況が現出するのか。日蓮が一二七三年、五十二歳のときしたためたという「如説修行抄」にはこう記されている。

「天下万民・諸乗一仏乗と成って妙法独り繁昌せん時、万民一同に南無妙法蓮華経と唱え奉らば吹く風枝をならさず雨壌《つちくれ》を砕かず、代は義農の世となりて今生には不祥の災難を払ひ長生の術を得、人法共に不老不死の理《ことわり》顕《あらわ》れん時を各々御覧ぜよ現世安穏の証文疑い有る可からざる者なり」

吹く風は柔らかく木々の枝さえ鳴らさない。降る雨も穏やかで土壌さえ砕かない。人びとが南無妙法蓮華経と唱えれば、災難もなく、長生きする――。つまり広宣流布は天下太平という状態の実現であり、そこには具体的な施策や目標は存在しない。ナチスは結党時、ナショナリズム、反マルクス主義、反ユダヤ主義の流布、拡大を目標に掲げていたが、広宣流布には具体的な目標も政策もなく、単に創価学会の教義を奉ずる者による政権掌握を理想とするだけである。

創価学会に限らず、どのような勢力や組織だろうと、独裁は忌むべきであり、決して許してはならない。だが、創価学会名誉会長・池田大作が唱える広宣流布の現代版「総体革命」は「天下を取る」という独占状況の獲得を目的とするものであって、天下を取った後、どういう施策を展開するかは皆無に等しい。彼らがやることは、せいぜい創価学会のメンバーで富裕層を独占する、創価学会批判の論陣を張ってきた評論家や元学会員などを撲滅するぐらいのことだろう。

ほとんど漫画であり、考えていることは幼い。このような創価学会・公明党がどうなろうと、さして脅威にはならないと国民が考えたとしても、それはそれなりに現実的な態度というべきだろう。

池田大作が創価学会の第三代会長についたのは一九六〇年のことである。以来、彼は今日まで四十五年間、途中、会長から名誉会長と呼称は変えたものの、一貫して創価学会の上に君臨してきた。創価学会の独裁者であり続けたのであり、その意味では「池田創価学会」と呼ぶことこそふさわしい。

その四十五年間は必ずしも無風だったわけではない。会長就任十年目の一九七〇年には出版妨害、言論抑圧事件を引き起こし、世論の袋叩きに遭った。二十年目の一九八〇年には創価学会顧問弁護士・山崎正友《やまざきまさとも》と教学部長・原島嵩《はらしまたかし》が同会機密資料のコピーを持ち出して造反、大々的に反池田キャンペーンを展開した。池田は前年の七九年、日蓮正宗の法主・細井日達《ほそいにったつ》に敗れ、法華講総講頭を辞任し、創価学会会長を辞して名誉会長に退いた。

会長就任三十一年目の一九九一年、日蓮正宗は創価学会が自主的に解散するよう「解散勧告書」「破門通告書」を送り、翌九二年には池田を信徒除名処分にした。創価学会は日蓮正宗の教義と本尊を借りる信徒団体だったが、日蓮正宗の法主・阿部日顕《あべにっけん》の怒りを買い、日蓮正宗から放逐された。九五年オウム真理教事件をきっかけに宗教法人法の改正作業が始まり、日蓮正宗は創価学会が宗教法人としての適格性を欠くとして文部大臣に意見書を提出した。九八年竹入義勝《たけいりよしかつ》元公明党委員長は朝日新聞に回顧録を連載し、創価学会と公明党が政教一致の関係にあったと記して、池田大作の憎しみを買った。同様に公明党元委員長・矢野絢也《やのじゅんや》も〇五年創価学会から激しく糾弾された。

池田大作・創価学会名誉会長

池田が創価学会に君臨する四十五年間は大波、小波の連続だった。池田はつねに憎しみの対象を持ち「敵」との泥試合を事としてきた。致命的なダメージを免れるため、時の権力に、つまり自民党に擦り寄ることは早くも出版妨害事件に始まっている。政権の一角にぶら下がるため、かつては公明党の生命線ともした中選挙区制の維持を断念、あえて小選挙区制も飲んだし、靖国も消費税も時の権力に右へならえした。自民党と結ぶことで自民党を学会票の依存症に零落させると同時に、創価学会も世俗化し、風化させてきた。

池田は弾圧や司直の手を極度に恐れている。権力との良好な関係の維持は池田の強迫観念である。公明党は総体革命実現のツールであるより、今は池田を守る防波堤役に重きを置いている。

創価学会も公明党もしょせん池田の生存期間中をより快適に、偉そうにみせるための手段に過ぎない。そのため創価学会・公明党の歴史に発展はない。皮相なイベントと事件のあれこれがあるだけである。基本型があり、後はその無限の繰り返しといっていい。

池田はよわい七十七歳を重ねながら、なお飽きもせず偉ぶりごっこを続けている。池田も退屈だろうが、見る方も退屈である。本書の主眼は池田の基本型に迫ることにある。繰り返し以前の原型であり、読者は退屈しないと思う。

池田大作「権力者」の構造◎目次

第二章　偽造の履歴

第三章　戸田城聖の番頭から創価学会の大幹部へ

第四章　三代目への抗争

第五章　池田大作の独裁体制へ

終章　池田大作とその時代

池田大作「権力者」の構造

第一章　知られざる生い立ち

池田大作の出生

池田大作は昭和三（一九二八）年一月二日、東京府荏原《えばら》郡入新井町《いりあらいちょう》大字《おおあざ》不入斗《いりやまず》のしがない海苔《のり》製造業者・池田子之吉《ねのきち》、妻、一《イチ》の五男として生まれた。

その年、子之吉は前厄《まえやく》の数え四十一歳であり、池田が親の厄を一生、業《ごう》に背負わぬよう彼を隣の蒲田《かまた》町に捨てた。隣人がすぐ拾い届ける手筈《てはず》だったが、手違いから事情を知らぬ別人が交番に届け出たため、子之吉は巡査にさんざん油をしぼられねばならなかった（池田の三兄・小宮開造《こみやかいぞう》談、『現代』昭和四十五年二月号）。

子之吉は婚姻届け出の十九日後には長男をもうけるという、ごくこだわらぬ人柄であり、その庶民性はこうした縁起かつぎの面だけでなく、池田の命名にも十分うかがわれる。彼はただ池田が丈夫に育てばとの思いから、いたって無造作に太作と名づけた（タサクでなく、タイサクと読むとの説もある。池田は昭和二十八年十一月、自ら現在の大作に改名した）。

池田の家は子之吉の祖父の代から大森で海苔製造に従事し、かなり繁昌した一時期もあった。また、祖先は元禄《げんろく》時代に兵庫から千葉に移住した武士だという口伝えも残っているらしい（央忠邦《なかばただくに》『池田大作論』）。

が、子之吉は池田五右衛門《ごえもん》の三男であって家督相続者ではなく、ましてその五男である池田が、このように漠然とした、とるに足りない家系を誇りにし、家名再興を誓うとは考えようもなかった。彼が少年期に見せる勤勉を支えたものは、無自覚的な親孝行の域を出るものではない。また民法旧規定上の、子之吉の分家は彼が五十歳のとき、昭和十三年三月であり、その前に実質的には本家から独立していたとしても、彼が家業や日常生活で本家を頼る一方、手伝いや下請けという形で本家を助け、労苦を強《し》いられたことは想像に難くない。

池田の貧窮は生まれおちて以来の、いわば骨がらみのものであり、それは密《ひそ》かな優越感を許される成《な》り下《さ》がりでさえなかった。

子之吉は、「近所、親類から強情さまといわれるほど、頑固一徹」（池田『母の慈愛』）で、かりに事業の才を発揮し得る分野を持っていたとしても（央の前掲書には、池田家は海苔業の傍ら、「北海道で三百数十町歩といわれる広大な開拓事業をやっていた」とある）、その才腕は、災難を巧妙にかわすほどには豊かでなかった。大正十二年の関東大震災が大森沖の地形を変え、彼には多くの海苔を恵まなくなった。そのため開拓の資金にも不足し、ついには失敗の憂《う》き目を見たという。

不入斗は大森海岸に面し、その近辺は隣接する糀谷《こうじや》、羽田《はねだ》とならんで海苔養殖の適地だったが、震災後、徐々に住宅地として開け、当時は、そこに長らく住んだことのある評論家の室伏高信《むろぶせこうしん》によれば、「低地で、雨が降るとぬかるみ、風が吹くと塵《ほこり》が立ち、夏になると蚊の巣になる」といった、居住に好適な土地柄とはいいかねる街に変わりつつあった。

子之吉は池田が二歳のころ、不入斗から三キロほど離れた羽田町大字糀谷に移転し、海苔と畑の兼業を始めた。海苔養殖は九月下旬の篊《ひび》立てに始まり、十一、十二月から篊に付着、生長した海苔を摘《つ》みとり、二月末ころまでに操業を終わる。その余りを遊んで暮らせるほどのうまみがあるわけでなく、表作と裏作の関係で、夏期は農業や漁業に出精することになろう。

後年、池田も、創価学会＝公明党幹部も、ことあるごとに池田が生《き》っ粋《すい》の江戸っ子であることを称し、「ええ、もう。大森海岸のノリ取りのセガレで、完全な江戸っ子です。バカで、気前がよくって……」（朝日新聞社『新・人国記』九でのインタビュー）、

「そんな（「文化活動」面での意見がくいちがう）とき会長は江戸っ子ですからね、『キミたちで結論だしてやってくれんか』なんていいますよ」（公明党書記長・矢野絢也《じゅんや》談、『週刊現代』昭和四十五年四月二日号）など、皐月《さつき》の鯉《こい》の吹き流し、口先ばかりではらわたはなし、といったふうの、腹黒さの否定に江戸っ子を常用していたが、池田の江戸っ子とは、彼もこの糀谷時代について、「たまに、田畑の向こうに巡査なんかが家を建てて、住みついたりしましたが、外国人みたいな気持ちで眺《なが》めたものでした」と回想したように、およそ花のお江戸とは縁遠い、東京府下の出生のことであった。

糀谷は昭和七年、蒲田区の一部として東京市に編入されたが、その牧歌的ともいえる田園風景が貧しさに味つけされて、「小説家というより、わたしは詩人」（『週刊文春』昭和四十五年五月十八日号）という池田の生半可《なまはんか》な感傷を形づくった一方、まがりなりにも東京という一事は、地方出身者の多い再発足時の創価学会信者間に、池田をして幅をきかせ、みじめな誇りとなって、彼を支えたかもしれない。

糀谷では隣り合って子之吉の弟宅があり、そこは機械化による上昇期だったという。それに較べ、移転後の池田家の生業ははかばかしくなく、両家の対比が幼い池田にいっそうの困窮感を強いたことだろう。

彼の兄の一人はすでに養子に行かされ、池田が五歳のころ、養母が訪ねてきたことがあった。金ブチの眼鏡をかけ、家の付近では見られない立派な着物を着て、みやげに見たこともないようなコーヒーを持ってきた。「違った階級の人だと思った」と、のちに池田は語っている(央、前掲書)。

昭和初年という時代の影

池田家の経済的な窮迫には子之吉の不運と個人的な才腕の拙《つたな》さに加えて、時代が暗い影を落としていた。うちつづく不況の中で、資本の集中と中小企業の切り捨てという独占段階への原則を貫く当時の経済動向は、本家をも含めて一小企業体にすぎない池田家にはあまりに苛酷だった。

池田の出生の前年、昭和二(一九二七)年には、震災手形の処理問題に端を発する金融恐慌が始まっている。中小企業はモラトリアムで休業や操業短縮を余儀なくされた挙げ句、恐慌後には銀行貸出のひきしめで倒産に至るまでの被害をこうむった。それに踵《きびす》を接して田中義一《たなかぎいち》内閣の放漫な産業政策や公債増発による物価高、山東《さんとう》出兵による財政窮迫が不況を強め、さらに四年十月、ウォール街の株式市場暴落に始まり、たちまち日本にも波及した世界恐慌が賃下げ、大量首切り、中小企業の倒産、失業者の激増等をよんで、不況の総仕上げをした。

五年、繭価《けんか》は下落して前年の三分の一になり、六年、米価は暴落して生産費を割った。工業製品と農産物との価格差は広がり、農家一戸あたりの負債額は七、八百円と推定されるに至った（遠山茂樹《とおやましげき》他『昭和史』）。

しかし、池田家の困窮は、庶民の一般的な水準にとどまるものではなく、それも年とともに加圧されていく不運なものであった。

池田は六番目の子で、池田家は彼が末子としても、すでに大世帯だったが、池田出生後も年ごとに子は加わり、文字通り貧乏人の子沢山《こだくさん》という状況を現出していった。すなわち五年に六男、六年に七男、九年に八男、十三年に二女が、それぞれ相ついで出生している。多子が一般だった時代とはいえ、十子（「八人の子どもを育て、他から二人の子を引きとって育ててきた」と、池田『母の慈愛』にはあるが、実子を養子にやった上で、別に養子をとったことには、単なる善意ではない、何らかの事情が介在していたと思われる）を養うのは並大抵のことでなかったにちがいない。

加えて池田が羽田第二尋常小学校の二年生のとき、子之吉はリュウマチで倒れ、以後五年間起き上がれなくなった。そのため翌年、池田家はそれまでの家屋敷を売り、再度、目と鼻の先の同じ糀谷の小住宅に移転しなければならなかった。小学校三年の池田も引っ越し車を押したという（二反長半《にたんおさなかば》『若き池田大作』）。

弱り目に祟《たた》り目の不幸で、池田家は悲惨といった境涯にまで転落したが、彼の家は男子が多く、その時、長兄の喜一《きいち》は十九歳、次兄は十八歳、三兄は十四歳、四兄は十歳であり、少なくとも長兄と次兄は、「昔でいえば一人前」という年齢に達しており、母一《イチ》の肩に降りかかった池田家の労務を十分でないながらも助けることができた。また池田自身も、このころから何くれとなく家業の手助けを始めたという。

海苔づくりは寒中に水を使うため、しもやけ、あかぎれとは縁がきれないが、力仕事とはいえず、幼若の者にも手伝える余地はあった。作業は、海中の篊《ひび》に付着した海苔を摘《つ》みとり、井戸水でよく洗って砂を流し、なおも海苔にまざっているゴミを箸《はし》で除く。これは面倒な根《こん》つめ仕事である。洗い上がったものを包丁で細かく刻《きざ》み、適当な濃さの真水にとかし、それを葦《あし》の茎《くき》でできた海苔簀《す》に流し張り、簀ごと日の出とともに天日にさらす。晴天なら午後早く干し上がり、これででき上がりだが、干し上がったころには風で飛ぶのに気をつけねばならないという。

が、父を除いた働く一家の幸せも一年とは続かなかった。二・二六事件の十一年、長兄喜一は近衛《このえ》師団《しだん》に入り、以後、日中戦争開始、国家総動員法公布施行、第二次世界大戦の勃発《ぼっぱつ》、日独伊三国同盟の締結、太平洋戦争への突入――と、深まりゆく戦争とともに、池田の四人の兄は櫛《くし》の歯を挽《ひ》くように次々に応召していった。

「子供がみんないくらか成長して、楽になりかかったときに出征ですからね。息子四人が次々と出征していくときの父母の淋しそうな顔を覚えています。おもてでは『軍国の母』といわれてましたがね、かげでは非常に淋しそうでした。深刻な生活問題もあるだろうし、せっかくここまで育ててきた息子を戦争にとられるという父母の悲しみ……そのときの印象は生涯忘れられない」（松本清張《まつもとせいちょう》との対談、『文藝春秋』昭和四十三年二月号）

若い働き手を奪われ、一《イチ》はいたいけな六人の子供と病夫を身一つで養わねばならず、事実上の総領となる池田の上にも、兄たちの出征の度《たび》に貧しさと家業の重みが加わっていった。

そうした池田家の状況は、池田に早くから大人になることを要求した。

貧窮と小心

戦時下の一般的な困窮に加えて病父を抱える家族の暗い、生存するだけというにふさわしい生活――、疎開もならずに糀谷に残されたものたちは、海苔の粥《かゆ》をすすって貧乏の味をつくづく嚙《か》みしめねばならなかった。

貧苦がその出身者を成功に導くとは到底いえないが、少なくともそれは人の心の機微を熟知させる沃土《よくど》ではある。池田が人間洞察の能力、苦労人といわれる対人の態度を、経済的逆境のうちに身につけたことは疑いを容《い》れない。

貧乏と、それにともなう労苦こそ、池田の人間性の基根を培《つちか》い、上昇志向を育て、のちに、「経済的には中間層以下の層が多い、と推定できる。つまり、保守、革新各政党には救い上げられない、いわゆる社会の下積み層」(『朝日新聞』昭和三十七年七月四日)とされる創価学会員に対し、その共鳴をかち得、人心を掌握すること等に、力を貸したものであった。

池田は昭和九(一九三四)年、羽田第二尋常小学校に入学していたが、学業成績は、「四、五十人の七、八番ぐらいでした。級長になったことはなかったと思います。とにかくあまり目立つ人じゃなかった」（小学校の同級生・石井脩達《いしい》談、『現代』前掲号）とあるように、国語と作文を除いて振るわず、池田も「勉強が大きらいだった」「なにしろ体も気も弱くて、いつも泣かされてばかり」（五島勉《ごとうべん》『現代の英雄』）と、当時を回想している。

池田がみじめな少年時代を過ごしたことは、戦時下という一般的な状況ばかりでなく、彼の個人的な事情――貧乏、成績の不振、「小学校では栄養不良で三、四回も死にそこない、がんらい身体が非常に弱かったんです」（小口偉一《おぐちいいち》編『宗教と信仰の心理学』新心理学講座・第四）、「体育が苦手」といった虚弱な体――のほか、その太作という名にも由来したことと思われる。

前掲の石井は、「名前が珍しかったせいか〝大作、大作〟と、みんなから親しまれていたもんです。……彼が創価学会の会長になったと知って、びっくり。へえ、あの〝大作〟がそんなに偉くなったのかと、はじめはどうにも信じられない気持ちでした」と続けている。

引用文中、「大作」は当然改名前の太作が正しく、「親しまれていた」も、馬鹿にされていた程度に読みかえても不当ではあるまい(なぜなら同記事の作成は、言論抑圧問題の直前であり、当時は創価学会の、取材協力と引きかえのゲラ見が慣習化していたからである)。池田の小学校時代にも、「太作」はなにか滑稽な、人の揶揄《やゆ》をよばずにはおかないような「珍しい」名であったのだろう。

また池田は「勉強が大きらいだった」と語っているが、この表現は微妙である。もちろん、小、中学校時分、いわゆる欲がないといわれる、勉学に意欲を示さない児童、生徒は往々見られるし、当時の池田の周囲も、たしかに知的刺激を与えるとはいいがたいものがあった。

「(池田の母は)子どもの教育には、何の野心があるわけでもない。私の知るかぎりでは、将来の出世を夢みさせ、学位、学歴を望ましめるようなことは一言もきいたことはなかった」(池田『母の慈愛』)

たぶん池田の平凡な成績は欲のなさと、やむを得ない家業の手伝いに真因があったのだろう。だが、少なくとも「勉強が大きらいだった」から、池田の成績が悪かったのではない。少し時代はずれるが、「授業では前の席に座って熱心だったけど、成績は中の上というところかな。きわめて目立たない生徒でしたよ」(東洋商業高校校長・

中西信男《なかにしのぶお》談、『現代』昭和四十五年五月号）という、彼の高校時代の証言があり、それにてらせば、池田の熱心さに対する凡庸《ぼんよう》な成績というおよその程度が察せられる。

池田の熱心さ、勤勉、向上心といった一連の農耕民的特性は、勉学面に限らず、全生活面にわたって見られる彼の資質の顕著な一部であり、それはきょうに至るまで決して逸脱されることがなかった。彼の生涯は、はたからどのように貶《けな》されようと、小心翼々とした真摯《しんし》の集積でありつづけよう。

少年時から彼は稼《かせ》ぐに追いつく貧乏なしという哲学の実践者であることを強いられ、貧乏への彼の対応は、ひたすら労働と親孝行だけであった。彼は遊びざかりを労働で過ごした。

病・貧・争の体験

十五年、池田は尋常小学校を卒《お》えたが、学資も乏しくて中学には進まず、羽田高等小学校（翌十六年萩中国民学校に改称）に入った。このころから彼の労働に新聞配達が加わり、海苔の時期には、その労働は止暇《しか》断眠《だんみん》を地でいき、二宮金次郎をもしのぐものがあった。すなわち、午前二、三時に起床し、四時まで海苔張り、それから朝刊配達、登校。学校から戻ると乾いた海苔をはがし、夕刊配達。夜は海苔についているゴミを取った（央、前掲書）。

この新聞配達は自発的に行われ、配達料月六円は、彼の学費にあてられたほか、父母への贈り物に費《つい》やされたという。

池田は後年、創価大学に留学した中国人学生との懇談の席で、当時をこう語っている。

「真冬、寒いとき舟に乗って（海苔を）取りにいく。毎朝海に出る。早いときで朝二時、遅いときで朝四時。（略）

私は貧農の出、ノリヤは貧農です。寒いときにやる。夜中にやって、安いんですよ。おフクロがノリしょって問屋にいく。ところがノリ屋の問屋は安くたたくんです。それがまた悲しい。高くかってくれていいものを。

一じょう――これは十枚――ふつう十円。一番いいのりでですから。ところがあるときは十円のを五円にされちゃう。だいたい十二月の末から一月の二か月半（？）で収穫は終り。それで十一人の家族が一年間暮らす。五円にされると大変なんです」

（昭和五十年九月十三日、内部文書）

聞き手が中国人であることを意識した若干の誇張もあろうが、池田家の生業の実相はおおよそ伝えられているとみられる。彼は家業の手伝いで寝られず、学校にもろくろく行けなかったとも語っている。

「学校時代の池田君はそれほど目立たなかったよ、良いほうでも悪いほうでもな。……はっきりいって、とくに優秀だったとか、悪かったなんてことはなかったな。野球とか相撲をやった、なんて印象もないんだよ」（国民学校の同級生談、平林猛《ひらばやしたけき》『巣立ちの日々』）

成績は振るわず、運動は駄目、腕白とはなり得ず、なに一つ取るところがなかった池田は、早くもこのころには劣等感の何たるかを味得していただろうが、そのおもむくところは非行ではなく、母親への孝行であった。

池田は「一枚の鏡」（『私はこう思う』所収）という感傷的な一文――母の鏡の割れた一片を、戦死した長兄と彼自身がそれぞれ持ち合う――の中で、「一日に一度、この鏡を手にする時、私はいやでも母を想ったのである。心の底で自然と呟《つぶや》いていた。――お母さん、お早よう、と。一日に一度、きまって母を想う日常は、いま考えれば、青少年不良化防止の最高手段であったようである。虚脱した社会のなかで、私は、ついに自暴自棄になる機縁を、ことごとく避けることができた」としている。

これは戦後のことを述べたものだが、非行に走るほどの悠長な時代ではなかった敗戦前においても、苦労する母への思いが、彼の思念と行動を規制しただろうことは十分察せられる。

池田は父親・子之吉に対しては、「ただ寡黙《かもく》で、何を考えているのかわからぬ父に対し、断絶した子どもたちは、いたずらに父を批判した。——進学のことも考えてくれない。進級しても洋服ひとつ考えてくれない。非難はすべて父に集中した」(池田『わが父を語る』)など、批判的だった。また、「私の小学生のころ、両親がなにかで喧嘩をした。私はその余波をかぶり、実にたまらない気持であった」(池田『家庭と社会のつなぎ目』)とも、もらしている。

彼の家は貧乏と不幸による、いさかいの材料にこと欠かず、池田は、病後で、はかばかしく働けず、その分を母親に押しかぶせている父親を批判的どころか、憎んでさえいたかもしれない。池田は母親っ子であり、母への愛は彼の心を満たし、彼の資質とあいまって、その言動を鋭さに欠けるものにし、劣等感はいまだ発動しないバネにとどまっていた。

昭和十七（一九四二）年、池田は国民学校を卒業して、先に兄が勤めていた新潟鉄工所に就職し、ミーリング工を始めたが、その間も家業の手伝いをやめられなかった。兄たちが丁年《ていねん》（二十歳、または一人前の男子）に達する度に軍隊に持っていかれるという仕組みは、池田の労働をますます貴重なものにしていた。

彼には、虚弱体質をおしての過労がたたったのか、このころから結核の症状が出はじめ、鉄工所へ行くだけで疲れ、そのため職場を事務手伝いのほうにまわしてもらったという。

「私も新潟鉄工にいっておったときに、戦争中です。諸君みたいに裕福な勉強もできなかった時代です。軍国主義の真最中ですから。私は肺病でした。今の体の半分しかなかった。血啖をはきながら、行かなきゃなんないが、ずいぶん休んだけども、会社も。国賊みたいにいわれたもんだ、近所から」（昭和五十一年十一月六日、第二回創友会総会で、内部文書）

ふつう新興宗教に入信する動機は、一口に病・貧・争といわれるが、池田はそのすべてを体験したわけである。

同年六月、連合艦隊の主力を投入したミッドウェー海戦は瞬時に敗れて、日米戦力のバランスは逆転し、以後、戦局は日ましに敗色を深めていった。東京では、すでに昭和十六年から米は通帳による配給制となり、野菜は行列買いが始まり、肉、野菜、魚は次々に配給制となったばかりか、その数量は減少していった。

「我々のころ航空兵に志願しましたね。周りが、そういう時代ですから。

隣にちょっときれいなおばさんがいましてね。うちは兄弟四人とも戦争にとられました。その隣のおばさんは大作さんは日本男児でしょう、というんです。毎日会いますからね。私が戦争にいかないから、だらしない、だらしないというんです。たしかメガネをかけていましたね。終戦まぎわでね、私は胸を悪くしていましたからね。そので、おやじの戦友が横浜市港北区にいましてね。(買い出しの)手伝いにいった。そのおばさんの。

そのとき荷物をもっていたのです。すると大作さん、戦争負けるかもしれないから、行かなくてよかった、百姓がこんなに威張っているんだから、早く負けた方がいい、とそのおばさんはいうんです。

買い出しもたまにいったんですが、何しろ体が悪いので奥の方まで行けない。だからいつも駅で買っちゃうのです。駅前だと奥地より三割高いんですね。港北区にいったときも、チバの幕張にも二―三回いきました」（昭和五十年六月七日、吉田渉外部長＝宗門側＝招待の夕食会で、内部文書）

結核にむしばまれた体を養うに足りる食料はなく、医薬品は不足し、池田の手当は『健康相談』という雑誌を唯一のたよりとするばかりで、とどこおりがちであった。

二十年には、いよいよ病状は進んだ。「終戦の年には六回目の肋膜《ろくまく》をしていましたし、肛門性（コウモンネンパクビランとルビがふってある。肛門粘膜糜爛？）のもので、耳や鼻などみんな悪く、血啖が出てたんです」（小口編、前掲書）

結核性痔瘻《じろう》のほか、中耳結核、鼻結核をも併発していたのだろうか、池田は満身創《まんしんそう》痍《い》だった。その年、茨城県鹿島《かしま》（現・鹿嶋市）の結核療養所への入院を決めたが、そこも満員で、順番を待たねばならなかった。

「終戦の年、十七歳の私は、胸を冒され、軍需工場を休んで、家で静養していた。五月ごろ、転地療養のため、荷支度をととのえていた矢先に、大空襲で家も荷物も焼かれ、まったく前途は暗澹《あんたん》たるありさまであった」（池田『私はこうして若い日を過ごした』）――ここでは肛門が隠され、「胸」が前面におし出されている。『週刊文春』（昭和四十五年五月十八日号）には、「あのねェ。動かなかったんでおケツがちっちゃくなっちゃいました。ホラ、このモモがね。こんなに小さくなりましたね。大きな声ではいえないが、痔が悪いんで、ケツが小さくなったもんで、よけいイタイ」とある――。

糀谷の池田家は、十九年、強制疎開でうち壊され、当時は大森・馬込《まごめ》に転居していたが、糀谷周辺は四月十五日の空襲で一面の焼野原と化した。

その日、夜十一時すぎB29二百機は京浜地区に来襲し、横浜、鶴見、川崎地区とともに、大森、蒲田の城南地帯に波状攻撃を加えた。この二日前十三日の爆撃をも合わせて、都内では約二十二万戸が全焼、三千三百人の死者を出したという（早乙女《さおとめ》勝元《かつもと》『東京大空襲』）。

移転先の馬込の家は四月十五日には難を逃れたが、続く五月二十四日の空襲には、ひとたまりもなく焼尽した。同日未明、都内の焼け残り地区上空に機体を浮かべたB29二百五十機は、二時間にわたって無差別攻撃を行い、大森、品川方面をも大火災に包んでいる。

池田は療養どころの騒ぎではなく、身一つで火焔《かえん》を逃げるのに精一杯だったが、家族の生命に別状はなく、一家は人に貸してあった蒲田区森《もり》ケ崎《さき》の家に同居した。

池田大作の戦争観

八月、敗戦を迎え、出征した兄四人が誰一人帰っていないその暮れ、長兄・喜一の戦死が、その戦友から伝えられた。喜一は近衛師団から他部隊に転属し、曹長にまで進級したしっかり者だったという。死亡は二十九歳の誕生日を迎えた翌日のことであった。同年「一月十一日時刻不明ビルマ、ミッカン県ミンギアン郡カインド村で戦死」と戸籍簿にはある。おそらくインパール作戦の敗退後、雨季をなんとか生き抜けたものの、敗走のさなかに餓死、あるいは病死したのであろう。

池田は戦争により焼け出され、困苦をなめ、長兄を失い、戦争には絶対反対だという。

「四人の兄は戦争に連れていかれ、長男は戦死した。その時の悲しい母親の姿はいまだに忘れない。ゆえに、私は絶対にこの道で平和を獲得したいのです」（ジョン・ガン

サーとの対談、『中央公論』昭和四十一年十二月号）
きわめてもっともだが、被災をもって彼の「絶対的な平和主義」（しまね・きよし「池田大作のある側面」『春秋』昭和四十六年九月号）を結論するのは、戦死した弟を思い出して、公衆の面前で酔い泣きぬれた男が防衛庁長官だったという事実もあり、さして説得性を持っていない。
池田はさんざん苦労をなめさせられた戦争からなに一つ確かな戦争観をかたちづくってはいなかった。彼の著『人間革命』にも蒙昧《もうまい》な戦争観の一端がうかがえる。
「軍部政府は、蒙古襲来の六百余年前、神風が天照大神《あまてらすおおみかみ》によって吹いたという歴史的迷信にすがりついていた。しかも、あの神風は、御本仏日蓮聖人がひかえて居られたればこそ、という事実を知ろうともしなかったのである。ただ、神道の勝手に作った理念の虜《とりこ》となって全国民に無理矢理天照大神を拝ませ、その奇蹟を期待していた。……天照大神とは、そもそも、何であるか。……大聖人の御聖訓によれば、天照大神とは法華経守護の神にすぎない。法華経に祈ってこそ、天照大神の功力《くりき》が現われる」
「総罰《そうばち》だ。日本一国の総罰だ」（戸田城聖《とだじょうせい》の言葉として）
「ある人が慨嘆して言った。——人生も、一国も、敗北ほど惨めなことはない——

と。そして、――負ける戦争など、絶対にすべきではない――と」（いずれも『人間革命』二）

宗教者がいかに非科学的なものであれ、その信仰を保つのは当然だが、少なくとも敗戦を総罰とする非人間性、負ける戦争ではなく、勝てる戦争ならすべきだとなる、侵略主義や事大主義への容易な転落を危ぶまれる思想的な弱さ、法華経に祈れば勝てたとうけあう厚顔な夜郎自大《やろうじだい》等は、宗教者の姿勢としても、許されるものではあるまい。まして『人間革命』がフィクションの強みを細心に生かして創価学会の粉飾を徹底的にはかったものであってみれば、そこになお、このようなボロがのぞかれることは、その根深さをうかがわせて十分であろう。

凡庸＋確信――池田のエネルギー

終戦は池田になに一つ明確な展望を与えなかった。

彼は新橋の昭文堂《しょうぶんどう》印刷で文選工《ぶんせんこう》をつとめるかたわら、昭和二十（一九四五）年九月、当時、あまり評判の芳《かんば》しくなかった旧制東洋商業学校（のちの、東洋商業高校）

ぎなかった。
夜間部の二年に編入学した。それは大志あってのことではなく、いずれは家を出る者として、せめて算盤、簿記でも身につけておこうといった小市民的な処世の知恵にすぎなかった。

彼は新聞記者を志望し、また吉川英治《よしかわえいじ》や長谷川伸《はせがわしん》を夢見たこともあり、それは確かにビスマルクが軽蔑の念をもって述べたという訓練のいらない職業ではあったが、それにしても、彼は中学を経ていず、その学歴はとり返しようもなく、挫《くじ》かれていて実現性に乏《とぼ》しく、そのころはなかばあきらめられていたと思われる。

室伏はこの東洋商業について次のように記している。

「この学校は平々凡々で、秀才の行かない学校で、それも上の学校への通用門ではなく、行きどまりのもので、ここが終点だから、大志をもっているものなら、そっぽを向くし、まちがってはいっても、退屈で、いたたまれまいということである。しかしまたこの学校は、それだけに抜け穴もあった。成績優秀なものだと、出席しなくとも、授業料なしでも抱え込んだとも聞いている」(『池田大作』)

だが、池田は成績優秀による特待生ではなかった。彼に栴檀《せんだん》は双葉《ふたば》より芳《かんば》しを期待するものはつねに裏切られる。彼の創価学会会長という地位は、幼時から「地獄耳」

「八つ耳」といわれるほどにさとく、十四歳で代用教員を務めた出口王仁三郎《でぐちおにざぶろう》の天才肌とは無縁なところでかちとられた。

「顔色の悪い虚弱な子でね。地下の売店でふかしイモを買ってよくかじってました。金がなかったんだろうな。授業料の督促《とくそく》も何度か受けてるはずですよ」（同校校長・中西信男談、『現代』前掲号）

同じころ、池田は森ケ崎にあった協友会という青年グループに加入し、その読書会やレコード鑑賞会に参加したという。協友会は彼によれば、次のようなものであった。アカデミズムへの池田の憧憬を痛いほどに感じさせる一文である。

「協友会は、附近に住む東大出の優れた人格者であった経済学者の肝煎《きもい》りでもあったせいか、割合多くの人々とも接し、文化、芸術、政治、経済、哲学など、人文科学に関する広汎な知識の吸収に忙しかったグループである。職業は様々である。学生、技術者、工員、官庁の職員等等で、みな二十歳から三十歳ぐらいまでの二十名ほどの集団であった。女性は一人もいなかった。

――ある夜、一人がダンテの『神曲』について、イタリア・ルネサンスの精神を研究し、解説したかと思うと、次の会合には、別の一人が第一次大戦後のドイツのインフレの様相を、二、三の書籍から抜萃《ばっすい》して、解説したりした。そして、現今の日本のインフレーションの怖しさについて警鐘を鳴らした。ある時は、民主政治や共産主義を論じたり、またある時は、天皇のあり方を——といった具合」（池田『人間革命』二）

戸田城聖に出会う前の池田は一種の放浪者に等しかったといわれるが、その放浪とは、暗中模索しながらも確信を見出せなかったことを意味していよう。机と椅子を買いこんでその前に坐っても、確固とした方針はたてられず、復員してきた四兄と同室の六畳間で寝巻をしぼるほどの寝汗と血痰、芋とトウモロコシの食事に衰弱し、ただ機械的に昼は新橋の昭文堂印刷、夜は東洋商業に通い、夜学から戻ってから、わずかに一《イチ》の温めたウドンに慰《なぐさ》められるというのが、そのころの彼の生活であった。

彼は目から鼻に抜けるヨゼフではなく、あわれな東北の神武《ずんむ》（貧農の長男以外の男子。生涯労働力として使われ、婚姻できなかった。深沢七郎の言葉）にすぎなかった。その効果の上がらぬ気の毒な勤勉は、農漁民の性根と化した血統を出るものではなく、家から離れて独り立ちするという五男坊の投機性はまだ眠っていた。

彼は昭和二十二年の春、東洋商業の卒業とほぼ同時に昭文堂印刷をやめ、ぶらぶらと半年たらず体を養った後、京浜蒲田《けいひんかまた》駅裏の蒲田工業会に書記として勤めはじめた。同工業会は二十一年秋、蒲田地区の九十社が作った中小企業の助成機関であり、池田の仕事は加盟業者への社会保険の指導と、業界のブロック間の連絡だった（央、前掲書）。

彼は同会の酒の席ではきまって「学徒出陣の歌」を歌ったという。

池田は父祖伝来を単純再生産して庶民のままで終わる人間であった。実際、池田の出生から青年期までには、彼の保持した権勢をうなずかせる何の萌芽も認められない。そこに一貫するものは悲惨とはいえ、決して世に珍しくない貧困と病弱、それに抵抗する勤勉と上昇志向だけであった。高瀬広居《たかせひろい》は、池田を独自性において描きにくい指導者としているが、池田の特性は凡庸にあるのだから、生い立ちに凡庸しか発見できないのは当然とさえいえるのかもしれない。

「私の人生に、戸田城聖先生という恩師がなかったとしたら、今日の私は、無にひとしい存在であったにちがいない」（池田『人生に負けてはいけない』）という池田の言葉は、まったく正しい。

彼は戸田に確信を注入されてはじめて強者への道を歩みはじめ、その時、彼の過去の貧困や病弱、劣等感や勤勉等、挫《くじ》かれた経歴と資質が意味を持ち、彼を立身出世に駆り立てる原動力に変わった。彼の凡庸さは、確信という核を付与されて、時代と場にかなった、一種の広さと平衡感覚に変質する。宗教だけが池田のぱっとしない特性を働かせる分野だった。

第二章　偽造の履歴

創価学会との出会い

昭和二十二（一九四七）年八月十四日は池田にとって、記念すべき転生の契機となった日付だった。その日、彼は創価学会に初めてふれ、以後、半信半疑のうちに創価学会員としての生活を始める。創価学会との出会いは、それ以前の要領を得ない生活から池田の足を洗わせ、彼を確信ある男に仕上げていった。それは新生に等しい、彼の生涯の画期となる事件であり、その池田に持った意味は強調して、しすぎることはない。

しかし、その遭遇は、のちに創作された入信神話（これについては後述する）のようには神秘的でも劇的でもなかったし、それからの道程も坦々たる一本道ではなかった。

池田は昭和三十年ころ、宗教学者のインタビューに答えて、入信前の心理や座談会の模様、入信までの経緯や信者としての生活等を語っている（小口偉一編『宗教と信仰の心理学』新心理学講座・第四、前章でも引用した）。

インタビューでの池田の回答は、いくつか細かな事項が、一般に行われている説と相違するが、宗教学者・日隈威徳《ひぐまたけのり》はもっとも事実に近く、かなり率直なものと見ることができるとしており、少なくとも池田の当時のいつわらぬ心境を察知するには十分である（池田に関する資料は発表年時の古いものほど、ことに会長就任前のものほど、信憑性《しんぴょうせい》が高いといえる）。以下、それを敷衍《ふえん》するかたちで彼の入信の状況とその後の生活を見てみよう（『宗教と信仰の心理学』からの池田発言の引用に限って《 》で括《くく》る）。

《終戦の反動でなにかやりたいという気持があって、学校時代の友人にさそわれて創価学会の本部へ行きました。その友だちは哲学のいい話があるがこないか、とさそったのです。私は友人と二人で行ったのですが三、四十人もいたでしょうか。五時間くらいもそこで締めあげられたのです》

ふつう池田と創価学会（戸田）との出会いの場は、蒲田の焼野原にあった、池田の小学校時代の友人宅で行われた座談会の席上とされている。

「私が信心したのは満十八歳のときで、小学校の同僚で女の人から折伏《しゃくぶく》されたのです」（『聖教新聞』昭和三十四年二月六日）

とあるように、池田は小学校の同級生である三宅ゆたか家の次女に誘われ、創価学会の集まりに出かけたのが最初である。池田は彼女に好意を持っていたので、それに魅《ひ》かれて出席した(『週刊文春』昭和五十五年六月十九日号)。そしてその後、この『宗教と信仰の心理学』にあるように、西神田にあった日本正学館内の創価学会本部へ出かけた。「五時間くらいもそこで締めあげられた」は強引な折伏の様子と、それに対する池田の、いまだ健全な心事を推察させる。

このころ、新興宗教は、第一次大戦前後の大本教《おおもときょう》に代表される第一期、日中戦争開始までの大本教、ひとのみち、生長の家、霊友会などの第二期の後を受けて、「神々のラッシュ・アワー」といわれる第三の隆盛期を迎えていた。

敗戦直後の庶民は天皇制宗教の衰微、家族制度の変改、経済的思想的混乱等に見舞われ、先行き不安感を深めていた。そのような社会心理状態は、国家と神社神道の完全な分離を命じるGHQの神道指令や宗教団体法の廃止、宗教法人令の公布施行などの一連の信教自由化策と相まって、個人の現世利益を説き、崩れさった天皇の権威にかわって心の拠《よ》りどころを示す新興宗教の形成と成長に絶好の基盤を提供していた。

池田もまた「なにかやりたい」と思うものの、生活規範となる信念や、生活の基礎というべき健康を得られずに、拠りどころを求める一人であり、創価学会も再建とはいえ、新たな旗揚げにかわらぬ群小教団の中の一つだった。両者の出会いは、多くの教団の中から池田が創価学会を意図的に選んだのでもなく、病・貧・争に悩む無数の青年のうちから創価学会が池田に目をつけたのでもなく、まったくの偶然にすぎなかった。

創価学会の歴史

ここで簡単に創価学会の歴史と、池田入信時の状態にふれておこう。

同会の前身・創価教育学会は昭和五年、牧口常三郎《まきぐちつねさぶろう》、戸田甚一《とだじんいち》（のちの城聖《じょうせい》）により創設されたとされる（一説に、昭和五年は牧口の『創価教育学体系』第一巻が発刊された年にすぎず、十二年の発会式をもって創立の年とする見方がある）。彼らはこの二年前、日蓮正宗《にちれんしょうしゅう》に入信している。

当初創価教育学会は牧口の著述した『創価教育学体系』の刊行を目的とし、宗教臭はほとんどなかったが、しだいに日蓮正宗への傾斜を深め、十二年政友会・古島一雄、元外交官・秋月左都夫《あきづきさつお》を顧問、牧口を会長、戸田を理事長にして正式発足し、外部に研究生を求めた際には、正宗の信者であることが条件となっていた（宗教学者・竹中信常《たけなかしんじよう》はその著『創価学会』で、「いくら探求しても、創価学会が日蓮正宗と結びつかねばならなかったという、理由をいまだ発見することはできない」としている）。

同会は小学校教員を中心として、昭和十五年五百人、同十六年三千人と増加し、機関誌『価値創造』を創刊するまでに順調に発展していったが、十八年、当時全戸に配布されていた伊勢神宮のオフダの受領を拒否して弾圧され（後に詳述する）、牧口、戸田をはじめ幹部二十一名が投獄された。獄中で牧口、戸田、矢島周平《やじましゆうへい》を除く幹部たちは転向し、牧口は十九年老衰と栄養失調で獄死した。

戸田は二十年七月、保釈出所し、下獄中に解体した彼自身の事業の建てなおしに着手するかたわら、創価教育学会を創価学会と改めて再建し、二十一年正月から戦前の会員等に法華経を講じはじめた。

同年五月には第一回、第二回幹部会を相ついで開き、理事長に戸田、理事に本間直《ほんまなお》四郎《しろう》、岩崎洋三《いわさきようぞう》、西川《にしかわ》喜万、藤森富作《ふじもりとみさく》、原島鯉之助《はらしまこいのすけ》、小泉隆《こいずみたかし》、辻武寿《つじたけひさ》をあて、六月には『価値創造』再刊第一号を発行、また青年部を結成した。

当時の創価学会の拠点は蒲田（小泉、辻、小平芳平《こだいらよしへい》）、鶴見（森田《もりた》悌二《ていじ》）、小岩（和泉《いずみ》

覚《かく》)、杉並(山浦千鶴子《やまうらちずこ》、柏原《かしわばら》ヤス)、目白(原島)等にとどまり、そこでは月に一、二回の座談会が行われた。また八月には富士大石寺《たいせきじ》で、二十九名を集めて戦後第一回の夏季講習会が開かれ、九月には栃木県那須や群馬県桐生《きりゅう》で地方折伏を始め、二十一年中に創価学会の再建をほぼ軌道にのせている。

戦時中の創価教育学会への弾圧は、天皇制や侵略戦争に反対したからではなく、それらをいっそう強化するために、その誤りを諌《いさ》める(国家諌暁《こっかかんぎょう》)という立場を固執したために加えられたものであった。

しかし、同会は他の多くの教団のように権力の指示を忠実に奉じて踊ったのではなく、逆倒したかたちではあったが、権力に対して批判的で、統制に抵抗したのであり、そうした経歴が戦後の強い発言権を保障していた(佐木秋夫《さきあきお》「創価学会の歴史について」、『文化評論』昭和四十五年三月号)。

創価学会が国体護持、戦争協力にこれつとめてきたひとのみち(ＰＬ教団)や生長の家のように看板や教理を塗りかえることなく、短期間に戦前の水準に回復したのは自然であり、昭和二十二年時にも毎月十―二十世帯の新入信者を保っていたという。

池田入信前の主たる会員には前出のほか、奥山和平、柏木敏、寺坂陽三、木下鹿次、竜年光、酒井《さかい》うめ、牛田寛《うしだひろし》、原田立《はらだたつる》らがいたにすぎず、池田が後日、会長の地位はともかく、ある程度出世するに不都合なほど多数とはいえなかった。彼はまだ遅れてきた青年ではなかったわけである。

《南無妙法蓮華経は嫌いだったので、ずいぶん反対したのですが、理論で破《ママ》れて信仰しなければいけないということになってしまったのです。負けたのでシャクにさわってしかたがない。その時の感じをいえば、理論をうけとめる素地がないからわからない。それだのに相手は確信をもって話している。こちらは観念的で浮いているような感じがしたんです》

池田は、「南無妙法蓮華経は嫌いだったので」といっているが、彼の父親は真言宗の強信者であったうえ、当時の風潮も、たとえばＰＬ教団ではお守りをアミュレットと呼びかえるなど、植民地風が濃厚であり、日蓮正宗ならずとも仏教でありさえすれば、一様に時代遅れに見え、若い池田が信仰するには抵抗の多いものがあった。が、彼は座談会の前に、「討論して負けたら、いさぎよく従う」と明言していた手前、不承不承入信しなければならなかった。

東洋商業をその年の三月に出たばかりの池田は、戸田に仕込まれた小平芳平の理屈に太刀打ちできなかったばかりか、逆に頭から呑《の》まれてしまった（池田を折伏したのは戸田ではない。これについては後述する）。

戸田はヒバリ天とあだ名されたように、人生の浮沈をきわめ、辛酸をなめつくした経歴の持主であった。

彼は明治三十三（一九〇〇）年二月、石川県に生まれ、三十七年、一家をあげて北海道石狩《いしかり》郡に移住した後、厚田《あつた》尋常高等小学校を卒業、独学して尋常小学校准訓導《じゅんくんどう》の資格を得、大正七年、夕張《ゆうばり》郡の真谷地《まやち》尋常小学校に勤め、同年中に正訓導の資格を得た。

戸田城聖２代目会長

大正九年、同校を退職、上京し、八月ころ、下谷《したや》の西町小学校校長であった牧口常三郎を訪ね、同校の臨時代用教員として採用され、以後、牧口の忠実な部下となった。

牧口も苦学力行という経歴では戸田と同様であり、それが牧口の学者肌、戸田の街の事業家風といった両者の気風の相違とともに、彼らの親交を終生飽きさせないものにしていた。

牧口は明治四（一八七一）年六月、新潟県に生まれ、苦学して二十六年、北海道尋常師範学校を卒業、付属小学校の訓導になり、地理学を研究し、三十四年、上京した。志賀重昂《しがしげたか》等の協力を得、三十六年、『人生地理学』を著し、好評であったが、学界には受け入れられず、また刊行により小川琢治《おがわたくじ》、新渡戸稲造《にとべいなぞう》等の知己《ちき》を得たものの、経済的にも恵まれず、三十八年ころから、生活のために雑誌編集、文部省嘱託等を経験し、四十二年には東京麹町《こうじまち》の富士見小学校の首席訓導になり、教師生活に逆戻りした。

一時、退職し、大正元年、『教授の統合中心としての郷土科研究』を著し、二年には台東区東盛小学校の校長になり、以後昭和七年まで数校の小学校校長を歴任し、そのかたわら『創価教育学体系』を著作していた（池田諭《いけださとし》『牧口常三郎』）。

大正十年、戸田は牧口とともに西町小学校から三笠《みかさ》小学校に異動したが、十一年、同校を退職し、生計のために下駄の露天商、八千代生命の保険外交員を始める一方、十二年には受験塾「時習学館」を開設した。が、同年長女を、翌年妻を失い、彼自身も結核に冒され、宗教に救いを見出そうとキリスト教に入信していた。

十三年ころから中央大学経済学部の夜間部に通い、昭和五年には時習学館で使ったテキスト等を集めて学習参考書『推理式指導算術』を著し、百万部を売り捌《さば》いたという。

同年、創価教育学会の発足後、戸田は時習学館を弟子に譲って新たに設立した日本正学館を根城に、大道書房、奥川書房、秀英舎等の小出版社や平和食品等に投資し、また手形割引会社の日本商事の設立、千葉県の醬油《しょうゆ》問屋・平野商店の買収、証拠金を納めての兜町《かぶとちょう》証券界への進出など、最盛期には十七の会社を支配し、資産金は六百万円、月収は一万円を超え、ことに大道書房からは同郷の子母沢寛《しもざわかん》の書き下ろしを慰問袋用に刊行して莫大な利益をあげ、創価教育学会の財政面を支えたという（日隈『戸田城聖』）。

だが、前述したように創価教育学会への弾圧と彼自身の下獄のため、二十年出所しても彼の事業は解体し、逆に二百数十万円の借財を抱えていた。戸田は終戦を待たずに早速、事業再建に着手し、同年八月には中学生相手に数学、物象を六ヵ月分前金二十五円で通信教授する「日本正学館」を設立し、九月末には英語の通信講座にも手を広げ、池田入信時には出版業に転進していた。

池田がこうした海千山千の戸田に学んだ小平を論破するには、東洋商業卒という学歴も、協友会での読書も、なに一つ助けにならないほどに貧弱すぎたが、それ以上に彼は、小平の地についた確信者の気魄《きはく》に圧倒されたのであろう。

確信の困難な時代に確信する者は、その抱く確信がどのようなものであれ、確信するというただ一事で、人に威迫力を発揮できる。

戸田や創価学会幹部たちに仕込まれる前の池田の確信の無さや曖昧《あいまい》さは、ことによると、現実をとりこぼすまいとする誠実さや、判断を手控える謙譲の表れであったかもしれない。が、それは世俗的な成功とは縁遠く、確信なしには池田の会長という地位もなかったであろう。懐疑論者はつねに割に合うことがないのだ。

確信の対象は、鰯《いわし》の頭も信心からといわれるように教義の優劣を問わず、宗教である必要もない。もちろん確信の内容は生活を規定するが、要は生活の全面にわたるほどに広く、生活規範として働くほどに深く信ずれば、少なくとも人を圧倒できよう。

池田を呑んだ小平や戸田の確信は、のちに池田の獲得した確信でもあった。

入信

《そのときの話というのはこうなんです。『これから先のこと、二十年先のことがわかるか。これから年とって、その先（?）なんのため生きたかを考えることになるが、それならば今のうちに考えたらいいではないか。自分の宿命は自分でも知らないではないか。誰が援助しても、社会的に偉くなっても宿命だけはわからない。宿命は解決できるか、人生ひとたび死ぬではないか。苦しんで死ぬのではしかたない。この四つの全部がわかっていれば信仰の必要はない。わからなければ真面目に考えろ。信仰をしろというのです。

私はこれに答えられず、信仰すると答えたのです。それでお題目を唱えろということでしたが、はずかしくてしかたがなかったのです。友人は入信しないで黙っていました。それから御本尊をお下げするという話で、私は三十分間ほどいりませんとがんばったんです。すると幹部の人がなだめて、むりやり私に押しつけました》

池田の授戒《じゅかい》（入信の儀式）はこの折伏から十日後の八月二十四日、中野の観喜寮

（のちの、昭倫寺《しょうりんじ》）で行われた。これによれば本部で即刻入信したとも取れるが、文章の省略であることは次の証言に明らかである。

「堀米日淳（日蓮正宗第六十五世法主）師からよく聞かされたものだが、池田の御授戒は日淳師が住職をしていた中野の観喜寮でだったんですね。池田は小平に連れられて来たが、御授戒だけは受けたものの御本尊を受けるのはどうしても嫌だという。日淳師は仕方なく小平に持たせ、そのうち池田の気が変わるだろうからといったそうです」（当時、宗門の機関誌『大日蓮』の編集を手伝ってい、のちに、創価学会我孫子《あびこ》支部参与の瀬尾《せお》正吉談）

「はずかしくて」は、十九歳の新しがり屋の青年の感情として、十分うなずける。

当時、創価学会の折伏法は、戦前の価値論から、生活体験を重視する方向に移っていた。

牧口の「価値論」とは人生の目的を幸福の追求にありとし、幸福の追求とは価値の創造獲得であるとするものである。その価値は、新カント学派の真・善・美の三価値から真を除き、利を加えて、美・利・善の序列で三段階に分けられる。美は人間の部分的な価値の対象、つまり感覚等にかかわるから個人の利より低く、善は公利だから、単なる利より高い。

また美・利・善に対して醜・害・悪の三反価値があり、それはそれぞれ大・中・小の三等級に分けられる。頂点は大善であり、そこで日蓮教学と結びつき、罰論が導入されて、大善を知りながら行わないのは大悪とされる。

牧口の「価値論」は現在、学界からまったく無視され、ことにその日蓮正宗教学との結びつきは恣意的《しいてき》とされている。

戸田は「価値論」を「生命論」の論拠としてないがしろにせず、『折伏教典』に一章を設け、二十九年には戸田補訂で再刊もしているが、その会員への普及度は低く、また折伏や講義の実践にもさして用いられなかった。価値論から入るより、まず開口一番、「あなたは幸福か?」とぶつけ、「我々には完全無欠な大生命哲学がある。これによって宿命を転換し」と水をむけ、「現証」で説得する方式が多く取られた。「価値論」の非論理性を嫌ったのではなく、なにより創価学会の大衆化には理屈より実体験、実利という観点からであった。

それは敗戦後という時代に、積極的に弱肉強食の思想を肯定し、とまどいながらも、すすまざるを得ない世の趨勢《すうせい》に投じたものであった。

「牧口先生が教えられたことは主として価値論であった。……それに対して、戸田先生が教えられたことは、『しょせん、世の中で、たよれるものは、自分以外にない』という、敗戦後の混乱のなかで、だれでもが感じている真理であった。……戸田先生は、御本尊様は功徳聚《くどくしゅう》である。御本尊を信じ、自行化他の題目に励むことによって、病人は健康体に、貧乏人は金持ちに、バカは、利口になると教えられたのである。……頼るものは自分の力以外にないことは、だれしも認めざるを得ない。きびしい現実であった。自己の生命力を豊かにし、福運を増し、生活を裕福にすると説く仏法が受け入れられたことは理の当然であり、深い深い仏智によると拝さねばならない」(柏原《かしわばら》ヤス「再建期の教学」、『大白蓮華』昭和三十九年一月号)

池田に対しても同様な方策が取られたと思われる。依然として貧・病・争に悩む池田が顔をあげて自身の将来を見れば、絶望以外になく、彼は小平のいう「宿命」に無関心ではいられなかっただろう。先行き不安というより、お先真っ暗な池田に、そして、世に乗り出す者として自分の運命に鋭敏たらざるを得ない池田に、小平の話はいかに論証不可能なものであれ、問題のあらわな提起として一定の衝迫力を持った。

しかし、その「宿命論」は、一個の独立人格としての存在理由は何か、といったような突きつめた問いに接触はしても、その問い自体ではなかった。なぜなら、そのような問いに本気で立ち向かうならば、それまで安全に見えていた大地に突然割れ目ができ、そこから深淵をのぞきこむような不安や不気味さに襲われるからだ（神谷《かみや》美恵《みえ》子《こ》『生きがいについて』）。

池田はそうした知の危機を通過しなかった。彼の弱さが、存在理由の追求の最中に、安易に手を締めさせたのである。存在意義の根拠は、つねに自分の内にはなく、他者の中にのみ見出し得るものだが、池田はこのインタビューの最終部で述べるように、彼自身の「ずっと順調で申し分のない幸」の享受以上のものを望むことがなかった。彼の病身も彼を手一杯それにかかずらわせて、彼の精神の病いを防いでいた。池田が精神の危機を通過しなかったことこそ、宗教者に見られる精神の高貴さや気品に欠けさせるものであった。

入信神話批判

ここで池田の「入信神話」を検討する。彼の入信時の状況、心理は前述の通りだが、池田はのちにこれを実に見事なまでに改竄《かいざん》する。入信神話こそ、池田の嘘の出発点、典型といって決して過言ではあるまい。次の引用は、池田が小説ではなく、事実として記した文章である。

「私が、先生（戸田）に、はじめてお目にかかったのは、昭和二十二年、十九歳の夏の暑い夜であった。……

私には、……小学校時代からの友人で、時折り訪ねてくる仲間があった。そして、ある日、その友人の家で『生命の哲学について』の会があるからと、誘われたのである。この時、戸田城聖という名を、はじめて耳にしたのであった。

私は、好奇心から誘われるままに、読者仲間（協友会）もつれてでかけたのである。

やや嗄《しわが》れた声で、屈託なく語っているのは、四十代の人であった。度の強い厚い眼鏡が光り、広い額は、すっきり秀でている。話の内容は、最初さっぱりわからなかったが、どうやら仏法の話らしい。そう思って聞いていると、身近な日常の生活や、現代の政治についての鋭い洞察も語られていく。そしてまた、急に難解な仏法用語が出てきて、私には実に不思議な未聞の哲学に思えたのである。

いわゆる宗教の講話でもなく、伝統的な哲学の話でもなかった。話は、きわめて即物的で、観念を弄《もてあそ》ぶようなところはなく、卑近な事実が、そのまま高度の真理を語っているようにさえ思われた。部屋には、中年の男や、家庭の主婦や、若い娘や、元気な青年たちが溢れている。服はいずれも貧しかったが、戸田先生にじっと注目して真剣そのものの姿である。善良な街の庶民の人々にまちがいない。そこには不思議な活気が燃えていた。

戸田先生は、私がそれまでに会った、どのタイプにも属さない人であった。ぶっきらぼうのような口調でありながら、限りない温かささえ感じられた。私の先生をみつめる視線が、しばしば先生の視線にぶつかった。私は戸惑い、眼を伏せて、しばらくして顔をあげると、先生の視線はなおも私に注がれているようでならない。おかしなことだったが、いつか旧知の親しさという感情を覚えたのである。

話が終わると、友人は私を先生に紹介した。先生は、ほう、といいながら、眼鏡の奥から眼を光らせて、一瞬、私の顔をまじまじと見てとった。そして、何かを知ったように、なんとも人懐こい微笑をうかべていったのである。

『君、いくつになったかね』

私の旧知の感情は、即座に答えた。

『十九歳です』

『十九歳か』と、先生はなにかに思いあたるようにいった。『十九歳といえば、僕が東京に出てきた時だ。北海道から、おのぼりさんで、はじめて東京に出てきたのだよ……』

先生はその時、仁丹《じんたん》をかみながら、煙草をふかしていたと記憶する。私は、そのころ抱いていた、人生上の、また社会上のいくつかの疑問を自然に質問せざるを得なくなっていた。

――正しい人生とはどういう人生をいうのですか。真の愛国者とは？　天皇制について？　仏法の神髄とは？

先生の解答は、はなはだ、直截で、淀《よど》むところがなかった。苦もなく答えているように思われたが、それは正《まさ》しく頭脳の廻転の速さを示していた。衒《てら》いもなく、嘘もなく、確乎《かつこ》としたものの本体を語っているようであった。私は充分に満足し、真理がこれほど身近にあることに、生れてはじめて感動したことをおぼえている。

この夜から、十日後の八月二十四日、私は日蓮正宗に入信し、創価学会員となった」（池田「〝人生に負けてはいけない〟」、『私はこう思う』所収、なお池田『人間革命』二での記述も、より粉飾されているが、これと同様の骨子である）

池田はここで、会場を本部から（蒲田の）友人宅に、折伏時の雰囲気、心理等を変更した。が、より重要なことは対者を、小平芳平から戸田にすり替えたことである。

池田は『聖教新聞』（昭和三十二年十月十八日）にも、会場が本部で、折伏者が三十二年時の教学部長・小平芳平だったことを明言している。

「私が信仰したのは、丁度今から十年前の八月二十四日です。……折伏されたのは、前の本部です。前の本部は会長先生が事業をなさっていらっしゃった二階の八畳と六畳の二間でした。……そこで多くの広宣流布の人材が毎日会長先生の御講義をきいたんです。私はそこで教学部長から折伏されたんですよ」

本部と蒲田との情況は、哲学のいい話があるが来ないかと、学校時代の友人に誘われたこと、池田の別の友人も同行したこと、その友人は入信しなかったこと（この場面を描いた池田『人間革命』二では、「二人の友は、決心がつかない――と、《入信手続きを》拒否した」とある）、人生が話題になったことなど、あまりに類似点が多いが、蒲田が前、本部がその後のできごとで、小平芳平（のちに、公明党参院議員）が池田の決をとった（入信を決意させる）としてもよい（なお戸田とともに戦時中、投獄された矢島《やじま》周平《しゅうへい》は、「池田を折伏したのは私だ」と語っている。彼は矢島秀覚と名のり、埼玉県・大宮の正因寺で住職を子息に譲って隠居しているが、当時、座談会場に戸田はいなかったとしている。筆者は矢島説を裏づける客観資料を持たないから、ただ紹介だけしておく）。

が、それでも戸田の講話、人格にうたれたにもかかわらず、五時間も締めあげられ、理論に負けてシャクにさわるという矛盾はまるで解消されない。

池田が戸田の講話に感動したというのは明らかに捏造《ねつぞう》である。だが、さらに注目されるべきことは、池田がこれらの嘘を年齢の一致という嘘の伏線、下ごしらえとした点にある。すなわち、池田は、出会い時の池田十九歳、戸田四十八歳という年齢を会長就任という自らの跡目相続の正統性の論拠とした。

池田は『人間革命』二で、前の場面に続く戸田の帰路のこととして、次のように描く。

「戸田は、十九歳の春――北海道から上京した頃のことを、しきりと思い出していた。

牧口常三郎と、初めて会ったのは、その年の八月のことである。その日から、彼の今日までの運命というものが、大きく、新しく滑り出したことを、珍しく思いめぐらしていた。

——その時、戸田城聖が十九歳で牧口常三郎は四十八歳であった。

いま、戸田は、その四十八歳になっている。そして、今夜の山本伸一（池田のこと）は、十九歳だといった。

彼は十九歳より、牧口に師事し、牧口を護りきって戦い続けて来たのである。時代は移り変わり、自分にも、真実の黎明《れいめい》の如き青年の弟子が現われることを、心ひそかに期待して居ったのであろうか——（中略）

——十九歳の青年は、いくらでもいる。しかし、二十九年前の牧口と当時の戸田とを、まざまざと想い甦らせたのは、今日の一人の青年ではなかったか。……

いま牧口の遺業を彼と分かつ一人の青年が、四十八歳の彼の前に、出現したのである」

池田がここでいいたいことは、牧口と戸田、戸田と池田、それぞれの出会い時の年齢の一致と、それによる呪術的ともいうべき池田自身への正統性、神性の付託である。この原始的な思惟《しい》に基づく発想は、池田の会長就任時に早くも表れている。

「戸田先生が、初代牧口先生に師事されたのが十九歳のおんとき。また、第三代会長池田先生が戸田先生の門下生になられたときも十九歳のおんときと聞く。まことに仏法の不思議！」（『聖教新聞』昭和三十五年五月十三日）

が、驚くべきことに、これらの年齢は池田の十九歳を除いてすべてデタラメなのである。

戸田が北海道から上京し、はじめて牧口を訪ねたのは大正九（一九二〇）年八月のことで、そのとき戸田は明治三十三（一九〇〇）年二月出生の満二十歳、数え二十一歳、牧口は明治四（一八七一）年六月出生の満四十九歳、数え五十歳であった。

また池田が創価学会員となった昭和二十二（一九四七）年八月には、昭和三（一九二八）年一月出生の池田は満十九歳、数え二十歳、戸田は満四十七歳、数え四十八歳であった（出生と出会いの年時は創価学会教学部長・原島嵩著『創価学会』による）。

満、数え年齢ともに、四十八歳――十九歳に一致しない。池田の『人間革命』は虚偽を援用して、戸田と山本伸一の名で登場する池田自身の徹底的な粉飾をはかったものであるが、それでも牧口と戸田だけは実名で登場させている。池田は、「私の人生に、戸田城聖という恩師がなかったとしたら、今日の私は、無にひとしい存在であったちを「人生に負けてはいけない」（「〝人生に負けてはいけない〟」）といいきるまでに崇《あが》める戸田の年齢ばかりか、牧口のそれをも、自分の都合によって故意に改変する。『人間革命』はフィクションだとするなら、前掲の「〝人生に負けてはいけない〟」と『聖教新聞』の記事はどうなるのだろうか。

創価学会が『人間革命』を「現代の御書」として会員に推奨していたのは広く知られた事実だが、同時に、小説と銘打ちながらノンフィクションとして扱っていた形跡がある。『聖教新聞』縮刷版の「主要日誌」（昭和四十四年十一月十四日）に「池田会長による小説『人間革命』第五巻がノンフィクション部門で連続三週間、ベストセラー第一位を示している」と記されている。

ここで池田が故意に変えたというのは根拠のないことではない。彼は、四十五年に遺族の手で刊行された戸田『若き日の手記・獄中記』に序文を寄せているが、それには、「戸田先生に、初めてお会いしたのは、昭和二十二年八月であり、先生が四十七、八歳、私が十九歳の時であった」と、戸田の年齢を曖昧《あいまい》にして逃げているからである。

池田の無残なまでの嘘のうわ塗りは、彼が権力者だったために、「おべんちゃら本」

によって、さらに一層卑劣さを増幅する。が、これらには、その厚顔さのゆえに、より露骨に池田の狙いを浮かび上がらせるという長所がある。次に引用するのは、前掲の蒲田の場面を描いたものであり、ほんの一例にすぎない（『　』内は池田の語り）。

「そして、池田がさらに戸田の話を聞いているうちに、奇跡としかいいようのない神秘的な現象が、突然二人の間におこった。

『それは、私がいつかこの人（戸田）のあとを継ぐだろう、継がなければいけない。私はそのために生れてきたんだ——という強烈な直感でした。それまで、そういう運命的な直感などむしろ軽蔑していた私が、どうしてああいう気持ちに襲われたのか、いまもって不思議ですね。

しかし、もっと不思議なことは、これはあとでわかったんですが、私がそう直感した瞬間、戸田先生のほうでも、〝このやせこけた若者がいつかオレのあとを継ぐだろう。いまオレはついに後継者とめぐりあった〟——と、ひと目で直感されたというんですよ。

はじめて会って三十分もたたないうちですが、戸田先生と目が会ったとき、私はそのことを——先生がなにを感じられたかを——ハッキリ知りました。先生のほうも私の目の中を満足そうにジッと長いあいだ見ておられた。私の直感と決心を、そのとき、先生も完全に知ってくださったわけです』」(五島勉『現代の英雄』)
『宗教と信仰の心理学』と、これとの懸隔《けんかく》はあまりにも大きい。池田の入信神話は、デマゴギーの発生と肥大に関する調査、研究に、貴重なデータを提供できるほどのものであろう。

信仰の呪術的段階

《家に帰ってても三日間おがまずにほっておきました。三日目にものすごい雷が鳴って、私の上ばかりでゴロゴロ鳴って、私ばかり狙っているように思ったので、そのとき思わず南無妙法蓮華経と口をついて出ました。それは高校をでて蒲田に勤めて出張していたときのことです。

それからは、おがみはじめるとなんとなく一日安心感があって、おがまない日は仕事もなにも落着かない。それでおがむとこうなんだから信心は大事だなあと思ったのです》

ここに「高校」とは東洋商業、「蒲田」とは蒲田工業会を指す。同工業会に書記として勤めはじめてまもなくの入信であった。

雷に思わず題目を唱えたというのは、いうまでもなく彼への天啓ではなく、創価学会と彼自身の低俗性、呪術的な段階を示す。

藤田省三《ふじたしょうぞう》は、呪術と内面化された宗教との区別は、呪術が病気平癒《へいゆ》など、この世の利益のために手段として「霊」を拝むのに対し、宗教性の高い宗教は無条件に神を信じて仕《つか》える点にあるとし、また本格的な思想の基底には必ずある、超越者の前に一人立ってひそかに内省するという契機――それこそが生産的な内面的緊張を生む――が、創価学会にはまったくないとしている（石田《いしだ》郁夫《いくお》『創価学会』所収）。

池田の宗教は「安心感があって」と自らいうように、つねに現実生活上の便宜や利益をこえるものではなかった。

蒲田工業会に勤めていた、その時分の池田の印象は「お早ようございます」という朝の挨拶にうかがわれる。

「詰め襟の服で、さっそうと出社、事務所の戸が開くと同時に、あの挨拶が部屋中にひびきましてね。雨の降る暗い朝でさえ、パッと、いっぺんに明るい雰囲気になる」

（大田工業連合会専務理事・小田原政男《おだわらまさお》談、『現代』昭和四十五年二月号）

池田は入信によって、「私も、内向的なので、入信前は気が弱くて意気地なしだと思っていた（笑い）。最近は、おっちょこちょいみたいに開放的になってしまった」（池田『指導集』）とあるように、それまでの性格を早くも変え、明朗闊達《めいろうかったつ》な挨拶ができるようになった。

声高の挨拶は、池田が意気地なしであることをやめ、生存競争の勝者への道を一歩踏み出したことの起点であったが、多くの人の好感をよぶその挨拶を発するために、彼が内面において切り捨てたもののもあったはずである。

創価学会に入っての池田の易変性は、それまでの彼のなめた病気や貧苦があまりに強く彼を痛めつけていたせいであったろうし、また創価学会の教義に抵抗できるほどの学歴等とは別の知的な基盤を欠いていたせいでもあったろう。が、易信性のもたらした結果がまれにみる権勢であろうと、それは人間としての名誉ではなく、むしろ恥辱であろう。考え悩む努力を放棄し、ステレオタイプの確信に甘んじる者の変わることの意義は、世俗上の利得だけにしかないにちがいない。

弾圧の恐怖とバチの恐怖

《それから一年は普通にやっていました。そのころはバチがこわかったのです。前の信者さんたちが牢獄へいったということが気になりました。（創価学会は日蓮正宗をのぞいて）全部の宗教に反対するから必然的に弾圧される。その時はどうしようか、寝ても覚めても考え、やめるなら今のうちがよいと考えました》（カッコ内は溝口）

ここに池田は彼のオポチュニズムを悪びれずというより、そのような衒《てら》いにも無知に告白している。

戦前の牧口、戸田以下幹部二十一名の下獄は彼にはただ恐ろしいだけで、それが敗戦を境に名誉の履歴に変わったとみる青年らしい常識にさえ欠けていた。貧しく実直な堅気の家庭では牢獄はなにより恐れられる。池田は戦前の受難の因《もと》は創価学会のひとり正しいとする独善性にあると穏やかにも見、それは自分の所属している現在でも変わっていない、再び弾圧を受ける可能性は消されていないと、「寝ても覚めても」ただただ恐ろしい。小心に心を悩ました挙げ句、「やめるなら今のうちがよいと考えた」ことを口にして恥じることを知らない。このインタビュー時、池田は渉外部長と参謀室長をかねていたが、まだ、のちに身につける体裁《ていさい》を取り繕《つくろ》う習性はない。ざっくばらんな気性で、都合のわるい履歴であってもあけすけに話す戸田が、小口偉一の学問的な立場、問題のとりあげ方を理解して便宜をはかったからである（『聖教新聞』昭和三十四年四月十日参照）。

現在なら池田は「それから一年は普通にやってい」た理由として、たとえば次のようにいう。創価学会＝公明党批判を経た後では、さすがに入信直後は消極的な会員であったことを否定できない。

「最初から創価学会の全てが納得でき、戸田先生の言葉が、理解できて信仰したわけではない。信ずることにせっかちな余りの一般会員の強引さや、情熱にまかせて陥りがちな壮士気取りの青年たちの言動に、ひそかに強い反撥を抱いたこともある」（池田「自己変革と宗教者」『中央公論』昭和四十六年七月特別号）

もちろん、ここにあるような他の会員への違和感や反撥心も一つの理由ではあったろう。が、そのこと以上にこの一文は、彼の動揺の理由を、弾圧の予感に怖《お》じ気《け》をふるったという、会員としての非模範的な自身の日和見《ひよりみ》主義から、他会員の未熟さに転化し、その上、当時から彼一人が良識をそなえて醒《さ》めていたことを暗に示そうとしている。

過大なばかりか卑劣な、現在の彼の見栄や外部志向を前にすれば、インタビュー時の彼の無知は、いっそ初々《ういうい》しいものとさえいえる。尊大な大物風への「人間革命」の結果は悲惨としかいいようがない。

池田は創価学会をやめたいとは思っても、「バチがこわ」くてやめられなかった。

この「バチ」は、「御本仏日蓮大聖人のご生命の満ちみちた大御本尊を絶対境とする生活は、他の小神・邪神・小仏の利益や罰とは、天地の相違があり、利益も大であるが、これに背《そむ》く厳罰も明らかであり、背けば大阿鼻地獄《だいあびじごく》へ堕《だ》する者となる。御本尊の右の御かたに若悩乱者頭破七分《もしのうらんするものはこうべななつにわる》」と、のちの『折伏教典』にある、会員にあらかじめ言い渡される予防拘禁的な威迫を意味する。

罰論は牧口以来の創価学会の伝統だが、その鬼面人をおどろかす体の「大阿鼻地獄」や「頭破七分」に確固とした信者になる以前の池田が、なんらの反感もおぼえず、頭から信じこんだばかりか、行動も規制されるというのは、とうてい近代的な思惟《しい》の持ち主のよくできるところではない。

そのことは客観的な批判を無効にする宗教の世界より前の段階にあり、ここにも池田がどうしようもない無知蒙昧《むちもうまい》に類する徒であったことは明らかである。

創価教育学会弾圧事件の真相

なお、池田はここで戦時中の弾圧が「気になり」、やめることまで考えたと明言しているが、彼はのちにそれを次のようにいいかえる。

「戦後戸田会長に会ったときも、この人は戦争に反対して二年間も、牢に入っていた、この人のいうことならば、わたしは信じてついていってもまちがいはない、と思ったのです」（松本清張との対談、『文藝春秋』昭和四十三年二月号）

この池田の追憶談が二つの嘘でなりたっていることは、指摘するまでもあるまい。

一つは池田の入信後の思念の偽りである。「やめるなら今のうちがよい」が、「信じてついていってもまちがいはない」と、まるで逆方向に変えられている。これによれば、池田は戸田の反戦の経歴を知って、戸田をただちに師と決めるほどに、確固とした信念を持つ平和主義者だったわけだが、事実を前にすれば、偽造の歴史によってしか己を高くしえない池田の姿がみじめに浮かび上がるばかりである。

もう一つは一番目の嘘の前提となる、戸田が戦争に反対したという論述である。これが事実と相違することも前に述べたが、創価学会の戦時中の反戦活動という謬説《びゅうせつ》はかなり広く流布されており、またこの池田の対談の嘘を真にうけて、池田論を書き進める論者もかなりあった。

戸田はすでに故人であって、その多少の誤伝は仕方ないとしても、池田がそれによって自己の辺幅《へんぷく》を飾る権利はなに一つないはずである。

ここで創価学会弾圧の経緯とその性格を今一度確かめてみよう。その結果、戸田が戦争に反対していなかったなら、池田の二つの嘘は二重の嘘となり、妄想と等しいものになろう。

昭和十五（一九四〇）年、政府は前年に成立した宗教団体法と新体制運動により、宗教の統制と戦争目的への動員を進め、その一環として宗教教団の大同団結を強く促《うなが》し、日蓮正宗に対して日蓮宗との合同を求めた。これに関し、日蓮正宗は会議を催したが、その席で創価教育学会会長・牧口は、他宗派を邪宗《じゃしゅう》として排撃する教義上の立場を厳格に守ることを主張し、合同に強く反対した。

また政府は学校や家庭、職場に神棚を設け、皇大神宮《こうたいじんぐう》の神札（大麻《たいま》）を祀《まつ》って拝むように強制した。これに対しても、狂信的なまでに日蓮正宗の教義を信じていた牧口は、末法《まっぽう》では護法の善神は天に在《あ》り、伊勢神宮には魔物しか住んでいない、神札の受け入れは謗法の行為になると、拒否した。牧口や戸田を本山に呼びつけ、ともかく神札を受けるように勧めていた日蓮正宗は、創価教育学会のこうした言動に、弾圧の危険を感じ、同会会員の大石寺への参詣を禁止した。

日蓮正宗の危惧は現実となって現れ、警察も創価教育学会をマークし、昭和十七年五月には機関誌『価値創造』の廃刊を指示した。牧口はその廃刊の辞で、「国策にかなうことを信ずるのであるが、廃刊になるのは、不認識の評価によるか」と不満をもらしている。

牧口は明治人らしく天皇を尊崇する者だったが、信仰上、神札を祀《まつ》ることだけはできなかった。彼は創価教育学会が昭和十七年十二月三十一日に発行した『大善生活実証録』（第五回総会報告）の中で、こう述べている。

「吾々は日本国民として無条件で敬神崇祖している。しかし解釈が異るのである。神社は感謝の対象であって、祈願の対象ではない。吾々が靖国神社へ参拝するのは『よくぞ国家の為に働いて下さった、有難うございます』といふお礼、感謝の心を現はすのであって、御利益をお与へ下さいといふ祈願ではない。（略）天照大神に対し奉っても同様で、心から感謝し奉るのである。独り天照大神ばかりにあらせられず、神武《じんむ》以来御代々の天皇様にも、感謝し奉ってゐるのである。万世一系の御皇室は一元的であって、今上陛下《きんじょう》こそ現人神《あらひとがみ》であらせられる。即《すなわ》ち、天照大神を初め奉り、御代々の御稜威《みいつ》は現人神であらせられる、今上陛下に凝集されてゐるのである。（略）吾々国民は国法に従って天皇に帰一奉るのが、純忠だと信ずる。天照大神のお札をお祭りするとかの問題は万世一系の天皇を二元的に考へ奉る結果であって、吾々は現人神であらせられる天皇に帰一奉ることによって、ほんとうに敬神崇祖することが出来ると確信するのである」

牧口は詭弁《きべん》によって神札を拒否しようとしたが、当局は牧口の論理にだまされなかった。昭和十八年一月ころから、当局の圧力はさらに加わり、同会の座談会に特高の刑事が現れ、しばしば集会を禁止した。

同年四月、日蓮正宗は結局、合併せずにすんだが、戦争の進展にともない、ヒステリックな様相を強めていた官憲側は、創価教育学会をそのままではすまさなかった。

六月、同会会員の陣野《じんの》忠夫《ただお》は近所の人を折伏しようとして、その人の子供が死んだのを罰《ばち》だと決めつけた。怒ったその人が警察に訴えたので、警察は陣野らを捕え、はげしく取り調べて同会の罪状をつくりあげた。

戸田は当局の弾圧が身辺に及ぶのを恐れ、六月二十五日、創価教育学会各理事、各支部長に宛て、理事長・戸田城外（城外は戸田のそのころの名）名で「通諜《つうちょう》」を発する。

「時局下、決戦体制の秋《とき》、創価教育学会員に於ては益々尽忠報国の念を強め、会員一同各職域に於いてその誠心を致し信心を強固にして米英打倒の日まで戦い抜かんことを切望す。依って各支部長は信心折伏について各会員に重ねて左の各項により此の精神を徹底せしめんことを望む。

一、毎朝天拝（初座）に於いて御本山の御指示通り、皇祖天照大神、皇宗神武天皇肇《ちょう》国《こく》以来御代々の鴻恩《こうおん》を謝し奉り敬神の誠を致し、国運の隆昌、武運長久を祈願すべきことを強調指導すべきこと。

一、学会の精神たる天皇中心主義の原理を会得し、誤りなき指導をなすこと。

一、感情及利害を伴へる折伏はなさざること。

一、創価教育学会の指導は生活法学の指導たることを忘る可《べ》からざること。
一、皇大神宮の御札は粗末に取り扱はざる様敬神崇祖の念とこれを混同して、不敬の取り扱ひなき様充分注意すること」

弾圧逃れのためのアリバイづくりが、この「通謀」の目的だったが、いずれにしろ、創価教育学会が戦争に反対したのでも、軍部に反対したのでもなかったことは、これにより明らかである。

戸田の作戦は成功しなかった。警察は陣野逮捕を突破口に、芋づる式に上層部へと検挙の手を伸ばした。

七月六日、牧口、戸田、矢島らが捕らえられ、また、その前後に他の会員も逮捕された。八月二十五日、牧口は巣鴨拘置所に移され、十一月二十日、治安維持法違反と神社に対する不敬罪で、その予審請求を東京地裁に出された。

その折りの検察調書は牧口の罪状に関し、次のように結論している。

「謗法の罪をまぬがれんが為には、皇大神宮の大麻を始め、家庭に奉祀する一切の神符を廃棄する要ある旨強調指導し、同人等をして何《いず》れも皇大神宮の大麻を焼却するに至らしめ、以て神宮の尊厳を冒瀆《ぼうとく》し奉る所為をなしたる等、諸般の活動をなし、以《もっ》て神宮の尊厳を冒瀆すべき事項を流布することを目的とする前記結社の指導者たる任務に従事したるとともに神宮に対して不敬の行為をなしたるものなり」

これだけが、治安維持法第七条「国体を否定し又は神宮若《もしく》は皇室の尊厳を冒瀆すべき事項を流布することを目的として結社を組織したる者又は結社の役員其の他指導者たる任務に従事したる者は無期又は四年以上の懲役に処し」、および神社に対する不敬罪に相当する行為だったのである（池田諭『牧口常三郎』、村上重良《しげよし》『創価学会＝公明党』、および日限、前掲書による）。

戸田の罪状が牧口に準ずること、もちろんである。

以上によって明らかなように牧口、戸田は侵略戦争に反対したのではない。彼らは戦後にも行われた邪教排撃の教義により、神札を受けず、また燃やしたにすぎず、せいぜい戦争に勝つために、神道を奉じている政府の誤りを諫《いさ》めるという立場を固執したにすぎなかった。

戦争に反対し、日本の前途を憂《うれ》えた宗教者は別にいた。神戸地裁、控訴院、大審院と公判闘争を続けた法華宗《ほっけしゅう》の刈谷《かりや》日淳、敗戦直前拷問死したその老信者・原真平《はらしんぺい》、侵略戦争だとして陸軍刑法違反で起訴された真宗大谷派の一住職など。また教義面からの弾圧をうけた教団教派はさらに多く、ホーリネス系と無教会系のキリスト教などの他、日蓮正宗の講においても、藤本秀之助《ふじもとひでのすけ》の弾正会が弾圧され、藤本は獄死している。

牧口の創価教育学会は、戦争に反対しなかったばかりか、その批判も教義面からにのみとどめられていた。

なお論証をすすめるなら、たとえば、牧口は獄中で、一人だけ残った息子の洋三の戦死を知らされたが、その嫁に、彼の絶筆となった次の返事をしたためている。

「……ビックリシタヨ。ガッカリモシタヨ。……病死ニアラズ、君国《くんこく》ノタメノ戦死ダケ(だから)名誉トアキラメルコト。唯ダ冥福ヲ祈ル、信仰ガ一バン大切デスヨ。百年前、及ビ其後ノ学者共ガ、望ンデ手ヲ着ケナイ『価値論』ヲ私ガ著ハシ、而カモ上ハ法華経ノ信仰ニ結ビツケ、下、数千人ニ実証シタノヲ見テ、自分ナガラ驚イテ居ル。コレ故、三障四魔ガ紛起スルノハ当然デ、経文ノ通リデス」(佐木秋夫、小口偉一『創価学会』)

君国のための戦死、名誉といった語に反戦の思想はなんらうかがえまい。もっとも獄中の身で当然検閲が考慮されていただろうが、まるきりの擬装とみるには後半の文章が生々しすぎていないだろうか。

また創価教育学会設立の当時を知るあるジャーナリストは、入獄前の牧口の講話をこう報告している。

「当時は太平洋戦争の初期で日本軍は南に北に連戦連勝（?）であった。牧口会長の講話は、いつもこの点に触れ蒙古襲来のときの日蓮をひきあいに出して、日本の戦勝は、みな御本尊の正統を受けつぐ日蓮正宗の信仰の力によるものであり、日本は、やがて全世界を統一し、『王仏冥合《おうぶつみょうごう》』によって、日蓮正宗こそが世界のすべての中心となり、世界人類の救済者となる――というのが、要するに、その結論であった」（『赤旗』昭和四十五年二月十九日）

さらに戸田自身、当時を回顧して次のように語っている。

「戦争では勝ちたかった。負けるとは思っていなかった。私の今もっている信念は、当時はなかった。私には教学もなかったし、勉強もしてなかったからなんだ。初代会長は勝つといっていた」（小口偉一『宗教と信仰の心理学』）

勝ちたいとの願望は、決して戦争反対や絶対平和主義と相いれるものではあるまい。

また池田自身でさえ、昭和三十二年時においては、「胸を打った」とかなり美化しているものの、それでも、戸田が軍部を攻撃した――明らかに言いすぎだが――というのみで、戦争に反対したとはいわなかった。

「私の胸を打ったのは、創価（教育）学会が、あの戦時中にまっ向から軍部と対抗して、天照大神では日本の国は救えないと、日蓮大聖人の仏法立正安国論《ぶっぽうりっしょうあんこくろん》、顕仏未来記の予言、諫暁八幡抄の哲理をもって、軍部を攻撃したあげく、初代の牧口会長先生、現会長先生始め二十何名の人々が牢獄へ行ったんです」（池田「私の初信当時」、『聖教新聞』昭和三十二年十月十八日）

池田による「戦争反対」の嘘は、入信神話と同様、彼の利益のための嘘であったが、また一面ではそれとは異なり、会内部向けではなく、対外的な社会的正当性を得たいと願うあまりの嘘でもあった。

強信の契機――日本正学館入社

《二年目に『立正安国論』の講義を聞いてから、よし、よい勉強しようと考えるよう

になりました》

日蓮が正嘉《しょうか》一年の大地震を契機に著し、立正安国の理想を述べ、世人が邪法を捨てて信仰を改めれば、三界は仏国となり、十方は宝土となろうという『立正安国論』は、会の教義に対して池田を積極的に構えさせたようである。

もっとも池田『人間革命』三には、昭和二十三年九月、第七回法華経講義後の質問会での戸田の回答――昭電疑獄にふれて、悪徳政治家は不良息子と同じだ、不良息子を強折して更生させるように、一国のためにも広宣流布しかない、という――が、強信へのきっかけとなったとしている。

いずれにしろ、ある程度開けた社会的視野が彼を会活動に近づけたのであろうか。その年八月、彼は大石寺での夏季講習会に初めて参加している。

だが、池田はまだ、「この教団が発展すれば世の中が変り、やがて世直しが実現し、日本の国もよくなる、と確信してますます布教に熱を入れることになる」(高木宏夫《たかぎひろお》『日本の新興宗教』)という信者の段階には、達していなかった。彼は自分を養うに精一杯であった。

その年四月に、池田は蒲田工業会への勤務のかたわら、各種学校の一つである大世学院（のちの富士短期大学、現・東京富士大学）政経科夜間部に入学している。同校教務課によれば、その入学資格は旧制中学卒業となっていたが、敗戦後の混乱の尾を引く当時のこととて厳密なものではなく、池田の入学も難なく許可したのだという。

池田は、「よし、よい勉強しよう」とあるように、学校に対しても、創価学会に対しても学ぶ態度にあり、その意味では自己に完結する教養主義にとどまっていた。社会性ではなく、その秋内定した戸田経営の日本正学館への入社が、池田に戸田を、ひいては創価学会を身近に感じさせ、教義を勉強する気にしむけたのだと思われる。

昭和二十三年は東宝争議など敗戦直後における労働争議件数のピークの年であり、国民経済はまだ混迷のうちにあったばかりか、翌二十四年にはドッジ・ラインを強行されて中小企業の破産や失業者の増大など、深刻な恐慌状態に陥る。

そのような混乱と経済的動揺の中での日本正学館への入社は、池田にとっては身にあまる抜擢《ばってき》と考えられたことであろう。実際、印刷工場勤務、大世学院在学中といった池田の経歴では、どのような小出版社でも入社は困難だったにちがいないし、まして出版社は池田の志望する文筆業に近接する企業でもある。

彼は二十二年から勤めていた蒲田工業会を二十三年暮れに退社しているが、同工業会の上司だった小田原政男は、「手放したくなかったんだが、将来、文学で志を立てるといっていたので『雑誌記者になるので……』といわれたときには、引きとめられなかった」といっている（央、前掲書）。

池田が深く戸田の恩に謝し、彼への忠誠を心のうちに期したことは想像に難くない。

「三年目の八月に戸田さんの出版に小僧から入りました。信用組合にも入っていたんですが、アパートに住んで、給与もなく乞食同然で苦しくてしかたなかったんです」

この一条は「出版」の前に「信用組合」に入っていたようにもとれ、接続等が不分明である。「戸田さんの出版」とは日本正学館であり、一般にはそこへの入社は二十四年一月三日とされている。「信用組合」は戸田が専務理事を務める小口金融専門の東京建設信用組合をさし、その正確な設立年月は詳《つまび》らかにしないが、原島嵩『創価学会』、池田『人間革命』四にはいずれも二十四年秋とあり、正学館以前の、東京建設信用組合への入社は不可能である。

あるいは、東京建設の正式認可が二十四年秋ということで、戸田はその前から、戦前の日本商事等経営の経験を生かして手形割引や金貸し業を無認可で営み、池田も正学館入社以前に、その手伝いをしていたのかもしれない。

日本正学館の商法

池田はさきにふれた通り、前年二十三年秋に小平芳平の推薦を受けて戸田へ履歴書を出し、日本正学館への入社を決めたが、同社の業績は、二十一年六月に謄写版《とうしゃばん》刷りで再刊された『価値創造』が池田の入社内定とほぼ同時期、十月に第十六号で停刊されたことにも見られるように、倒産寸前の状態にあった。

二十年八月、中学生相手の通信教授で営業開始した同社は、まず、その六ヵ月分前納という、堅実な営業を保証するはずの予約金制度が未曾有《みぞう》のインフレにかえってわざわいされて失敗した。前金内では日毎に騰貴《とうき》する用紙代や印刷費をカバーしきれず、かといって予約金のたてまえ上、追加金もとれなかったのだという。ただこの通信教授により、いち早く紙と印刷のルートだけはつけられていた。

そのため二十一年、戸田は単行本なら短期で捌《さば》けてインフレに強く、戦前、大道書房等から刊行した大衆小説の版権もあり、また売れ行きに関しては、刷れば売れるという時代で、なに一つ心配はないと考え、事業を単行本の出版に切りかえた。

　ことに戸田は、単行本切りかえの一環として、流行語の観を呈していた民主主義を早速《さっそく》稼業に結びつけ、『民主主義大講座』の刊行を企《くわだ》てた。責任編集者に室伏高信、今中次麿、加田《かた》哲二《てつじ》、堀真《ほりま》琴《こと》をあて、編集人員も強化し、編集長に矢島周平、編集員に小平芳平ほか数名を置いた。

　責任編集者の一人だった室伏は、のちに同講座とのつながりを回想している。当時の日本正学館の雰囲気と戸田の人柄をよく伝えていると思われ、長くなるが、次に引用する。

「多分昭和二十一年であった。神田の西神田に一軒の小さい出版屋があった。日本正学館といった。その名もとっくに忘れていた。忘れるのがほんとうくらいの小さい、名もない、吹けばとぶような小出版社があった。戸田城聖がそこの社長であった。

　ここで『民主主義大講座』という十巻くらいのものを出版する計画があった。川瀬《かわせ》宏《ひろし》という友人の仲立ちで、わたしもその編集委員に名をつらねることになり、その中にいくつかの論文も書いている。

　そういう関係で、この出版社に、二度くらい行っている。株式会社となってはいたが、会社というのは名ばかりで、その実体は何かの商店の二階の一と間の借間会社だった。室の中に三つくらいの机があって、五、六人の社員がいた。二階に上ってゆくと戸田社長は手持ち無沙汰に、ポツネンと椅子にかけていた。

その隅っこのほうに、一人の少年がいた。美少年でその礼儀正しさが、わたしの目をひきつけた。それが池田少年であったかどうかは、むろんわかっていない。……

ところで、この小さい出版屋を訪れると、二度とも、戸田はわたしをうながして、梯子段を下り、裏口から小さい露路に出た。イタチのとおるくらいの小さい、陽の目を見ない露路だった。その突き当りに小さい一杯飲み屋が立っていた。立っていたというより蹲《うずく》まるとか、しゃがむといったほうがぴったりする。そこに六十がらみの老婆がいた。戸田の顔をみただけで徳利《とつくり》をもってきて、先生どうぞといった。古いおなじみだということが直《す》ぐとわかった。先生ということばには尊敬も親しみもうかんでいた。しかし徳利一本きりで、あとをつづけようともしなかったし、お酒の肴《さかな》は何もそえてなかった。そのころ終戦後で、酒の事情も苦しかったせいもあろうが、戸田の懐事情がわかっていたからでもあろう。

わたしはこの大講座にいくつかの論文を書いている。前に述べたとおりである。だから原稿料の問題で、戸田には債権債務の関係がある。わたしはそれがどうなったのかを、いまはおぼえていない。しかしその問題で、わざわざこの出版屋を二度も訪ねたとしたら、この間にすらすらいかないもののあったことはわかる。そのくらいの見すぼらしい出版屋であったと思う」（室伏、前掲書）

この回想にもうかがえるが、通信教授にかわる単行本の出版も日本正学館の経営を安定させるには至らなかった。池田はその理由を、出版社の高い利益は再版によるが、再版の間に資材、印刷費が暴騰して初版と同じ定価では採算がとれず、また値上げしてなお売れる本も少なかったからとしている。

二十三年、またしても戸田は、雑誌なら定価改訂でインフレに対応できようという、変わりばえしない思惑から、雑誌の発刊を決意し、雑誌を主、単行本を従とする経営に方針転換した。まず『冒険少年』を、ついで婦人雑誌『ルビー』を創刊し、池田によれば数ヵ月後には『冒険少年』十数万部、『ルビー』数万部を数えていたようだという。

だが、昭和二十四年に入ると金融事情が逼迫《ひっぱく》したうえ、戦前からの大手出版社の本格的な回復が緒につき、乱立模様の小出版社が存続する余地は狭められていた。カストリ雑誌や仙花紙《せんかし》の時代は、復刊された『文藝春秋』『中央公論』『婦人公論』『オール讀物』、創刊された『少年』や『婦人生活』に徐々にその席を譲りはじめ、そのような時点では、池田の日本正学館入社も、決して傍目《はため》にはよい就職口とはいえなかった。同社での池田の役目が、入社後しばらくは雑誌記者ではなく、彼のいうところの「小僧」だったことは、「会社の用事で、大八車を引いて銀座を歩いたこともある」(池田『勇気と確信と希望』)との一文からも、うなずかれる。たぶんそれは試用というより、小企業のため、手すきのものには何でもやらせたのだろうし、池田の健康も微熱が続く程度で、大八車を引くほどの労働には、どうやら耐ええたのだろう。

このころ、彼は森ケ崎の実家を出、大森・新井宿の青葉荘(二反長、前掲書)というアパートに一室を借り、一人住まいを始めた。それは通勤の便というより、家族との関係の悪化からであった。

日本正学館の破産

《戸田のところへいったからというので、家からは勘当同然でした。十四、五人の研

究会の仲間からもやられました》

家族は池田の創価学会入信に反対しつづけたし、池田も四兄と同居の六畳間で朝晩、題目や経典をあげることをやめなかったから、両者の関係は当然、険悪であった。

池田が文筆で立つ志望を持ち、五男であったかぎり、家と出版社とどちらを選ぶかは明白であった。また彼が世の荒波に揉《も》まれて家や協友会の友人のもとに舞いもどり、おとなしく退転するには、それまで病・貧・争の苦しみに慣れすぎて免疫になっていたうえ、戸田の提供する体験の場が貧しいとはいえ、魅力的でありつづけたのだろう。

しかし、池田の別居には周囲の反対から逃れ、世に乗り出すという以上の積極的な意味がこめられていた。家族や友人からの離脱は、池田を否応なく戸田のもとに押しやり、もともと冷静な観察力に乏しく、対人関係に古風な一面をも残す池田をして戸田に、父なき世代にもかかわらず、父を見出させることになった。

同年五月から池田は『冒険少年』の編集を手がけはじめ、原稿とりに野《の》村《むら》胡《こ》堂《どう》や西《さい》条《じょう》八《や》十《そ》、挿絵画家などの家を訪ね、また時に山本紳一郎というペンネームで穴埋め記事を書いたという。

そのころ、他の編集員・小平芳平らは前年までの『価値創造』にかわる創価学会の機関誌としての『大白蓮華』の編集にあたってい、戸田も自ら同誌の巻頭論文に「生命論」を寄稿した。

シラミの話で始まる「生命論」は、生命とは過去、現在、未来の三世にわたって連続し、永遠に存在するもので宇宙自体が生命であるとの主張に尽き、せいぜい古代インドのウパニシャッド哲学以来の素朴な観念論のやきなおし（日隈、前掲書）にすぎないというしろものであったが、池田は当時の彼の感動として、「鮮烈な感動が、孤独に沈んでいた彼を、いきなり襲ってきた。彼はしばらく茫然としてしまった」と記すばかりか、現在の評価としても、「まことに新しい、生命の世紀の夜明けを告げる宣言書」（池田『人間革命』四）など、思いつくかぎりの最大級の讃辞を連ねている。

客観的にはどのように他愛のないものに感銘したのであれ、ほぼこのころから池田は創価学会の教義に骨がらみからめとられたと見られる。人はまだ理解していないことにだけ絶対的な確信を持つことができるという定式からすれば、彼は「生命論」のつまらなさを理解せずに、信じこんだわけであった。

七月、『大白蓮華』創刊号が発刊された。月刊、Ｂ５判、三十二頁、活版印刷で、謄写版の『価値創造』より立派な体裁ではあったが、創価学会の経済的負担をことごとく一人で賄《まかな》ってきたという肝心な戸田の事業は悪化の度を深め、もはや機関誌どころではなくなっていた。

日本正学館の敗北は誰の目にも明らかであった。同社の刊行物のうち、まず単行本の売れ行きが止まり、ついで『ルビー』『冒険少年』の二雑誌も返品が激増して採算点を割った。池田の担当する『冒険少年』は八月に『少年日本』と改題されたが、そのような細工では頽勢《たいせい》は改まらず、同年秋には返本率は七、八割に達し、月に数百万円からの赤字が累積して、ついには日本正学館全体で六千万円に達したという。原稿料や画料の支払いの遅れはもちろん、出入りの紙屋や印刷屋は談じこみ、社員への給料は遅配した。

池田が編集業務をおぼえる間もない十月、戸田は全社員を集めて一切の休刊（廃刊）と残務整理をいい渡し、かねて準備していた東京建設信用組合への社員の移行を明示した。信用組合の社屋は日本正学館のそれがそのままあてられ、浮き足だつ社員には分割で給料が支払われた。

池田『若き日の日記から』（『週刊言論』昭和四十年一月～四十二年三月に断続的に連載）十月二十九日の条には、「六時、分割払いの給料を貰《もら》う。床屋にゆく。給料が安い、私も皆も大変だろう」とある。彼は念願の職場を否も応もなく奪われ、新しい職を押しつけられても、そこには低賃金、遅配、分割払いといったそれまでの「乞食同然」の生活から脱け出せる保証は一つとしてなかった。

戸田の処置は時代相がどうであれ、経営者の無能力というより、無責任かつ残酷なものであり、宗教的紐帯《ちゆうたい》なしには当然労働争議に発展している問題であった。池田も少なからず戸田に不満や怨みを抱いただろうが、それらの感情は発表時に手入れされたはずの『若き日の日記から』はうかがうべくもない。ただ、さすがの池田も休刊決定の夜には、座談会をさぼり、新橋で映画を見たという。

信仰の証としての労苦――池田の前時代的性格

東京建設信用組合は、池田によれば、その年六月ころ戸田のもとに持ち込まれた東京建設信用購買利用組合を種目変更したものであり、専務理事を務める戸田に一切の経営責任があった。それは、「およそ事業の基礎というものは、最後には金融資本の掌握が必要となってくることを、痛感していた」（池田『人間革命』四）という資本家・戸田の経営学の実践であった以上に、敗北につぐ敗北のなかでの、それ以外にしょうことのない戸田の窮余の一策であった。ドッジ・ラインの進行によるデフレ不況は、つくづく金繰りさえつけばとの思いを戸田に強いたことだったろう。

しかし、その場合、窮すれば通ずという格言は通用せず、同信用組合は正式発足後、一年ももたずに破産した。預金額が借り入れの申し込みに反し、思うようにのびなかったのだというが、戸田や日本正学館社員のにわか転用では、およそ能力に限りがあり、いきおい無理と知りつつ、あこぎな手口もとらざるを得なかったようだ。

が、その結果は昭和二十四年暮れから翌々二十六年にかけて戸田も池田も債鬼に追われて困窮と過労の度を深めるというものであった。降って湧いた朝鮮特需による世の好況をよそに、戸田はウラボロとあだ名されたように裏地がボロボロの背広を着通さなければならなかったし、それでなくとも数少ない社員は半年以上も出ない給与に愛想をつかして、次々と去った。

池田もまた五十キロ以下にやせて頰がこけ、「お前の顔で、指にささったトゲが掘れる」と揶揄《やゆ》されたばかりか、二十四年秋、病弱を表むきの理由に、一年半通った大世学院を中退するはめになった。

「体が悪かったのも中退の原因でしたが、本当のところ、戸田先生がやめろ、といわれたんです。〝おれが教えてやるから十分だ〟というのです」と、池田はのちに語っている（央忠邦『日本の潮流』）。

以後、池田は日曜日ごとに、後には毎朝一時間ずつ、矢田《やだ》俊隆《としたか》『世界史』、熊谷幸《くまがいこう》次郎《じろう》『日本史――概説と問題点』、鵜《う》飼信成《かいのぶしげ》『憲法』、鈴木《すずき》安蔵《やすぞう》『政治学』、高田《たかた》保馬《やすま》『経済学原理』、ガモフ全集などを教材に戸田の教えを受けたとされている（草柳大蔵「〝手づくり人間〟池田大作」、『文藝春秋』昭和四十四年九月号）。戸田が学校教材風のこれらすべてを実際に用いたかは疑問であり、また戸田の講義を受けたのは池田ばかりでなく、たとえば二十六年入信の秋谷城永（のちに、栄之助）も受講者の一人だった。

「（秋谷は八時半から）九時までの三十分、かならず博学の戸田会長から雑談ふうの講義をきいた。池田現会長も仲間であった」（『文芸朝日』昭和三十八年八月号）

彼らは貧窮のなかで、いっそう身を寄せあい、時に叱られながらも、猥雑《わいざつ》なまでに密着した。

「『さあ、寝るか、伸（池田をさす）、ぼくの布団で一緒に寝ようよ』戸田は隣室の布団に入った」

「幾度か　戦《いく》さの庭に　起《た》てる身の　捨てず持《たも》つは　君が太刀ぞよ」（戸田から池田への返歌という、いずれも池田『人間革命』四）

池田にとって戸田とともにする労苦は信仰の危機ではなく、信仰の証《あかし》だった。彼は、「この地を受けつぐだけでなく、天国をも受けつぐことを定められながら、今はおとなしい様子をしている王子である」（E・ホッファー『大衆運動』）と自分自身を考えていた。そういう池田にとっては、あと半年通えば卒業できた大世学院を断念させられようと、金銭的に恵まれなさすぎようと、戸田を見限るなどは論外であり、彼はひたすらマゾヒスティックな快感さえ覚えて、日々を試練として耐えつづけた。一方、それは池田のいうとおり、使われるよりは仕える境地でもあり、彼の前時代的な作風が、自己犠牲をしのびやすくしたのも事実である。

投機的強信者の弟子

それほどまでに強く池田をとらえた戸田の人柄は、ざっくばらんに過ぎて人に面白がられはするものの、決して一般には尊敬をかち得られるものではなかった。

戸田は初代会長・牧口常三郎の法要の席で、牧口と対比して彼自身のひととなりを次のように語ったことがある。

「わたくしと先生はまったく違う。先生は理論の面から、御本尊様を信じきっていた。わたくしは、功徳の面で信じている。わたくしはある体験から、ぜったいの功徳を信じ、日蓮正宗のために命をささげるものです。先生は謹厳そのもので、わたくしは世のなかをふざけて生きている。先生は謹直で、わたくしはルーズだし、先生は目白に、わたくしは目黒に住んでいる。先生はひじょうな勉強家で、わたくしはさっぱり勉強せぬ。先生は飲まないし、わたくしは大酒飲みだ。これだけ、まったく正反対の性格でありながら、先生とわたくしは境地はピッタリ一致していた」(戸田『講演集』上、昭和二十七年十一月)

戸田の酒は、「二十九の年から四十四で牢屋に入るまで一晩もかかさず、出獄後今日まで一晩もかかさない。前は料理屋と待合《まちあい》で飲んだが、今は本部と自宅で飲む。量は今ではウィスキーのオールドびん一本が三日間」（『週刊朝日』昭和三十一年七月二十九日号）というもので、酔って大石寺での会員質問会にも臨んだ。

また「料理屋と待合で飲んだ」ことからもうかがえるように、戸田は女性に対しても発展家であった。

夕張郡真谷地尋常小学校に奉職中には、複数の女性と恋愛し、「恋にもつれ、恋に狂いて、最も神聖なる教職を汚」（戸田『若き日の手記・獄中記』）した結果、その清算のために退職しなければならなかった。また戦前には三角関係を経験し（小口、前掲書）、当時も、戦前、彼の経営する会社の会計役であり、会員でもあった森重紀美子《もりしげきみこ》との関係をつづけ、彼女との間には子まであったようだ。森重は創価学会幹部間で公認されていた戸田の二号である（由比宏道《ゆいこうどう》『毒鼓の縁』）。

戸田には己の弱所を口にして憚《はばか》らない率直さはあったものの――おそらくそれは「この世に遊びにきた」（戸田『講演集』上）という彼の行動的、快楽主義的な空無観に通じる一種の達観《たっかん》と関連したものであり、そうした率直さの点では池田よりはるかに上だが——、内省的な深みはまったく欠けていた。

彼は昭和三十一年、参院選で柏原ヤスが落選した挙げ句、多くの会員が選挙違反に問われた際には、「(官憲は)買収をしたのじゃないかと買収の証拠を探そうとしている。柏原参議院落選候補のオチンコを探すようなものだ。ワシは柏原だけはオチンコがないから、落ちんと思ってた」(『週刊朝日』前掲号)と野卑な駄洒落《だじゃれ》をとばしたりした。軽度のアルコール依存症患者は外界に対して上機嫌で円満な態度を持し、駄洒落を好むというが、戸田のこうした言葉はまさしくその症状と思われる。

戸田にインタビューした大宅《おおや》壮一《そういち》は彼の印象を「如才《じょさい》がなく、ぬけめのなさそうなところは、小さな印刷屋や製本屋のオヤジ、でなければ、地方の小学校校長か役場の収入役といった感じである。……そういえば金貸しにもむきそうな面がまえである」(『婦人公論』昭和三十二年十月号)と記した。

戸田の人相、風体、言動、著作物などいずれも聖性とは縁遠く、そのすべてに俗臭が立ちこめていた。池田はそのようなものの弟子であり、戸田から池田への進化はただ一つ、後者がスノビズムを身につけたことだけであった。

総じて生前の戸田を知る人々の戸田像は、もうけを片時も忘れることのない小事業家、「勝負」に生きがいを見出す投機的商人、はったりと大言壮語で人をけむにまく山師的性格、さばけた苦労人といったものであった（日隈、前掲書）。が、そのような戸田にも、戦前、当局の弾圧に「退転」しなかったことに典型的に見られる、強い力がひそんでいた。戸田を支えた力は、初めは牧口への敬愛の念だったろうが、後には日蓮正宗への強信と入れ替わった。彼の強信は、信仰のフィルターを通せば、その人柄を十分魅力的に、人物を尊敬に値するように見させたのだろうし、一見性格的に相容《あいい》れそうもない池田をはじめ、多くの青年の心をつなぎ得たのだろう。

池田は戸田のカバン持ちとして、信用組合の厄介《やっかい》な外交戦の第一線に、責任を負って立たされ、金や法、人や組織、インチキや嘘や脅しなど多くのものを学んだ。

「毎日の目標をきちんと立てさせる。私も戸田先生から厳しくやられた。耐えられる人はいないね、窒息してしまう。今日はどこに行って何をどれだけやってくるのか。株も勉強させてもらった。二百万円位やらせてもらって二年で三十五万位損をした」（池田の回想、『社長会記録』昭和四十六年七月二十七日）

この実地教育が大世学院で教える課目以上に有用だったことはいうまでもない。池田はのちに修羅場で学んだその知識や技能をおおいに創価学会の経営に役立てたし、また創価学会の成功により、その試錬の期間を、池田の先見の明を表す証左ともしたのである。

戸田城聖の破産と教団指導業への転進

昭和二十五（一九五〇）年六月、東京建設信用組合の預金払い戻しは急増し、七月に入ると取りつけまがいの騒ぎさえ起こった。焦げつき債権の回収も、優良組合との合併策も思うにまかせず、払い戻し請求には、なりふりかまわぬ居留守と平謝りの一手しかなかった。

同信組の被害者のひとりは、のちに戸田をインチキと激しく非難している。

「昭和二十四年、当時戸田が西神田にある『東京建設信用組合』なるものの経営をしているとき、知人を通じて手形の割引きを依頼されました。まだ保全経済会などの事件も起きぬ前で、インフレの名残りで、高い利率にもそれほど不審も抱かず、手形の割引きを、四、五回したものです。

また、その信用組合は定期預金なるものを作り、三ヵ月、六ヵ月満期の定期にも加入させられました。そのときすでに多額の貸付金コゲツキのため、四苦八苦の最中だとは、定期の満期の迫ったとき知ったのです。

ようやく捕まえた戸田と会ったとき、神田の事務所の裏の小料理屋で、度の強い眼鏡をタタミにすりつけて平身低頭『生きている限り、必ずこの戸田が誓って全額返済します』といった姿を今も忘れません。しかし、その後、姿をくらまし、二年後に彼の負債（千五百万円とか）は三割返済の決議により清算されました」（『週刊朝日』昭和三十一年九月二日号、読者投書）

結局、事業家・戸田の論理は宗教家・戸田の論理とゴッチャになって、無い袖《そで》は振れぬだった。戸田のなめた苦しみは、他人に対して無責任で酷薄ないい抜けや一時しのぎを許す権利を授けたわけである。

八月、東京建設信用組合は大蔵省から営業停止を命ぜられ、ここに戸田は事業家として致命的に敗れて組合法違反を問われ、また取り立てにからむ刑事事件をひきおこし、債権者からは告訴されることになった。そのため彼は創価学会理事長の職を辞任し、後任を矢島周平に譲って夏季講習会にも出られず、一時は城聖の名を城正と変え

（佐木、小口『創価学会』）、雲がくれした。戸田の破産は多くの会員を動揺させ、彼に出資していた一部会員を離反させたばかりか、中には数十世帯を集めて分派を結成するものさえ現れてきた。

戸田は刑事事件としていつ起訴されるかもしれない身であり、彼の妻は生活のために働きはじめ、池田は牧口門下の清算事務局長の下で、毎日を希望のない善後策に走りまわり、疲労しきっていた。

池田はのちに当時をこう回想している。

「昭和二十五年はすごかった。戸田先生の奥さんは薬売りをしようとする。借金取りは連日連夜悪口を云った。（池田先生が）私一人で頑張った。横領罪で訴えられそうになった。二十五年の十二月には、もう駄目かも知れぬと思った」

「記者が玉の井で遊んだ時、その売笑婦が信用組合に金を出して損をした話をした。二十六万だまされたと話したので、それをネタにして乗り込んできた。一応、私が会って、その晩玉の井へ行った。遊郭へ行って、その女に会って話をした。あなたは若いのに真心がある、あなたが来てくれたのだから、その話はもうしないと約束してくれた」（いずれも『社長会記録』昭和四十三年四月二十九日）

東京建設信用組合は春をひさぐしか生きられない底辺庶民の金さえ、結果的にはだましとったのだから、その瓦解《がかい》が明らかになったとき、出資者たちの怒りが戸田や社員に集中したのは当然である。若い二十二歳の池田ならずとも、修羅場と観じる。

《御本尊さまにこの苦しみだけは逃れさして下さい、という願いをして御題目を六十万遍唱えることにしました。逃れ（られ）なければやめようと思っていたのです。それが不思議にも百日過ぎて急によくなったのです。その時先生は事業を譲っていましたが、それをこしてから完全になにからなにまでよくなって、身体も、生活も、物質的にも、社会的地位も過分なまでによくなったんです。私の体験は三年だけです。信仰しなければ二十三くらいで死んだだろうといわれています。信仰していなかったら貧乏で、病気で死んでいたでしょう。わたしは今それから六年経っていますが、ずっと順調で申し分のない幸を得ております》

「この苦しみ」とは貧困や病弱、家族や友人からの信仰への反対も指そうが、中心は東京建設信用組合の事後処理問題であろう。池田は一切から閉ざされてもなお将来を賭けた戸田に、最大の苦悩を背負わされた。「逃れられなければやめようと思っていた」は、信用組合や信仰を、であろう。

実際、同僚はつぎつぎにやめ、池田としても苦しむために勤めるような気持ちにもなったにちがいない。のちに池田は「大半の人がいなくなり、私一人になった。その時、しめた！　これで自分の人生は勝った！　と思った」（昭和五十年六月六日、第一回本部代表者会議で、内部文書）と述べているが、自らの先見性を証するための創作であり、「やめようと思った」が偽りのない気持ちだったろう。

が、池田によれば、昭和二十六年一月下旬、信用組合は「大たい心配がなくなった。目鼻がついたので（戸田は）会長就任の決意を二月十一日の誕生日になさった」（『社長会記録』昭和四十三年四月二十九日）という。

「先生は事業を譲って」とあるのは、東京建設信用組合の清算事務を、牧口門下で戸田の事業仲間でもある会理事に委《ゆだ》ねたこと、また二十五年秋、戸田は小口金融、不動産、保険代理業などを営む大蔵商事を設立したが、彼自らは世間をはばかってその顧問で控え、社長に会理事の和泉覚、専務理事に戸田の公認の妾である森重紀美子を立てた（由比、前掲書参照）ことの二つを指すものと思われる。

池田が六十万遍の唱題を発心したのは、入信から満三年を経た二十五年晩秋のことであったが、唱題の当初は、相変わらず給料遅配で、その冬もオーバーをあきらめざるを得ないような実効性にとぼしいものであった。が、彼のいう「身体も、生活も、物質的にも、社会的地位も」のうち、まず「社会的地位」が早くも彼にほほえんでくれた。

「本日、営業部長に、昇格する。一、経済の勉強をいたすべき事、一、事業の発展に、責任を、一段と深くすべき事、一、学会の前進に、遅れざる事」（池田『若き日の日記から』十二月二十七日）

大蔵商事の社員は池田のほか、戸田の親戚二、三人にすぎなかったというから、「営業部長」は、およそ名刺上の箔《はく》づけだけにとどまっていたにちがいない。事実、部長にともなう手当や給与の方も、翌二十八日を見ると、「今月で、三か月給料遅配。本日、少々戴《いただ》く。帰り、大森にて、シャツ等を購入。金、百六十円也」という情けない仕儀であった。

大蔵商事は十二月、新宿百人町《ひゃくにんちょう》に移転したが、その事務所が地肌のままの土間だったことに見合って、営業成績もいっこうに振るわなかった。が、二十二歳の池田は生まれてはじめて「長」を与えられ、大いに戸田への心証をよくしたと同時に、その妥にも仕える腰巾着《こしぎんちゃく》の地位を、職制のうえで確立したのだった。

池田が唱題を始めて、ほぼ「百日」後の二十六年二月ころから、効験はいよいよ実をともないはじめた。二月初旬、信用組合を解散してもよい、という大蔵省の内意が伝えられて三月十一日、東京建設信用組合は正式に解散し、戸田への責任追及はひとまず解消した。

戸田がどのような手段で法的制裁を免れたかは不明である。


池田への真の救いは同じころ、戸田が、牧口以後長らく空席のままであった創価学会会長の地位につく意向を表明したことによってもたらされた。その時点で戸田に会長就任の決意をかためさせたものは、「ここに、不思議のことありて、大確信を得」(戸田『論文集』)とある「不思議のこと」であり、その意味するところは、明らかに、彼には「ありがたい御本尊の功徳」と映じた、この信用組合の免責であった。それが立正佼成会(昭和三十五年に大日本立正交成会から改称)への敵対心と相乗して、ふいに戸田を会長に立たせたのである。

立正佼成会は創価学会と同じく日蓮系で、法華経を重視し、また設立年月も昭和十三年で、創価学会の設立と近接している。が、当時会員は約二十万を数えて、三千の創価学会とは雲泥の差であり、新興宗教中、最高の成長率と最大の教勢を誇っていた。

佼成会は戸田にとって、教義上はもとより、いわば近親憎悪といった面でも敵であり、思いのたけをこめて打倒すべき邪宗以外の何ものでもなかった。

「学会と立正佼成会は同じく正と邪の道を開き、しかも、いまだかれら邪宗をつぶすにいたらず。このまま便々としては、大御本尊様よりお叱りあることをおそる」（同前）

が、佼成会に対する戸田の敵愾心《てきがいしん》には、一筋縄ではいかない、陰微な嫉視《しっし》や競争心も混入していた。佼成会の発展は戸田には、なにより不正不当な、横取りされたような成功と感じられた。

「学会再発足のとき、立正佼成会も同じく小さな教団として、やっと息をついていたのは、自分たちのよく知っているところである。しかるに、七ヵ年の時を経過して、かれは大なる教団となって邪教の臭気を世にばらまいている」（同前）

規模もスタートも同じくして、一方は「邪教」の分際で大教団、一方は事業家として塗炭《とたん》の苦しみ――この事実に戸田は事業上の挫折を天啓と見、また新事業を着想する視点をも得た。

彼は信用組合が営業停止命令を受けたとき、「ぼくは経済戦で敗れたが、断じてこの世で、負けたのではない」といったという。確かに、再起不能なまでに信用も資金も失った戸田は、この世で負けたのではなかった。ふつうの事業であくせくする必要は最初からなかったのだ。彼は立正佼成会がその成功を例示している新事業、そして「信者を三十人集めれば食っていける勘定の、ベラぼうに高収益のあがる商売」（大宅壮一）である教団指導者業にすぐ転進すべきだったし、また彼には、逆転勝利への道はそれ以外になかった。

戸田は早速会長着任をめざして布石を始め、まず会員間に会長推戴《すいたい》署名運動を起こさせ、三千人の署名を集めた。戦前からの会員の一部は署名を拒否したが、戸田は歯《し》牙《が》にもかけなかった。ついで四月六日、支部をA級（千世帯以上）、B級（五百以上）、C級（五百以下）の三段階、十二支部に格づけ、再編し、支部長を任命して組織再編成をはかった。また旬刊、ブランケット判二頁の『聖教新聞』の創刊にも着手し、編集主幹に入信まもない、芝浦工専卒の石田次男をあて、四月二十日、第一号三千部を刊行した。

戸田はこれらの措置によって会長就任の花道をしつらえた後、五月三日、東京向島《むこうじま》の常泉寺で行われた会長推戴式に臨んだ。

式後、戸田は新組織機構と人事を発表した。筆頭理事に和泉覚、理事に柏原ヤス、森田悌二、馬場勝種、小泉隆、原島宏治、辻武寿をあて、理事長は空席のままで、それまでの理事長・矢島周平をヒラの理事からも追い落した。各部の部長は、指導監査に矢島、財務和泉、講義原島、指導柏原、婦人和泉みよ、青年辻、男子牛田寛、女子小島栄子、企画原島、秘書室石田次男という構成で、講義部の部員は教授―助教授―講師―助師の四段階にランクづけされた。

池田はただ講義部の最後尾の助師と、蒲田支部の大森地区委員に任命されたにすぎなかったが、それでも、創価学会の発展が即、池田の出世という位置にかろうじて連なっていた。ようやく池田に「順調で申し分のない幸」が訪れかかっていたのである。

第三章　戸田城聖の番頭から創価学会の大幹部へ

狂信者戸田の指導と組織力

昭和二十六（一九五一）年五月三日、創価学会会長の地位についた戸田は、「私が生きている間に七十五万世帯の折伏は私の手でいたします。……もし私のこの願いが、生きている間に達成できなかったならば、私の葬式は出して下さるな。遺骸は品川の沖に投げ捨てなさい！」

といったという（もっともこの七十五万世帯は、『聖教新聞』昭和二十七年五月十日では「断じて百五十万の世帯にならなければ」となっている。が、いずれにしろ戸田の死没寸前に達成されたとされる、その七十五万世帯は、一世帯一人としても、就任時の会員数約三千名の二百五十倍にあたる）。

戸田の願望は大きかったが、彼はそれに見合うだけの、強信に基づく使命感と能力とに欠けていなかった。彼にとっては、創価学会の強化と拡大だけが広宣流布に直結して、そのまま善であったから、会の拡大が彼にもたらすはずの莫大な利益を思って後ろめたさを感じるようなことは、まずもってなかった。会員増と彼の利益の一致は、「折伏大行進」への彼の声を大きくするものの、小さくする性質のものではない。「戸田の強みはすべて、強信に負っていた。強信でこそ、彼は他の牧口門下生を圧倒し、彼らの会長就任反対の意向を無視、あるいは封殺して独裁体制を確立することができたし、また会員を折伏という会員獲得運動に臆面《おくめん》もなく、強制動員することができたのである。

マックファーランドは、ホッファーの「運動は能弁な者によって開拓され、狂信者によって実体化され、行動者によって強化される」という言葉を創価学会の三代にあてはめ、戸田は狂信的な人間で、彼の指導と組織力のもとで創価学会は勢力が著しく伸びたとしている（内藤、杉本訳『神々のラッシュアワー』）。

戸田の強信は、それによる儲《もう》けを忘れなかったとはいえ、たしかに狂信といって差し支えないものだったし、その指導力や組織力も、牧口に較べれば文句なく、また池田に較べればその創始性において、屹立《きつりつ》するものであった。彼がいったという「ぼくが舞台を作っておく」（池田『人間革命』四）には、誰にいったかは別として、毛ほどの偽りもない。

折伏大行進と大蔵商事の商法

昭和二十六年五月、戸田は創価学会本部に常置する本尊の下賜を総本山に請願した。それはその請願書に、「一国大折伏の時機到来せり……大折伏大願成就の為の大御本尊」とあったように、同会の広宣流布という大目的の公然化と、それへの起請文《きしようもん》にほかならなかった（またその請願は、同年四月公布施行された宗教法人法の宗教団体の定義に、「礼拝の施設を備える」という一句があり、それを字義通りに受けたうえでの、日蓮正宗から独立した宗教法人設立に向けての用意周到な布石をも兼ねていた）。

戸田の号令一下、創価学会は折伏大行進の臨戦態勢下に入り、以後、暴力的といわれるまでの折伏が創価学会の常態になった。

戸田の下ではすべてが組織伸張を基準に処断された。六月には十名近くを除名し、少し遅れて、前に理事長からおろした矢島周平を休養の名目で、さらに指導監査部長からもおろし、後任を柏原ヤスに兼任させた。二十七年四月、矢島は復帰がかなったものの、翌二十八年八月には出家して日蓮正宗の僧にならなければならなかった。

池田は矢島について、「矢島さんは良い調子で派閥を作った。親の心、子知らずで、戸田先生の気持等全然わからず、良い調子になった」（『社長会記録』昭和四十三年四月二十九日）と語っているが、矢島自身は、「ひとくちにいえば、戸田さんに追い出されたんです。私は彼の教学に批判的だったし、事業のやり方にも反対だった。それをしばしば口にしたわけです。それが戸田さんには気に入らなかった」（『週刊ポスト』昭和五十三年九月二十二日号）としている。

彼は昭和八（一九三三）年の長野県赤化教員事件で検挙された一人だったというが、昭和十年創価教育学会に入会、十八年に牧口、戸田とともに検挙され、二十年四月まで入獄という経歴が語るように強い意志を持つ草創期からの幹部だった。

人事は原則として能力と実績だけで考課された。

ふつう新興宗教では、選挙によらない非民主主義的な形態にもかかわらず、他教団との競争や分派発生防止のため、実力第一主義の人事が行われ、一般の社会のような学歴、顔、買収、追従《ついしょう》などは通用しないとされる（高木宏夫『日本の新興宗教』）が、戸田の人事も、たとえば元子爵夫人・北条ツネ子に教学部の名誉教授を授け、その血族・北条浩の早い登用など、元華族の偏重を除けば、大約その例外ではなかった。

池田の置かれた地位は、その当否はともかく、彼にとっては大いに満足すべきものであった。彼は最初から幹部候補生としてノミネートされていた。

戸田の就任前には、池田は、一日の大部分の時間と精力とを大蔵商事の信用の確保と、新しい営業分野の開拓に費やし、「彼ひとり人知れぬ分野で孤軍奮闘し」（池田、前掲書）なければならなかったため、その会活動は皆無に等しく、「池田は〝退転〟したのではないか」と噂されるほどだったが、彼が日本正学館や東京建設信用組合の困難な業務に見せた努力は、戸田の心証をよくし、会活動にかわる経歴と考えられていた。

そのころ池田は前に述べたように、蒲田支部の大森地区委員だったが、当時の戸田の池田評価は、「竜年光君、池田大作君……等は共に熱血をたぎらせて広宣流布の闘志《ママ》として養成され邪宗折伏においての獅子吼《ししく》は相手に一撃を加えずにはおかない」という聖教新聞（昭和二十六年五月一日）評とほぼ同一と見られ、池田は同支部幹部の竜年光の一ランク下ぐらいに位置づけられていた。

会員がまだ少なく、聖教新聞も同人連絡紙のおもかげを漂わす時代に零細企業で苦楽をともにしたという戸田へのコネを持つ池田は、きわめて有利な場所にいたといえよう。彼には、戸田の会長就任後一ヵ月で、さらにもう一つの有利さが加わった。

六月、池田の勤める大蔵商事は新宿から市ケ谷駅前の市ケ谷ビルに移転した。戸田は翌年四月、同ビルの一室に創価学会の分室を設けたが、分室と称して差し支えないほどに西神田の創価学会本部と近く、池田の会活動には便利となった。

また大蔵商事の社業好転も池田の活躍を助けてあまりあるものがあった。

創価学会員の増加とともに、池田をしばり、苦しめ、彼のハンディキャップとなっていた戸田の事業は発展に向かい、昭和二十七年春には、戸田の七、八千万円という借財は、三割返済を含んではいたものの、ともかく皆済されるほどであった。

大蔵商事の営む不動産や保険代理業、高利貸し等は、いずれも顔と信用が物をいう業種であり、同社の最高顧問である戸田の背後に多数の信者が控えていることは、そのまま絶大な信用につながったし、また聖教新聞に「資金の融通は大蔵商事」と広告をうっていることからも、会員との取引が増大したことは十分察知される。

大蔵商事の主業務は手形の割引であった。

「割り引いてもらいたい者は創価学会支部長の紹介状をもらって朝九時までに大蔵商事に行く。商事では手形を預かり、三時にまた来いというわけだ。それから、目と鼻の先の三菱銀行市ケ谷支店に運んで、銀行の手で振出し銀行に問い合わせ、ふるいにかけて二時に戻ってくる。割引率はふつう一割五分、三カ月手形なら四割五分を引く。一方、会員からは日歩十五銭で運用してやると金を集めていた」(前出、瀬尾正吉談)

池田はまた債務の取り立てで「病人の寝ている布団をはぐ」こともしたといわれている。池田ののちの回顧「大蔵商事では一番いやな仕事をした。どおしてこんないやな仕事をするのかと思った」(『社長会記録』昭和四十三年二月十日)が、その業務の非情さを裏づけていよう。

同社の繁昌は創価学会の隆盛に負うものであった。

大蔵商事の発展は、それまでとは逆に池田の会活動を保証するものに変わった。社業がうまくいっている以上、戸田が他の事業家の誰よりも、創価学会員である部下の会活動に理解を示すのは見やすいところであり、その点、池田は他の青年男子部員の誰よりも、それ以上望みようがないほど恵まれた勤務環境にあったといえよう。

さらに四六時中、戸田と顔をつきあわせている生活は、戸田の意向を汲み取ることを池田の得手にさせた。池田の追随的な事務家の能力は、戸田のアイデアを実行するうえに、ソツがなかった。

第三代会長候補グループ——青年部の結成

七月、青年部の新部隊結成式が創価学会本部で開かれた。青年部は、戸田が会活動の中核として大きく期待をよせて会長の旗本、親衛隊といわれる、当初、男子部百八十七名、女子部七十名よりなる部隊だった。

男子部の組織系列は、男子部長—部隊長—班長—隊員で、ここで池田は下から二番目の班長に任命された。が、池田とほぼ同時期の入信者はそれぞれ戸田に選ばれ、その地位を高めていた。すなわち、石田次男は第一部隊長、岩本他見男は第二部隊長(同年十月、岩本は女性関係で信心を狂わせて失脚し、わずか入信四ヵ月目の北条浩に替わった)、森田一哉は第三部隊長、竜年光は第四部隊長に登用された。

この男子部結成式の席で戸田は、「きょう、集まられた諸君のなかから、必ずや、つぎの学会会長が、現われるであろう。必ず、このなかにおられることと信ずる」(戸田『講演集』上)と述べた。

戸田は会長就任後二ヵ月にして早くも次期会長に言及した。それは、戸田一流のハッパをかけて、エリート意識や希望を持たせ、たがいに競争させる指導の表れであった。また戦前からの幹部会員をその大量転向という点から見限っていた戸田の、青年部員に対する偽りのない期待感の表明でもあった。

彼は翌二十七年二月にも、

「三代会長は青年部に渡す。牧口門下には渡しません。なぜかといえば、老人だからです。ゆずる会長は、ひとりでありますが、そのときに分裂があってはなりませんぞ。いまの牧口門下が、わたくしをささえるように、三代会長を、戸田門下がささえていきなさい」（同前）と重ねていい置いている。

こうした戸田の講話は、池田はむろん、各青年部員に、次期会長への野心を注ぎこんだ。

戸田の提示した次期会長の条件は戸田門下、青年部員という二項につきるが、ここで、戸田発言時にある程度、頭角を現していたことをも目安にして、第三代会長をめざす池田のライバルの資格があった会員を整理して挙げてみよう（カッコ内の役職は当時のもの）。

石田次男　大正十四年生まれ、昭和二十五年十一月入信、秋田県大館《おおだて》中、芝浦工専卒、秘書室、『聖教新聞』編集主幹、男子第一部隊長、小岩支部幹事（母親・石田つかは小岩支部婦人部長）、講師

森田一哉　大正十五年生まれ、昭和十七年入信（戸田は「青年部に牧口門下はおりません。かりに、森田君あたり、牧口先生に会ったとはいえども顔を見ただけで、教えは受けていないのであります」と述べ、戦前の入信は森田の欠格事項にならない。なお父・悌二は十六年の入信で、当時鶴見支部長）、中央大学法学部卒、第三部隊長、指導部指導員、講師

竜　年光　大正十年生まれ、昭和二十一年入信、第四部隊長、蒲田支部幹事、指導部指導員、講師

北条　浩　大正十二年生まれ、昭和二十六年入信、学習院中等科、海軍兵学校卒、第二部隊長

牛田　寛　大正四年生まれ、昭和二十二年入信、都立大学工学部講師、男子部長、蒲田支部幹事、指導部指導員、助教授

池田はこの男子部結成式の模様を、「戸田は場内の中央の一隅に山本伸一班長（池田のこと）を見かけると、ふと眼をそらした」と『人間革命』四で書いた後、戸田のいう「つぎの学会会長」は実に池田自身を指していたと縷々《るる》説得につとめている。が、それは入信神話と同じく、池田の跡目相続の正統性を主張しようとする詭弁《きべん》にほかならない。戸田はつぎの会長について誰ひとり具体的に想定していなかったか、さもなければ石田次男あたりを念頭に置いていたかのいずれかである。石田は後に述べるように戸田の下で異例の出世をしている。

男子部についで、女子部の部隊が結成され、女子部長・小島栄子のもとに、第一から第五までの部隊長に、それぞれ浦純子、山浦千鶴子、坂本弘子、樋口トシ子、高島秀子が任命された。

宗教法人創価学会の目的をめぐって

七月二十二日、本尊奉戴《ほうたい》の臨時総会が市ケ谷の家政学院の講堂で開かれ、その席で財務部の強化と、日蓮の遺文集の刊行が発表された。

創価学会は会員から会費をとらず（ことあるごとに臨時徴収する）、戸田や会員による寄金で運営されていたが、それは制度的に明確でなく、会経費は不足しがちであった。そのため、全国折伏をめざす今、まず資金制度を確立する必要があった。『日蓮大聖人御書全集』（『御書』と略される）の刊行も、教学面の強化と同時に金儲けをもくろむ企画だった。

同書の編纂《へんさん》は、日蓮正宗の長老である堀日亨に依頼され、校正は創価学会講義部の講師以上二十名によって行われ、翌二十七年四月、B６判、千七百ページ、一巻となって完成した。当初、戸田は六百万円と見積られた出版費の援助を大石寺に請《こ》うたが、拒絶されて怒り、聖教新聞に本山をたたかせたりした。が、結局、出版費は会員からの一冊千二百円の前金でまかなわれた。

『御書』はそのころ戸田の眼についた唯一の稼ぎの種であり、また前金以外に金繰りもつかず、戸田はあせっていた。「御書は作ると決めたら作っちまうんだ。借金しても千二百円用意しろ」と当時の『聖教新聞』（昭和二十六年八月一日）は記している。

同書は初版六千部が発行され、二年後に四万部が再版された。そのとき戸田は、定価二千円の同書を千二百円で予約買い取りしておけば、あとで本部が二千円で買い戻す、多く買えばそれだけ儲かると、会員に大量購入をすすめたという（日隈『戸田城聖』）。

『御書』の刊行は、『大白蓮華』『聖教新聞』とならんで、「創価学会という名の出版社」への足がかりをなすものであった。戸田はその経営学を、売れる本を作るより買う層を作るという方向に切りかえ、倒産した日本正学館は創価学会に変身したわけである。池田もこれにならい、彼の代になってから同会は、教科書や参考書として会員に読まれる雑誌や単行本を前にも増して続々出版する。

九月、講義部を教学部と改称し、一級から五級までの講義内容と、その受講資格が定められた。それはさきの『御書』刊行とともに、創価学会が日蓮正宗から独立した教義解釈権をうちたてたことを意味した。日蓮正宗に対する創価学会の主導権確立は、創価学会の組織再編成とならんで、戸田の一貫した方針であった。彼の戦略は、日蓮正宗の歴史と権威を借りつつ、母屋を盗むに等しく、その機構、施設を創価学会専用に変質させることにあった。

創価学会のこうした一連の体系化は、日蓮正宗側の反撥《はんぱつ》を招かずにおかなかったが、戸田はその都度詫《わ》びたり、おどしたりして両者の関係をウヤムヤに治めた。詫びることはその権威を借りる創価学会を益しても害せず、要は権威と歴史以外の部門の自前化措置を続け、既成事実を積み重ねることであった。

戸田は十月、創価学会を日蓮正宗とは別の宗教法人として東京都に届け出、『聖教新聞』十一月一日付にその設立公告を掲載した（都知事の認証は翌二十七年八月）。

届け出段階の「規則」によれば、創価学会の目的は、

「第三条　この法人は、日蓮大聖人の一閻浮提《いちえんぶだい》総与の大曼陀羅《だいまんだら》を本尊とし、かたわら日蓮正宗の教旨をひろめ、儀式行事を行い、その他正法興隆《しょうほうこうりゅう》・衆生済度《しゅじょうさいど》の聖業に精進するための業務及びその他の事業を行うことを目的とする」

とあるように、創価学会は日蓮正宗の本尊を礼拝の対象とするものの、その教旨をひろめるのは「かたわら」なのであった。「かたわら」の一句は翌二十七年の認証、成立時にはずされるが、おそらくそれは日蓮正宗側の意見を容れての措置だったろう。戸田は当初より日蓮正宗の本尊と教義を借用しながら、宗門からは独立した宗教法人であることを構想した。が、本尊と教義を同じくしながら別法人とする理由は薄弱であり、そのため両者を折衷《せっちゅう》して「かたわら」をはずしたとみられる。

創価学会の別法人設立を知った宗門は十二月十八日、戸田を本山に呼び出し、「一、折伏した人は信徒として各寺院に所属させること。二、当山の教義を守ること。三、三宝（仏・法・僧）を守ること」の三箇条を示し、戸田にその遵守《じゅんしゅ》を誓わせたうえで、別法人設立を認めた。創価学会はのちにこの三箇条を有名無実化するまでに在家団体としての色合いを強め、日蓮正宗側から教義違背として批判されることになる。その際、宗門側の批判の根拠として、三箇条が活用され、創価学会は宗門の教義的権威の前に屈伏しなければならなくなる。

十月一日、指導部の陣容が強化され、池田は準指導員に任命された。指導部は部長・柏原ヤスの下に指導員、準指導員で構成され、指導員は各支部に配置されて支部活動の指導をなすものとされていた。牛田、森田、竜、石田は指導員であった。

十一月、創価学会の歩兵操典といわれる『折伏教典』が完成した。『折伏教典』は初歩教学の教材に指定され、座談会での折伏や他宗攻撃の実践に十分威力を発揮した。価値論、折伏論、邪宗教の正体など、その内容は教学部の講師クラス以上の手によって書かれ、ことに第一章「生命論」は石田次男の執筆になった。いまだ助師にすぎなかった池田は『御書』のときと同様、その編集にたずさわることを許されなかった。

十一月六日、竜年光は蒲田支部幹事から中野支部の支部長補佐に栄転した。支部長補佐の権限は、『聖教新聞』（昭和二十六年十一月十日）によれば、「幹事の上に座し、支部長を補佐す。但し任期を半年とし、重任を妨げず」とある。

翌年一月、池田は『聖教新聞』に辞令の発表はないが、蒲田支部幹事となった。竜の中野支部転出のあとを襲ったものであろう。また十二月ころ池田は男子部班長として仏所護念会に折伏攻勢をかけていた。

十二月二十七日、池田は教学部の助師から講師に昇格した。現在のように試験を経たものではなく、当時は戸田の意向ひとつで決められ、このとき石田も助教授に昇任している。

参謀部の設置と狸祭り

二十七年は日蓮の宗旨建立七百年記念の年であった。

二月九日、男子部に参謀部が設置され、池田は主任参謀・石田次男のもとで竜年光となならんで参謀に抜擢され、男子部の作戦、行動に関する司令センターの一員となった。

そのため池田は竜部隊の班長を解かれて最前線から離脱したが、それは彼にとって幸いなことであった。彼の資質は対等の人間として一対一で渡りあうより、特定の立場を保持したうえで行動することになじむものがあった。彼は身をもってする折伏に決して得手ではなかった。

「『折伏をしろ』っていうから、私は自分の友だちを十人ぐらいよんだのです。信心してから間もなくのことですよ。一生懸命いいました。御本尊様の話を。一度なんかは、会長先生がわざわざ、私のおよびした会合に出て下さったこともありました。しかしだれも信心しないのですよ。一生懸命やってもね。みな友だちがはなれっちゃうんだよ」(『聖教新聞』昭和三十四年二月六日、池田談)

一対一で行う折伏は、行うものの人間性がすぐれてあらわになる作業である。池田は一個の人間としては未熟だったが、その資質は幹部としては通用した。そういう池田に、追従と権威主義の混交を思わせる参謀業務はうってつけで、以後、彼は会長就任の一年前まで参謀畑を歩くことになる。

参謀に任命されたとき、池田はその所感を次のように述べた。

「仏法日本に渡って大聖人様出現迄七百二年、今大聖人様仏法を確立されてより七百年、仏法に誤り無ければ必ずや後二年に何事かあらん。学会は仏意である。従って青年は広宣流布の大業を為せといはれて居る。之を行なわなければ如何に恐しい事か。今後七百年祭に向い大闘争あらん」（『聖教新聞』昭和二十七年二月二十日）

ここにはすでに、幼稚な数へのフェティシズム、「学会は仏意である」といいきって疑わない確信、壮士風の気概等が表れている。池田はこのように語ることによって、さらに自らの創価学会に対する情意を昂《たか》めていった。

参謀としての池田の、初の大仕事はほどなくやってきた。

四月二十八日、大石寺で宗旨建立七百年記念慶祝大法会が挙行された。その前日から戸田は創価学会員約四千名を引きつれ、大石寺に乗りこんでいた。彼は単に式典に参加するだけでなく、その場を創価学会の力を誇示し、日蓮正宗支配の橋頭堡《きょうとうほ》にしようと計画し、「狸祭り」といわれる暴力事件を敢行した。

狸とは日蓮正宗の老僧・小笠原慈聞《おがさわらじぶん》をさした。

小笠原は戦時中、日蓮正宗の身延《みのぶ》への合同を策し、神本仏迹論《しんぽんぶつせきろん》（神が本体で仏はその影）を唱えていた。〔戸田は創価教育学会弾圧の発端は彼が作ったとし、その責任を問う形で彼をデモンストレーションの犠牲に供した。

大法会に先立つ三月二日、戸田は青年部に小笠原糾弾を指示し、池田を含めて青年部幹部はその実行手筈《てはず》を打ち合わせて行動部隊四十七人を選び、プラカード等を用意した。

二十七日夜、行動部隊は大石寺内の僧坊をまわって小笠原を探し歩き、彼を寂日坊に見つけて謝罪を要求した。が、小笠原は反論して埒《らち》があかず、竜部隊は業をにやして彼をかつぎあげ、「いよいよ外え《ママ》出んとした時池田君の知らせで戸田」（『聖教新聞』昭和二十七年五月十日）も寂日坊にかけつけた。

事件後、小笠原が発表した手記『創価学会長戸田城聖己下団員暴行事件の顚末《てんまつ》』によると、戸田は〝生意気いうな〟と小笠原の左耳の上と右横頭を強打し、行動部隊の多数も殴る蹴るの暴行を働き、彼の衣を脱がせてシャツ一枚にしたという。

その後行動部隊は小笠原をかつぎあげ、筆頭理事・和泉覚の指揮で喊声《かんせい》をあげつつ、寺内の牧口常三郎の墓まで彼を運びこんだ。ここで小笠原を再び責めたてたあげく、用意した案文通りの謝罪文を彼に書かせた。この間、地元の消防団や村民が騒ぎを聞きつけて詰めかけ、暗夜の墓地で乱闘が始まり、墓石が倒れ、けが人が出た。

戸田はその夜からただちに事件の収拾工作を行ったが、小笠原をまるめこむことはできず、小笠原は全国の日蓮正宗の末寺に創価学会を告発するパンフレットを送り、同会に牛耳《ぎゅうじ》られた総本山管長を告訴した。また警察も動き、戸田や和泉覚は勾留、取り調べを受けた。日蓮正宗側も事件を重視し、その宗会は、戸田の謝罪文提出、大講頭《だいこうとう》罷免《ひめん》、登山停止を全会一致で決議した。

戸田は早速、巻きかえしに出、幹部に宗会議員を訪ねさせて各個撃破し、決議を事実上つぶした。池田も七月、文京区戸崎町《とざきちょう》の白蓮院を訪問し、全面取り消しを約束させている。戸田はまた本山には五重塔の修復を申し出て宗会決議の適用をまぬがれたうえ、宗務院の一部役員を小笠原押さえこみに動員した。さらに日蓮正宗信者で創価学会批判者の関戸了三《せきどりようぞう》の公表した文書によると、創価学会は総本山宗務院の役員を伊東温泉に招き、芸者をあげて接待したという。こうした戸田の根まわしによる本山の圧力と三十万円の慰謝料で、小笠原は否応なく手をうたされ、後には創価学会の資金援助で同会との争論を詫びる『日蓮正宗入門』を刊行するまでに懐柔された（「黒い〝鶴〟のタブー」、『赤旗』昭和四十五年五月一日、二日所載）。

戸田は狸祭り事件によって本山内の創価学会反対派を畏怖《いふ》させ、日蓮正宗内に同会の正統性と優越性をあざやかな駆け引きで示し、法主の権威を創価学会会長と一体化する道を開いた。

結婚とその価値

五月三日、池田は戦前からの会員である白木《しらき》薫次《くんじ》の二女・かね（当時二十歳、池田二十四歳）と恋愛結婚した。媒酌《ばいしゃく》は会理事、蒲田支部長の小泉隆《こいずみたかし》が行った。

これに先立ち、『聖教新聞』（昭和二十七年三月十日）は彼らの婚約をこう報じた。

「池田大作君と白木かねさんの婚約が発表された、媒酌は飛躍を続ける大支部蒲田の総師、小泉隆理事、五月三日の意義深い日に婚礼の式を挙げる。

池田君と白木さんは蒲田支部内で前々から相思の仲であり、戸田先生は深い思いやりから二月に直直両家と話合われ、きわめて順当に話は決定を見た。

……ホープとして池田君の姿が大きくクローズアップされる、数年間戸田先生に忠実に御仕《おつか》えし、朝から夜迄縦横に全東京を駆けている姿は実にたくましい、苦難の

（昭和）二十五年も先生の陰の一人として戦い抜いて来た、この多忙の中に朝十分程の五大部の受講をすでに中《ママ》ばを過ぎんとしている。青年部では作戦参謀として四部隊統合の重要な舵取《かじと》りである。

早くから家庭的に独立して戦って来た同君はこゝに内助の良夫人を得て更《さら》に力を増すであろう。同君は常に言う『天下を取ろう』と、大志努力の人池田大作君御目出度《おめでと》う。

新婦白木かねさんの一家は学会屈指の強信の一族である。水の如く続いた信心の力は実に大きい、戦時中から戦い切って来た数少い同家はお父さん薫次氏は矢口地区部長として大蒲田に欠くべからざる人、お母さんは蒲田の婦人部長として実に清らかな信心の人であり、この御両親のもと母親似のかねさんは実に人のめんどうが良い、池田君の内助の人として無上の縁であろう。

学会の青年（女子）部では森田部隊の班長として随一の成績を挙げ、教学部では真剣に御書の研究に励む彼女はまた真の強固な内面を持っている」

白木薫次は中央区の小網町《こあみちょう》の砂糖取引会社・井筒商会の常務で、二年後には再版された『御書』を、個人最高部数の二百部申しこみ、創価学会の理事に就任する会内有力者だった。またその甥《おい》にあたる白木《しらき》義《ぎ》一郎《いちろう》は阪急の投手で、この年一月、大阪への移転にともない、関西に創価学会を移植し、三十一年以来参議院議員をつとめるエリートである。

池田には二十四年後、新婚当時と、その少し前を回想した語録がある。池田の人間性の一面と当時の生活ぶりを示すものとして、長くなるが掲げておく。

「新婚当時、賞与を全部すられたことがあった。電車の中でやられたと思うが、帰宅して賞与をもらったよ、とポケットに手をつっ込んだらなかった。でも、うちのは(奥さん)案外ケロリとしていた。

一番困ったのは、下宿していた時代に信心を理由に追い出された時だ。家賃は三百五十円だったが。石田次男、秋谷、中西たちも来た。大森駅から歩いて二十分かかった。道路の真ん中をゲタをはいて歩いたものだ。

ようやくにして次の下宿先を見つけたが、蚊が多くて閉口した。北向きの一番小さい四畳半の部屋だった。自分のところだけはカヤがない。そのために他の部屋の蚊が全部集ってきたのには困った。御本尊を拝むと隣の部屋から、うるさいと怒鳴られカベをたたかれた。

二年目の九月ごろ、はじめて蚊取り線香があることを知った。ふとんは一年間ぐらい敷き放しだった。カギも開け放し。どうせ何もないから盗られないと思っていた。ある時、蚊取り線香をつけ放しで寝てしまった。夢の中で太陽がこうこうと輝き、とても温かい気持ちになった。ふと目がさめると、机の上にジカに置いた蚊取り線香が、机に燃え移り、煙が部屋中に満ちていた。あわてて消しとめてことなきを得たが、じつは蚊取り線香の扱い方を知らなかったために起きたボヤだった。

滝の夢を見た。二月の寒い最中だった。滝のしづくがかかって冷たくてしようがない。目をさましたら天井から水がたれていた。二階の人が水道を出し放しにして外出したのであふれて落ちてきたことが分った。お陰で一つしかないふとんも台なしになった。

また、こんなこともあった。アパートの便所へ入っていたら外からカギをかけられてしまった。（だれかが間違ってかけた。）そんな時にかぎってだれも通らない。弱っていたら、外を結婚する前の女房が会合の連絡か何かでやってくるのが見えた。それで窓から大声を出してあけてくれと頼んだら、びっくりしていた」（昭和五十一年三月二十三日、内部文書）

池田には庶民の出自として親しめる一面があるが、彼はその権力の肥大化とともに、「若き日」を語らず、語ったとしてもひと理屈つけて自己の偉大さを証するためにだけ語るようになる。本語録はまれな例である。

男子部幹部の池田のライバルたちは、それぞれ戸田の肝煎《きもい》りで女子部の幹部を伴侶に選んでいた。たとえば石田次男は女子部長・小島栄子と、森田一哉は第五部隊長・高島秀子と、北条浩は第三部隊長・坂本弘子と結婚した。

白木かねは二月の青年部男女合同研究発表会で、「霊魂論の誤っているわけ」を五分間論じ、十点満点で五・六点を得るなど、女子部の活動分子ではあったが、幹部とはいえなかった。彼女の強みはもっぱら血族に会内エリートを持つ点にあり、池田はそのような娘を配偶者に選んだ。それは青年部幹部同士の結婚に較べて、次期会長をめざす池田の野心にふさわしいものであった。

かねはまた、高校卒業後、住友銀行に勤めるBG（ビジネス・ガール）だったが、池田によれば、「くったくのないお嬢さん育ち」だという。現在、彼女の名は池田の太作から大作のようには正式に改名されていないが、活字で登場する際には香峯子と変えられている。

結婚後、池田は目黒の借家で三ヵ月ほど暮らし、九月、大森・山王の二間のアパート秀山荘に移った。戸田は池田の月給を一万円ほど上げ、時に小遣いを与えたという（央、『池田大作論』）。

地方宗教法人「創価学会」の成立

五月十八日、男子部の組織が整備拡大され、隊の下に新しく分隊が設けられた。二月に設置されていた参謀部は、男子部長の下に直属し、主任参謀・石田次男は教育参謀を兼ね、竜年光は作戦参謀、池田は情報参謀と割りふられた。また第一から第四までの部隊長の下にも幹部室（幹部長と教育、作戦、内務の各幹部）が設けられ、池田は第四部隊長・竜直属の幹部長兼教育幹部でもあった。

参謀部が男子部全体の運営事項を決定し、幹部室が部隊活動の細目を決め、実際活動を班―隊―分隊が推進するという戸田の構想であった。他宗に対しても、それまでの各部隊バラバラの攻撃を改め、男子部長と参謀部で目標を定め、情報収集、作戦研究、準備を行ったうえ、四部隊がいっせいに攻撃することになった。

十ヵ月前、百八十七名だった男子部員はここにきて四部隊、二十六班、三十隊、百二十四分隊、総計八百十一名にふくれ上がっていた。会員増による初期入信者の自然的な地位上昇という恩典も、池田の出世を加速する大きな要因であった。

前年、戸田は宗教法人法による宗教法人として創価学会を東京都に届け出ていたが、八月、都知事の認証を得、九月八日、日蓮正宗から独立した地方（東京）宗教法人として成立させた。

宗教法人創価学会の当初の役員は、同会の規則（『聖教新聞』昭和二十七年六月二十日発表）附則によれば、会長は戸田城聖、理事は和泉覚、柏原ヤス、小泉隆、原島宏治、辻武寿、馬場勝種、森田悌二、神尾武雄の八名であり、神尾を除けば、戸田の会長就任時の理事と順序こそちがえ、同様メンバーであった（神尾は法人設立を機に、六月十七日、理事に任命されている）。

同会規則は第三条で法人の目的を定め、

「この法人は日蓮大聖人の一エン（閻）浮提総与の大曼ダ（陀）羅を本尊とし、日蓮正宗の教義を広め、儀式行事を行い、会員を育成教化する為め業務及び其他の事業を行うことを目的とする」

と、していた。戸田はまだ政界への進出を意図せず、池田会長時の規則にあった「王仏冥合の大理想実現のため」という一句はここにない。

また第五条、第七条、附則は代表役員（会長）を規定し、九人の責任役員（理事）のうちから一人を互選によって代表役員とし、会長の任期は二ヵ年とすると定めていた。同じく池田会長時の「代表役員は会長をもって充てる」「会長の任期は終身とする」「後任の会長は現在の会長が予《あらかじ》め定められたものをもって充てる」等に較べ、より民主的な規則だったといえよう。

十月四日、三鷹警察署に招かれ、同署講堂で創価学会の講演会が開かれた。池田は戸田、神尾武雄、石田次男、竜年光とならび、大蔵商事取締役兼営業部長の肩書で日蓮宗概論を論じた。

「信心利用」の辣腕営業マンの懐ぐあい

池田の地位は創価学会でも勤務先でも目にみえて上がり、彼はそれを信仰の「現証」と考え、会活動の正しさをいっそう確信したことだろう。

池田はこのころのこととして、後にこう述べている。

「私は、四年で重役だ。給料は、まもなく社長を抜いた。私は、当時で、二十万円とっていた。社長は、四万八千円だ。（略）北条、森田、竜、原島、小泉、辻——全部、おごってあげたんだ」（昭和四十八年十月初旬、東京で、内部文書）

池田が戸田のもとに勤めた最初は昭和二十四年一月の日本正学館であり、それからほぼ四年たった二十七年十月、彼はたしかに大蔵商事の取締役に就任している。昭和二十七年時、大人の理髪料金は高くて百四十円、大卒公務員初任給は五千円に満たず、社長・和泉覚の四万八千円は昭和五十六年現在の約七十七万円に相当し、まずまずの高給だが、それにもまして池田の二十万円は月給三百二十万円程度にはあたるとみられ、信じがたいほどの高額である。

おそらく営業のこととて歩合給の割合が高く、「布団をはぐ」ほどに辣腕《らつわん》の営業マン池田は、少なくとも帳簿上は、それだけの働きをしたとみられる。

昭和二十七年七月に入信したある会員は、当時の大蔵商事の営業ぶりをこう語っている。

「入信とほぼ同じころ、戸田会長がお金を預かりたいといっていると聞き、三十万円を投資した。当時、毎月四、五千円の金利を文京支部の男子部部隊長・吉田顕之助《よしだけんのすけ》が昼間カバンをさげてキチンキチンと届けてくれた。今思えば会員利用ということなのだろうが、当時は信心に夢中で、折伏の棟梁《とうりょう》である戸田会長がいるかぎり、踏み倒されることはないと信じきっていた。

一年間ぐらい預けただろうか、記憶がはっきりしないが、ともかく向こうから精算したいといって来、元金をちゃんと受け取ることができた。会社自体に力がついてきたのだろうと思った」

大蔵商事は二十五年の設立時と比べれば、ウソのように業績は好転し、池田への驚くべき高給も全額支払われたかはともかくとして、ほどほどの高給を支払えるほどに基盤は安定していた。池田はその高給をバックに、原島宏治や北条など、彼より信仰上、もしくは年齢的に先輩にあたる会幹部に対して「おごってあげた」のである。

池田はまた当時の彼の懐ぐあいについて、次のようにも語っている。

「S（昭和）二十六～七年、戸田先生の事業が大変だったとき、私は自分で二百万円、当時の金でだよ——寄付したんです。陰で支えていたのです。戸田先生、焦っていらした。全体会議で労働組合つくるならつくれ！　といわれた」（昭和五十年五月一

日、萩寮・東家での懇談、内部文書）

「戸田先生の時代に二十六・七歳の時三年かかってかせいだ歩合のお金、私の貰い分が当時の金で二百万、今の金にすると数千万円になるな。それで先生の借金をかえしたが、戸田先生は少しも有難とうなんて言わない」（松本勝弥『池田大作言行録』昭和四十四年六月一日の条）

『言行録』中には池田が「二十六・七歳の時」とあるが、これは昭和二十九〜三十年にあたり、前に引いた萩寮での「二十六〜七年」に合わない。おそらく「二十六・七年の時」の誤りであろう。両資料は同一のことをいってい、昭和二十六、七年のことと解される。

戸田は会長就任後、「信心利用」によって大蔵商事の社業を順調に発展させていたが、彼には東京建設信用組合時の負債（千五百万円）が残されていた。その三割返済による清算は昭和二十七年に行われ、池田の二百万円云々は、その支払いにあてられた、未払い分の歩合給の棒引きを意味しよう。

ともかく池田は未払い分を含めた数字ではあろうが、二十万円という高給をもって、ひとしなみに貧乏な時代の同僚や先輩の幹部会員に臨めた。酒を飲めぬ池田の

「おごり」が食事程度だったとしても、「池田はみえっぱりだから、どこへ行っても金は出しました」という当時の青年幹部の証言もあり、彼の金がのちの会長就任のための多数派工作に有効に作用しただろうことは、想像に難くない。

十二月、池田は無試験で助教授となった。このとき、牛田、石田は教授、竜、森田、北条は助教授となっている。

二十七年暮れの第七回総会で創価学会の公称世帯数は二万二千三百、翌二十八年の折伏目標は五万世帯と発表された。会員は、戸田の会長就任から一年七ヵ月で七倍になった計算だが、このころから戸田の健康は損われはじめていた。

第三代会長候補ナンバー1石田次男の抜擢

昭和二十八（一九五三）年一月二日、男子部第一部隊長・石田次男は小岩支部長に抜擢され、その妻・栄子も同支部婦人部長に任じられた。小岩はA級支部だったが、当時の折伏成績は第七位に低迷していた。

石田の支部長起用に際し、戸田は支部員の前で次のように訓話した。

「富田君（前小岩支部長・富田作十《とみた》）は今迄実に良く働いた、全く見て居て涙ぐましい程働き続けたが、誰もこれについて行かない、地区部長も班長も誰も一緒にやろうという者が無かった。これを見て居た私も考え抜いたが今度は腹を実行に移した、私は昔から小岩を愛して来た、今もそうです、今日から次男（石田次男）に支部旗を渡した、次男にやりたい放題の事をやらせる、誰もついて来なくても良い、俺と次男と二人で支部旗を握って起ったんだ、小岩に誰も居なくなって、俺と次男と二人だけになってもかまうものか。文京（支部）ではこんなことはいわなかった。しかし、小岩は事情が違う。常泉寺の門前に二人が小岩の支部旗を握って立てばそれで良いのだ。小岩は今日からそのつもりで居れ。

……小岩は貧乏人が沢山集っている、班長、地区部長諸君はこれを機会に大いにガンバッて金をもうけなさい」（『聖教新聞』昭和二十八年一月十日）

戸田は青年を大胆に登用した。その人事は完全な能力主義といったもので、年齢や入信年数はいっさい考慮されなかった。石田は池田より三歳年長ではあったが、入信は池田に遅れること三年である。戸田の人事は会員にやる気を起こさせた反面、いつ解任されるかもしれないといった緊張感を生み、全体としては創価学会幹部のいわゆる下士官タイプを形づくった。が、その実力主義が創価学会の卓越した行動力を保証する第一の決め手だった。

しかし、それにしても、石田の支部長登用は戸田にとっても、冒険といっていいほどの画期的な人事にちがいなかった。石田は青年部の時とは異なり、年長者の上に立たなければならない。そこには当然、抵抗が予想されたが、戸田は自己の責任にひきつけ、あえて石田抜擢に踏みきった。

戸田の発言は抵抗をあらかじめ封じる意図を持つと同時に、石田への深い愛情と信頼を語るものであった。青年層のなかでも、戸田の石田に対する期待は別格であり、それは戸田の死まで変わることがなかった。彼は石田を次男とよんで、他の誰よりも重用しつづけた。

同日、池田は石田の後任に据えられ、男子部第一部隊長兼教育参謀となった。これにより、池田は竜、森田、北条に追いついたばかりか、ややリードもしたが、石田にはとうてい追いつくべくもなかった。

四月二十日、池田は文京支部長代理に、石田は同支部顧問に任じられた。このころから、戸田の若手への属目《しょくもく》は、一に石田、二に池田と、ほぼ固定化されたようである。

五月、創価学会の筆頭理事は、「願に依り」との理由で、和泉覚から小泉隆にかわった。小泉は蒲田支部長として、同支部の折伏成績を、常勝蒲田といわれるまでに毎月トップに保ちつづけた功績者だった。

池田の文章力および、改名とその野心

七月二十一日、戸田は男子部幹部四十三名（前年二十七年十二月に非公式に発足、のちに七十余名に増員、三十年からは二十四名の第二期生となる）を選抜して、毎月二回の特別指導を与えるために水滸会《すいこかい》を新結成した。同会の会場には、ふつう創価学会本部が使われたが、時に富士五湖へ出かけ、奥多摩にキャンプし、また戸田を新宿の洋食屋に招待することもあった。

池田はその第一回会合のとき、宣誓文を起草し、それに会員の一人ずつが署名捺印した。池田が書いたのは、彼が水滸会の指導格であったからではなく（指導格は辻武寿）、なにより筆まめだったからであろう。

彼はこの年の『聖教新聞』元日号に、部隊長の竜が書くべきところ、彼にかわって第四部隊の抱負を書いているし、また二十四年、『大白蓮華』の校正を手伝った際には、余白を池田紳一郎のペンネームによる自作の〝詩〟で埋めてもいる。彼の文章は、会内でも決して高く評価されていたわけではなかったが（たとえば、『聖教新聞』は彼の文章力について、「一面、文学的にももって生れたものを持っていることはあまり人に知られて居ない」《昭和二十九年五月十六日》と歯切れわるく記すだけだが、秋谷城永のそれに対しては、「文章のうまさ」《昭和三十一年七月二十九日》といいきっている）、生来、好きであったなりに筆まめで、池田の有効な武器になっていた。

「一、われら水滸会員は、宗教革命にこの身をささげて、異体同心にして東洋の広宣流布の大偉業を完遂せんことを、大御本尊様にお誓いいたします。一、われら水滸会員は、戸田城聖先生の大目的たる人類救出の御意志を受け継ぎ、その達成には、身命をささげて戦い抜くことを誓います。一、われら水滸会員は、学会の先駆であるとともに、戸田会長先生の無二の親衛隊なることを自覚して、いかなる事態になろうとも、かつまた、いかなる戦野に進もうとも、絶対に同志を裏切ることなく、水滸会の使命をまっとうせんことを誓います」（『大白蓮華』一五三号）

ここに見られるのは、大時代な使命感と選良意識、戸田への絶対的な忠誠心だけだが、池田はこれを心から記した。彼は迷いや価値の相対観とはぷっつり縁がきれた、ふくらみに欠ける自信家だった。彼の確信は、彼が確固とした世界観を求めて彷徨《ほうこう》した結果ではなく、たずねることを放棄したことによって生まれた。彼は戸田の教えこむ世界しか知らなかったが、信じこむにはそれだけで十分であった。

創価学会が一人の非信者を相手にする折伏を専《もっぱ》らにして辻説法も行わず、そのうえ池田を短期間で、直接的な折伏からも引き離し、指導役に就かせたことは、彼を一般世間から遠ざけ、その視野をいっそう狭く、限られたものにしていた。彼がわずかに会外の社会とつながりを保つのは、創価学会とほとんど変わらぬ大蔵商事の営業部長としてで、それもあらわな金を通してにすぎず、また結婚前には、家庭からも断ちきられていた。

池田はいわば創価学会という純粋培養の器の中で成長し、その中で満たされていた人工人間であった。が、それだけに会内の立ちまわりには滅法強かった。

水滸会の教材には『水滸伝』『モンテ・クリスト伯』『永遠の都』『三国志』『太閤記』『レ・ミゼラブル』等が使われた。これらはいずれも、不信と自信喪失の現代小説より前期の、血わき肉躍る情熱と行動の書といった点で共通しており、たしかに新興宗教幹部という一種の社会運動家を育成する教材としてはふさわしいものであった。

池田は文学に毒されることなく、正義や同志愛、信念や純愛、はっきりとした憎むべき敵などの単純に割り切れる世界に遊び、それらを短絡的に現実に持ち込める幸せを享受することができたのである。

十一月から創価学会員の寺籍の移動が始まった。それまで、ある寺院に所属する会員（檀家）が移転しても、遠隔地の者を折伏しても、すべてその寺への所属という点では不変だったが、創価学会員の各地での急増にともない、不便と混乱が生じていた。そのため会員の寺籍は居住地から最も近い寺院に移すことになった。これにより、すでに本山大石寺で確立されていた、日蓮正宗に対する創価学会の主導権が、全国の末寺にもおよんだ。

十一月十三日、戸田は新宿区信濃町三十二番地の元イタリア大使館付武官の私邸（洋館、二階建）を千百五十万円で買い取り、二百万円で改造して創価学会の新本部とした。

同月二十五日、前に述べたように、池田は太作を大作に改名した（それ以前から彼は会内で非公式に大作の名を使用している）。改名の理由はまず世間体への顧慮だったと思われる。彼はこの年、長男・博正をもうけ、子がもの心ついてから父の名を恥じないように、との思いもあったろう。が、彼の世間体はなにより彼自身の野心と関係していた。

このころ彼は実家を訪ねて四兄と話を交わしたが、そのとき池田は車の後席に坐る身分になるといったという。

「弟（池田をさす）は『これからが多忙になり大変だ』というから、『自動車の免許をとって、活動したらどうか』といったんです。私は当時、免許をとって、小さな工場を経営し、すでに自動車で仕事をしていたもんですから。そうしたら、こういうんです。『僕は不器用だから、自動車の免許はとらない。見ていてくれ。自分は後ろに乗るから』」（央、前掲書）

池田のすでに手に入れた、ある程度の地位はそれ以上を望ませ、彼の出世欲はいっそう熾烈《しれつ》になっていた。彼の身分は、次の年には会員に色紙を書くほどであり、その署名にも、彼が渇望する地位にも、太作の名はいかにもふさわしいものでなかった。

参謀室長、情報部最高顧問・池田大作

『聖教新聞』昭和二十九年元日号の名刺広告に、池田は男子部第一部隊長、教育参謀、文京支部長代理、教学部助教授、学会秘書という五つの肩書を付している。これら多数の役職の兼務は池田にかぎらず、創価学会幹部の通例であり、それは多忙と、各部門の人員交錯により、分派の画策の防止をはかる戸田の人事管理術であった。

この年から本部での個人面接は、各支部長と支部長待遇、地区部長が交替であたることになったが、池田は毎月第二週の木曜に担当することになった。

同月、聖教新聞に社友、通信員制度がしかれ、池田も十一名の社友の一人として、随時、同紙に執筆することに決まった。聖教新聞は石田の、かけがえのない存在意義を証するといった意味での牙城だったが、池田も同紙にかなりの影響力を行使することができたのである。

三月三十日、青年部は一支部に一部隊が設けられ、男女各十五部隊に再編成された。これにより、青年部は戸田直属の親衛隊であるとともに、支部の折伏活動の機動

力となることをも期待された。またそれまでの参謀部は新設の参謀室に解消され、池田は第一部隊長を解任されて参謀室長に、北条浩は主任参謀に、森田一哉、竜年光、山浦千鶴子、石田栄子、北条弘子、樋口トシ子は参謀に、それぞれ任命された。池田は旧男女部隊長の上に立ったことで、石田をのぞく有力な若手幹部のほとんどを自陣に引き入れる機会を持ったと見られる。

この参謀室の性格は、池田の就任挨拶によれば、

「参謀室の任務はあくまでも広宣流布成就の青年部の立法機関であり、十五部隊は行政機関である、又参謀室は大本営であり、各部隊長は部将であり将軍である。新しき闘争は民衆を相手とするものであり広宣流布途上に起る大衆性の問題政治経済等あらゆる一切の源泉の命令は青年部より発せられる。その命令をば男子部直結に行動成就していく」（『聖教新聞』昭和二十九年四月十一日）

という青年部の中枢機関であって、参謀部が男子部長の下にあったのとは異なり、青年部直属に図示されている。

同日、本部に情報部が設置され、部長に山浦千鶴子、同部の最高顧問に池田が任じられた。

理事・石田次男（ナンバー6）vs.池田（ナンバー40）

五月三日、第十回春季総会が開かれ、戸田は理事の交替と理事長制の復活を提議し、理事長に小泉隆（蒲田支部長、企画部長）、理事に柏原ヤス（杉並支部長、指導監査部長）、石田次男（小岩支部長、聖教新聞社編集長）、白木薫次（蒲田支部矢口大地区部長）を任命した。それまでの理事八人のうち、和泉覚、森田悌二、馬場勝種、原島宏治、辻武寿、神尾武雄が落ち、新しく石田と白木が加わったわけである。

この理事の交替は、少数精鋭による理事自身の活躍の促進と、石田を早期に最高首脳部に加え、その機構に慣れさせるという、戸田の二つの狙いを担っていた。石田にとっては二度目の最高の抜擢であり、少なくともこの時点では、戸田は後継者を石田と決めていたはずである。

が、一面、小泉、白木の理事就任は蒲田グループの圧勝を意味し、本来が蒲田支部の出身で、白木を義父に持つ池田にとっても好材料であった。

同月十日、池田、北条、森田、竜ら七名は論文審査を経て、そろって教学部教授に昇格した。が、その論文というのは、①永遠の生命に関する御聖訓について　②広宣流布の予言と確信　③種熟脱を論ず　の三題のうち一題を自由選択して四百字詰め十枚前後にまとめるという、きわめて簡単なもので、翌三十年に行われた助師、講師に対する登用試験（第一次論文審査、第二次筆記試験、第三次口頭試問）に較べても、一段と安直な審査であった。

七月、各種行事の際の本部幹部、支部幹部の席次が決定された。本部幹部の席次（兼任の場合は上位席につく）を当時の現役者の氏名を付して掲げておく。

○会長　戸田城聖
○理事長　小泉　隆
○前筆頭理事　和泉　覚
○理事　白木薫次
　柏原ヤス
　石田次男
○本部婦人部長　石田つか
○本部部長（年齢順）
財務部長　森田悌二
統監部長　原島宏治
秘書部長　和泉美代
青年部長　辻　武寿
教学部長　小平芳平
情報部長　山浦千鶴子

○支部長（年齢順）
志木支部長　谷田藤三
築地支部長　馬場勝種
城東支部長　臼井正男
足立支部長　藤田健吉
中野支部長　神尾武雄
本郷支部長　笹木正信
文京支部長　田中つぎ
向島支部長　星生　務
　仙台・大阪・堺・八女支部長は
　年齢順に加わる
○支部長待遇（年齢順）
志木支部　谷田コト
蒲田支部　板倉弘典
鶴見支部　山本宗司
鶴見支部　佐々木庄作
小岩支部　富田作十
杉並支部　志村林一
向島支部　松山道義
○本部婦人部常任委員（年齢順）
杉並支部　北条克子
蒲田支部　白木静子
築地支部　岩田きん
蒲田支部　小泉　綏
築地支部　馬場修子
文京支部　井上シマ子
○秘書部員
○両部長並びに参謀室
男子部長　牛田　寛
女子部長　森田秀子

参謀室長　池田大作　　参謀　樋口トシ子
主任参謀　北条　浩　　参謀　北条弘子
参謀　竜　年光　　以下各支部の婦人部長、第一から
参謀　森田一哉　　第十五までの男女各部隊長が続く。
参謀　石田栄子

この席次は多分に名誉制度的なもので、実勢力を反映していないが、それにしても石田の第六位に対し、池田はおおよそ四十位程度にとどまっていた。

渉外部長・池田大作（ナンバー14）

七月五日、全国主要二十都市に幹部等二百五十名を投入して行われる地方折伏のメンバーが発表され、池田は主将・柏原ヤス、副将・牛田寛の下で、札幌を担当した。八月二十三日、蒲田支部に副支部長制がしかれ、池田の義父・白木薫次はその副支部長に任じられた。池田の義母・白木静子もさきの席次にある通り、本部婦人部常任委員であり、池田の係累は白木の理事就任を機に、急激に抬頭《たいとう》していった。

十月三十一日、戸田は男女青年部員一万名の大石寺総登山を行い、近くの高校校庭で「大出陣式」を挙行した。ほぼこのころから、ジャーナリズムは創価学会の活動に注目しはじめ、大出陣式の模様も当時の雑誌によってルポされている。創価学会がどのように見られていたかをよく伝えていると思われるので、次に引用しよう。

「式は北条主任参謀と称する男の開会宣言にはじまり、『我ら精鋭、国士として東洋広宣流布のために死をとしてあくまで闘い抜かん』というような宣誓。それから数十流の部隊旗をつらねて分列行進に移れば、会長の戸田城聖が天皇気どりで白馬〝銀嶺号〟にまたがり閲兵を行い、空には元加藤隼戦闘機隊中隊長黒江某が操縦する富士航空のセスナ機が飛んで、低空で頭上を旋回して機上からメッセージを投下。白鉢巻姿でナギナタもどきに登山杖を小脇にかいこんだ約四千名の女子部隊は『……起て憂国の乙女らよ、使命果さん時は今、国士たる身のホマレもて、歴史の花と咲き咲かん……』等と部隊歌〝憂国の華〟を大合唱――というような、これが終戦後十年の現実か(?)と目をうたぐりたくなるような有さま」(『真相』昭和三十年八十三号)

戸田は軍隊組織が上意下達の集団行動にはもっとも効率的と考え、部隊や隊、分隊、参謀のほか、攻撃隊、偵察隊、輸送隊、軍楽隊、軍歌まがいの部隊歌まで作っていた。

創価学会が短日月に急伸した理由のひとつに、戦後の日本での軍国調の再現が挙げられる。敗戦後、日中戦争以来の軍事的緊張感は急断され、多くの青年層は虚脱状態に陥っていた。創価学会はこれに応え、「死を賭しても」という緊迫感と精神の昂揚を彼らに与え、彼らを「邪宗」との闘争に導き、英雄的な陶酔感を味わわせた。池田も「身命を捧げて」といった言葉を多用している。

十一月七日、青年部は後の文化祭の母体となる、〝世紀の祭典〟と銘打った体育大会を東京世田谷の日大グラウンドで開催した。このとき軍楽隊が誕生したが、池田はそのための楽器を買う費用にと、貯金から五万円をおろし、醵出《きょしゅつ》したという。

戸田は偉丈夫といってよいほどに長身で、青年たちを集めては角力《すもう》をとらせることを好んだ。池田は運動という面ではまるで駄目で、戸田を喜ばせることができなかった。彼はそのような折り、多く運動着に着がえることをせずに背広で通し、自分は「別格」という雰囲気を漂わせていたという。実際、彼の参謀室長という肩書は青年幹部中のエリートを意味し、女性会員から特別の目で見られたようである。若い女性幹部は参謀室員に憧れていた。

「ためしに、好きな男優は、ときいてみたら、たちどころに異口同音に、三船敏郎、と答えた。なるほど、では、もっと身近なところの男性では？　ときくと、これもたちどころ同音に、参謀室にいるような人、といった」（佐木秋夫「『創価学会』の著者受難せり」、『中央公論』昭和三十二年十一月号）

池田の外面は背が低く、色黒で、毛むくじゃら「とにかくカッコよくなかった」と、当時の女子部幹部はいっているが、それでも池田の会長就任間近の昭和三十五年、彼に背広を着せかけて、すいませんといわれたとき、「さびしかった」と語っている。

池田は名誉会長に退いた後、複数の女性会員との情交を批判されることになるが、そのうちの一人との発端はこのころに始まる。彼はその女性に「（妻の）カネコがいなければなあ」との殺し文句を並べはじめていたという。

また、ある女子部幹部は池田から有楽町のレストランに誘われ、「ぼくは孤独だと池田がいうのです。誰も味方がいない、助けてほしいって。私も若かったから、ボロボロ涙をこぼしてしまいました。池田は契《ちぎ》りを結ぼうというのです」と当時を回顧している。この場合の「契りを結ぶ」はお互い運命共同体でいこう、との意味だったという。

池田は男女を問わず、これはと思う幹部会員に働きかけ、自陣に組み入れようとした。多数派工作だが、彼は戸田の間近な死を予期していず、また彼は全身全霊を創価学会に投入して他に生活を持たなかったから、意識的工作というより、むしろ石田次男に対抗するための地盤の培養というにふさわしかった。石田の御書講義は流麗でいて歯切れよく、対して池田のそれは論旨が飛んで流れず、聞いていて気持ちがスッキリしないことが多かったという。当時の会員評によれば、石田は抜群の教学力と戸田の強力な引き、明晰《めいせき》な頭脳を持ってはいたが、大衆性にはやや欠けていた。池田は頭脳面で石田に劣ることを自覚していたから、対抗するためには経済面の掌握と自陣の強化しかなかったといえよう。

十一月二十二日、文化部が設置され、部長に男子第一部隊長・鈴木《すずき》一弘《かずひろ》が任命された。文化部は翌三十年からの政治進出に向けての指導機関であった。

十二月十三日、情報部が解消されて新たに渉外部が設置され、部長に池田が就任した。渉外部はようやく社会的に注目されはじめた創価学会のマスコミ対策機関であり、池田は早くも翌年二月十六日、渉外部長として、『読売新聞』埼玉版の記事「は

びこる創価学会 県下の信徒五千名」に抗議するため、同紙の本社と浦和支局を訪問している。

渉外部長は、池田が戸田の死没前、最終的に達成した最高の地位であり、以後、変化といえば栄転と兼任以外になかった池田のトントン拍子の出世も打ち止めになった。この渉外部長の職によって池田は本部部長の末席を汚し、そのランクは鈴木一弘につぐ第十四位となった。

蓮華寺事件・小樽問答・政界進出

三十年一月二十三日、大阪で創価学会西日本三支部の連合総会が開かれ、関西の日蓮正宗寺院の全住職が参加した。が、日蓮正宗の三大末寺の一つ、大阪市北区の蓮華寺住職崎尾《さきお》正道は参加しなかった。

戸田は二十八年、寺院再建の申入れを崎尾に断わられたこともあって激怒し、翌日から創価学会員十数人をして連日、蓮華寺を囲ませ、参拝にくる信者を追いかえした。この指揮は大阪支部長・白木義一郎がとった。崎尾はこのピケに対し、創価学会員に貸与した本尊の返納をせまって逆襲した。

戸田はこれに手をやき、近畿地方の日蓮正宗の住職に圧力をかけて、連名で、崎尾に辞職勧告を送りつけさせた。また前述した「狸祭り事件」の小笠原慈聞もすっかり戸田に飼いならされ、崎尾の追放推進に一肌脱いでいる。さらに戸田は、本山宗務院にも意向を通じ、わずか信徒七人という滋賀県妙静寺への、崎尾に対する転任命令を出させた。この間、本山宗務院庶務部長・細井《ほそい》精道《しょうどう》（のちの日蓮正宗第六十六世法主・細井《ほそい》日達《にったつ》）が崎尾追い出しに尽力した。細井は私立開成中学夜間部で戸田と同級であり、死没前の数年間を除いては創価学会派と目されていた僧侶だった。

が、蓮華寺側の抵抗は奏効し、翌三十一年六月、本山との話し合いの結果、崎尾が両寺の住職を兼ねることで事件は一応落着した（第一次蓮華寺事件）。

三月十一日、北海道小樽市で日蓮宗との間に、「小樽問答」とよばれる公開の討論会が開かれた。創価学会は前年以来、北海道での布教に力を入れ、また日蓮宗を邪宗と決めつけて折伏攻撃していたから、一信徒の帰属をめぐっての論争が容易に創価学会対日蓮宗の宗論に発展したのである。

戸田はこれを、創価学会の力を内外に宣伝する絶好の機会と考え、男子部第四部隊長・星野義雄を現地に飛ばして下調査させたうえ、石田次男、辻武寿、竜年光、池田らを日航機で小樽に送った。また勝敗を決する第三者の判定がないため、大声をあげた方が勝ちといったことを見てとり、会場の大半を埋めつくすほどの、会員の大量動員をかけ、自らも会場で指揮をとった。

討論は両者とも司会、二名の講師を立て、主張、反論、聴衆の質問、講師相互間の問答対決という順で行うことに決められ、創価学会側は講師に小平芳平、辻武寿、司会に池田を立てて対決にのぞんだ。

宗論は混乱のうちに終わったが、創価学会側は野次と拍手で日蓮宗側を圧倒し、勝利を叫んだ。のちに同会はこの結果を本やレコードにまとめ、最大限に利用した。

小樽問答における池田の司会は、創価学会側に立つものとはいえ、司会の名にそむく、かなりあこぎなものであった。

「〝小樽問答〟の席上、学会側司会者として終始万丈の気焔を吐き、異彩を放ったのが池田参謀室長だ。特に開会にあたり小平、辻の両討論者を紹介するに先立ち自己の大確信を六、七分間にわたり一席ブッテ、身延派信徒の心胆を寒からしめたことである、それが終って『簡単ですが――』と、結ぶあたり、すでに敵をのんでる不敵さ、

肝ッ玉のデカサに唯感嘆の声を禁じ得ない」（『聖教新聞』昭和三十年三月二十日）

池田の声は大きく、敵への説得力は論外としても、味方を沸かすには不足しなかった。彼の演説の効力は、反対者を自陣に引き入れる煽動にはなく、味方の意志の強化、再確認だけにあったが、組織をひきつぐ者としてはそれで十分用がたりた。

四月二十三日の都道府県議選、同三十日の市議選に創価学会は候補をはじめて立て、東京都議に理事長・小泉隆、横浜市議に財務部長・森田悌二、川崎市議に文化部長・鈴木一弘、東京各区議に竜年光、原島宏治、藤原行正《ふじわらゆきまさ》など、計五十二名の当選をかちとった。

この中で選挙は地割りが基本であると学ばれ、五月、東京にブロック制が実施され、以後、各地におよんだ。ブロック制は折伏——入信の系統による基本組織（タテ線）とは別の、ヨコ線とよばれる地域別組織である。

八月、全国四十五都市に六百数十名を派遣する地方折伏が行われ、池田は札幌担当の主将に任じられた。札幌班は四百世帯を折伏、入信させて第一位を獲得した。

またこのころ、池田は蒲田駅近くの小林町に住宅を買った。借地で、建坪は二十三坪、四室で百万円、義父の白木薫次に頭金を借りたという。

当時すでに池田は、戸田の手駒の一人として、運動を身をもって体験し、学ぶ段階をすぎ、立派な大幹部の端くれであった。いわば運動の徒弟から、戸田の利益が自分の利益に合致する協力者の一人にのし上がっていたのである。

謀略による日蓮正宗支配の強化

三十一年三月、大石寺では水谷日昇《みずたににっしょう》が退座し、堀米日淳《ほりごめにちじゅん》が第六十五世法主になった。水谷日昇は池田の義父・白木薫次が大石寺大奥（大坊。法主が住み、宗務をとる）に勤めさせた女性と情を通じ、子までもうけたという。当時、水谷は夫人を亡くし、高齢ではあったものの「ネコにカツブシ」の状態だったと事情を知る元僧侶は語っている。このことを柏原ヤスが池田に知らせ、池田は「狸祭り事件」で、謝罪文提出、大講頭罷免、登山停止の罰を戸田に課した水谷日昇に報復するため、この醜聞をもとに日昇に退座を迫ったとされる。

日昇は引退後、生まれた子を正式に認知したというが、創価学会による宗門支配の試みには、早くから謀略の臭いが漂う手法がとられていたことを知るのである。

水谷の跡をついだ堀米日淳は、戸田が会長就任式の会場に使った東京向島、常泉寺の住職であって創価学会との関係が深く、彼の代になってから創価学会の日蓮正宗支配はいっそう進んだ。

三月、助教授に指導教授制がとられたが、池田は、のちに創価学会＝公明党による出版妨害に対する批判キャンペーンの発火点となった藤原弘達《ふじわらひろたつ》事件で名を出す藤原行正を担当、指導することになった。

六月三十日、参議院選挙を前に選挙妨害対策委員会が結成された。委員長に小泉隆、委員には白木薫次、石田次男、鈴木一弘、池田など二十人が就任した。このころ全国各地の警察は創価学会員が関係する事件を数多く手がけており、それがひいては選挙妨害を結果するとの見地から結成されたものであった。

七月八日、参議院選挙が行われた結果、全国区では辻武寿、北条しゅん八《ぱち》が当選、小平芳平、原島宏治が落選、地方区では大阪の白木義一郎が当選、東京の柏原ヤスが落選した。全国区での創価学会員得票総計は約九十九万票で、公称会員世帯数の二・四四倍であった。

七月二十四日、参院選に当選した青年部長・辻武寿は理事、青年部顧問になり、それにともない男子部長・牛田寛は青年部長、男子第五部隊長・秋谷城永《あきやじようえい》は男子部長にそれぞれ繰り上がった。

秋谷は早大仏文の出身で二十六年十二月に入信、石田次男の下で聖教新聞編集主任をつとめ、「カミソリの様に切れる理智的な頭」と評されていた。池田クラスからは一段後輩のキレ者だった。彼は三十二年三月、和泉覚夫妻の媒酌で石田の妹、女子第三部隊長・石田明子と結婚した。が、その縁組は必ずしも石田と秋谷の強固な結束をもたらさなかったようである。

秋谷栄之助（城永）氏

選挙違反に見る創価学会の論理

三十二年五月十九日、炭労（全日本炭鉱労働組合）第十七回定期大会は、運動方針に「新興宗教団体への対策」という一項を付加し、組合運動に悪影響を与える創価学会への対決方針を打ち出した。ついで六月二十七日、北海道炭労はそれに従って「新興宗教対策」を発表、炭鉱地帯からの創価学会の締め出しを指令した。

戸田は炭労のこうした動きに「信教の自由」で反論し、参議院議員・辻武寿、白木義一郎、理事・石田、渉外部長・池田らを北海道に送り、また自らも渡道して七月一日札幌で、二日夕張で炭労弾劾《だんがい》大会を開いた。

大会の席上、池田は、

「炭労の幹部が、組合活動で救えなかった人たちがここに大御本尊様によって救われたのであります。したがって炭労の幹部がガヤガヤいうことはやきもちをやいているのじゃないかと思うのでございます」（『聖教新聞』昭和三十二年七月七日）

などと演説した。

これより前、六月三十日に学生部結成大会が開かれている。学生部長には仙台支部長・渋谷邦彦が任じられた。

また四月二十三日、参議院大阪地方区の補欠選挙が行われ、創価学会からは船場《せんば》支部長・中尾《なかお》辰義《たつよし》が立ち（落選）、小泉、池田らが選挙運動にあたっていた。が、これにからみ、大阪府警は六月二十九日理事長・小泉隆を、七月四日池田を、「堂々と戸別訪問せよ。責任は私が負う」と会員に要請した疑いで逮捕し、七月二十九日それぞれ起訴した。

「創価学会幹部四十五人起訴
〔大阪発〕大阪地検は、去る四月行われた参議院大阪地方区補選での創価学会幹部らの公選法違反事件について、二十九日、同学会本部理事長、東京都議小泉隆（四八）＝東京都大田区蒲田五ノ一一＝ら四十五人を買収で、（うち二人は略式請求）同渉外部長池田大作（二九）＝同区調布小林町三八八＝ら三人を戸別訪問で、それぞれ起訴した。起訴状によると、この選挙で、小泉理事長は主として〝実弾作戦〟を、池田渉外部長は戸別訪問をそれぞれ担当、現地で指揮に当り、大阪、船場、松島、梅田、堺の五支部に「選挙係」を設け、府下約六万世帯の信者のほとんどを戸別訪問に動員したもの。
投票数日前には、〝タバコ戦術〟として職安十数ヵ所で、日雇労務者に候補者名を書いたピースなど約四千個をバラまいたという」（『朝日新聞』昭和三十二年七月二十九日夕刊）

池田は大阪東署に十五日間留置され、検事のいうがままの調書に署名し、七月十七日（小泉は十五日）保釈出所した。この間、創価学会は事件（大阪事件とよばれる）を、同会を「おとしいれようとして仕組まれた策謀」だとして、小泉、池田以外の関係者四十一人を十二日、戸田命令で除名し、小泉、池田の即時釈放を要求する大会を十二日東京で、十七日大阪で開催した。

大阪大会には出所直後の池田も出席し、「大悪起れば大善来たるとの、大聖人様の御金言の如く、私もさらに、より以上の祈りきった信心で皆様とともに広宣流布に邁進《まいしん》すると決心する次第であります」（『聖教新聞』昭和三十二年七月二十一日）と挨拶して、事件が彼の信心をぐらつかせず、逆に強固にしたことを明らかにした。

大阪事件は牧口、戸田と二代続いた下獄を連想させ、会長をめざす池田にはプラスに作用した。

事件は翌三十三年小泉が無罪となり、四年後の三十七年一月二十五日、池田が禁固十月の求刑を受けたものの、戸別訪問の指示を立証できず、無罪を判決されて解決した。

『聖教新聞』昭和三十七年一月二十七日は、公判の結果を報じて、「『大阪事件』に勝

利の判決　無実の罪晴れる　裁かれた権力の横暴」と大きく見出しにうたったが、「勝利」は池田にかぎったことで、他の会員にとってはそうでなかった。このとき、同時に、池田以外の二十人の創価学会員に対しては戸別訪問で罰金一万円から三千円、うち十人に公民権停止三年、七人に同二年の判決がいい渡されている。見出しは彼らの存在を無視したものである。

さきの戸田の四十一名除名は、幹部に累をおよぼさぬため末端会員の信仰を恬然《てんぜん》として斬り捨てる戸田の非情さを物語っているが、それはそのまま池田に受け継がれて有罪の会員を度外視させた。池田もまた一将功成《いっしょうこうな》って万骨枯《ばんこつか》るの犠牲の上に、第三代会長の栄華を謳歌《おうか》したのだった。

昭和三十二年九月八日、青年部東日本体育大会が開催され、その席で戸田は、意向は諒《りょう》としても酔っ払いの論理に似てあまりにも名高い原水爆問題についての宣言を発表した。

「もし原水爆をいずこの国であろうと、それが勝っても負けても、それを使用したものは、ことごとく死刑にすべきであるということを主張するものであります。なぜかならば、われわれ世界の民衆は、生存の権利をもっております。その権利をおびやかすものは、これ魔ものであり、サタンであり、怪物であります。それをこの人間社会、たとえ一国が原子爆弾を使って勝ったとしても、勝者でも、それを使用したものは、ことごとく死刑にされねばならんということを、私は主張するものであります」(戸田『講演集』下)

池田は後年これを『人間革命』四で、「深い洞察」として持ち上げたが、持ち上げるほどに、池田の社会科学的な常識の欠如と非論理性を証《あか》しかねないといった宣言であった。

九月二十六日、九州に総支部制がしかれ、総支部長に石田次男が任じられた。石田は二十七年の第一回地方折伏以来、九州を手がけ、福岡支部を育ててきた功労者である。小岩支部長の石田の後任には和泉覚が任命された。

十二月、戸田の目標とした七十五万世帯が達成されたと発表された。

宗門をめぐる二つの出来事と戸田の死

戸田は昭和三十二(一九五七)年十一月以来、肝臓と糖尿を患《わずら》っていたが、三十三年二月、いったん回復した。二月十一日、彼は満五十八歳の誕生祝いを行い、招いた在京大幹部を前に陣頭指揮への決意を語った。

「会長就任以来七年になるが、私は七年目ごとに難に逢っている。今度の病魔も打ち破ったのだから、もう七年また会長としてがんばるから一つよろしく頼む。……『源深ければ流れ遠し』の通りで、要するに学会の振興は会長自身がしっかりしなければならん。……明日から以前と同じように本部へ行って指揮をとる」(『聖教新聞』昭和三十三年二月十四日)

三月一日、法華本門大講堂が大石寺に落成し、大法要が行われた。同講堂は五階建のビルで、工期一年三ヵ月を要し、その工費四億円は創価学会信者による寄付でまかなわれていた。

岸信介元首相

大法要には当時の首相・岸信介《きしのぶすけ》、文相・松永東《まつながあずま》が祝辞をよせ、また東京都知事・安《やす》井《い》誠一郎《せいいちろう》等が出席した。創価学会会員はその日から三月いっぱい、二十万人が慶祝登山し、その間、戸田は本山に滞在して指導にあたっていた。

同月十六日に、戸田は自民党の南条徳男《なんじょうとくお》、堀内一雄《ほりうちかずお》を通して岸を大石寺に招待した。岸はそれを受けたが、池田正之輔《いけだまさのすけ》に反対されて急に出席をとりやめ、代理として夫人、娘婿・安倍晋太郎《あべしんたろう》、南条徳男を出席させた。

岸を迎えるため大石寺には青年部六千名が整列していた。戸田は男子部幹部二十五人のになう、池田の考案になったという車駕にのって、自身、「広宣流布の儀式の模擬試験」と意義づけた歓迎大会にのぞみ、次のように述べた。

「日本の政権を保って、社会党と共産党をおさえて行ける人は岸先生しかいないということを、あの人が幹事長の時に心から深く思って、尊敬していたんです。

今度も一日の落慶法要には来れないって云うから、そのあとはどうだと云ったら、十六日なら行くちゅうので、今日は楽しみにしておったが……。

……しかし、お嬢さんと坊ちゃんと奥様と、その他自分がこの人と頼む人々をですね。さしむけて本山へよこされたその誠意というものは、私は心から嬉しく思う。

……岸先生がこれからどんな立場になってもわしは悪い人だとは思いません。それが友人のまごころじゃないでしょうか（拍手）。君らも、そういう心で、岸先生とつき合って下さい。

……私は宗教団体の王様なんだから（拍手）岸先生は政治団体の王様なんだ」（『聖教新聞』昭和三十三年三月二十一日）

岸の欠席は戸田をいたく落胆させたが、それにしても法華本門大講堂の完成は、彼の最期を飾る華やかな幕切れであった。新興宗教の教祖は多く、画期となる建物をつくると安堵《あんど》から死ぬというが、どうやら戸田もその例外ではなかった。この日から彼の衰弱は加わり、本山の理境坊で手当を受けつつ、静養しなければならなくなった。

が、戸田の最期を飾るものは大講堂の完成ばかりではなかった。僧侶・的場正順《まとばせいじゅん》（のちに鳥取市日香寺住職）へのリンチ事件が、衰弱を深める戸田にたむけられたのである。

事件は、戸田と創価学会の威に服さない気骨ある僧侶への私刑であり、創価学会に抵抗するとどうなるか、的場ばかりか他の僧にも示すみせしめであった。

的場がのちに一僧侶に宛てた手記によれば、事件の概要はこうである。

大講堂落慶法要の際、創価学会の青年部員三、四十名が大石寺の大坊に泊まりこんでいた。彼らは僧の卵ともいうべき所化《しょけ》を、タバコを買いにやらせるなどの私用に使い、チップがわりに菓子を与え、ソバ代を出すなどしていた。彼らには所化とはいえ、僧侶一般に対する畏敬の念はなかった。所化を指導する立場にあった的場はこれらのことを見聞きし、青年部責任者・土屋某に再三にわたって注意を促《うなが》した。

三月二十二日の夜、的場は青年部員間で、「正宗の坊主も邪宗の坊主となんら変わりない。ものさえ与えれば、いうことを聞く」と話されているのを聞き、翌二十三日朝、大石寺内の一僧坊である六壺に所化と青年部員を集めて厳重な注意を与えた。

「大坊は一人前でない僧が法主の指南で修行する場所であって、本来が青年部員の起居するところではない。教育にさわるような真似はやめてほしい」

的場は語をつぎ、前夜の青年部員の話を論難した。

「邪宗の坊主と同じだというのは物を知らなすぎる。ではいうが、戸田は十六日、岸を迎えようとした際、宗教団体の王様は私だといったが、これはどういうことか」

宗門の立場からいえば、宗団の王者は、日蓮であり、また日蓮を体現する本尊、あるいは法主となろう。的場は創価学会の宗門支配を苦々しく思い、いわば法主にかわって、戸田の車駕による境内練り歩きなどを批判した。山門には下馬下乗とあって、法主でさえ山門を出るまでは乗り物を利用できない。

が、この三時間後、的場は池田に呼び出されて裸にされ、近くの御塔川原《ごとうがわら》に放りこまれる。青年部員がかわるがわる的場に馬乗りになって的場の顔を水の中につけ、池田はポケットに手を入れて見下ろしながら、指揮したという。

的場は事件後、被害者にもかかわらず逆に約二週間の謹慎を命じられたうえ、北海道の新寺院に四年、その後、鳥取へと、地方回りの生活を余儀なくされた（『週刊文春』昭和五十二年九月一日号）。宗門は創価学会の組織と財力に制圧されつくして、的場の正義をバックアップすることも、その権利を回復することも長くできない状態にあった。

四月一日早朝、戸田は医師の診断で本山の理境坊から東京に運ばれ、そのまま神田の日大病院（現・駿河台日大病院）に入院し、翌二日、急性心衰弱で五十八歳の生涯を閉じた。

八日、戸田家の告別式が雑司《ぞうし》が谷《や》の常在寺で行われ、信者十二万人が焼香した。

十九日、日蓮正宗法主・堀米日淳は故戸田に法華講総講頭の称号を贈り、またその前に大宣院法護日城大居士の法号を授与した。

二十日、創価学会葬が挙行され、二十五万人の創価学会員が参加し、これには岸も文相・松永も会葬した。新聞は、「首相〝二百万信者〟に焼香」と報じた。

第四章　三代目への抗争

戸田城聖の遺産の行方

戸田の突然の死は、会の内外を問わず、一般に創価学会の迎えた最大の危機と受け取られた。

それはまず、戸田の死自体が彼の唱えていた功徳を裏切って、会員に教義への疑惑を抱かせ、不安や動揺を与えると考えられた。また戸田は後継者を指名する余裕を持たなかったから、会幹部間に第三代会長をめぐっての内紛が生じ、それがひいては同会の空中分解や分裂をもたらすと取り沙汰《とざた》された。

池田自身、当時をこう回想している。

「(池田が) 参謀室長当時、戸田先生が一年間病気の時期があった。暗い時代であった。小泉 (隆) さんが理事長。ギア (が) はまらなかった。どうしようもなかった。空中分解寸前だった。戸田先生がなくなられたとき、小泉理事長はいても、一寸先は闇で、わからなかったといっていた」(昭和五十年九月二十八日、箱根研修所で、内部文書)

また空中分解には至らないまでも、それまでの爆発的な発展を負っていた戸田の卓越した指導力や組織力、人柄の魅力が失われて、以後の創価学会の停滞と困難が予想された。

折伏攻勢に悩まされていた「邪宗」はこのように考え、喜びと希望的観測とをもって、創価学会を攻撃した。

しかし、危機意識は残された創価学会幹部の共有するところでもあり、他教団の反撃は皮肉にも、彼らの結束をいっそう強固にする働きをした。

幹部たちは、前年の十一月に戸田は自らの死を予言していた、その言葉は戸田家の女中が日記につけていると、功徳への批判を打ち消した。

また戸田の私生活の面、ことに遺産配分は悪くすれば、創価学会の信用問題に発展しかねないものであったが、それをも大過なく処置したようである。

由比宏道《ゆいこうどう》『毒鼓の縁』によれば遺産問題は次のように処理されたという。

戸田の妻・幾子《いくこ》は、戸田の死まもない四月二十三日、取引銀行である三菱銀行四谷支店長に、戸田名義の財産がどれだけ残っているか、調査を依頼した。彼女は、印税と株を動かした儲けが四億円ばかりある、と戸田から聞き、また戸田個人で費消する金は、幾子の父・松尾清一《まつおせいいち》名義で三菱銀行番町支店に預けられ、その中に自宅の新築資金二千万円も含まれている等のことを知っていた。なお当時、創価学会は出版収入などで、その月収は二億円にのぼると噂されていた。

が、調査の結果、戸田の死の翌日四月三日、戸田の妾で大蔵商事専務理事でもある森重紀美子《もりしげきみこ》により、名義が書き替えられていることが判明した。そのため仕方なく幾子は、戸田の生前、会長印を自由にしていた秘書部長・和泉美代《いずみみよ》（大蔵商事社長で創価学会小岩支部長・和泉覚の妻）を通じて、戸田の財産譲渡を会幹部に交渉した。この幹部に、大蔵商事の取締役だった池田も含まれていたかもしれない。

後日、幹部は戸田名義の財産は八千万円で、うち二千万円だけを渡すといってきた。どのような事情があったのか、これで戸田家との遺産問題は決着した。また全国の信者から集められた香奠《こうでん》も、幾子の催促のすえ、ようやく六月九日に、四千万円から創価学会会葬の費用四百万円を差し引いた残り三千六百万円が戸田家に届けられた。

戸田には跡部雅子《あとべまさこ》という妹がいたが、彼女も遺産分配を請求した。雅子は岩手県一関市《いちのせき》に住み、当時、地元の商事会社社長の二号だったという。彼女は、戸田家からも創価学会からも遺産分配をはねつけられたため、十二月二日上京し、知人を介して和泉美代に折衝し、すったもんだのあげく、彼女の所持する戸田関係書類（手紙など）と引きかえに三十四万円を受け取った。

なお池田は会長就任後、大蔵商事を離れ、同社社長は森重紀美子、のちその甥の森《もり》重章《しげあき》とかわった。が、同社は昭和四十年ごろ脱税容疑で国税局の手入れを受けて経営が大きく傾き、同年十二月、社名を大道商事と変更、事務所を東京・赤坂のホテル・ニュージャパン内に移した。四十四年五月、第一商事を併せたが、同社の放漫経営は続き四十七年ごろ創価学会員からの金約三億円がこげついたほか数億の負債を負うまでになった。

池田は同社の倒産を防ぐため、中西治雄《なかにしはるお》に命じて経営管理に乗り出させ、中西は会幹部の菅原亮《すがわらりょう》を経理担当取締役に、会弁護士の今井《いまい》浩三《こうぞう》を法律顧問に送りこんで建直しを図り、創価学会の会館や研修所の土地売買、正本尊などの火災保険を扱わせた。が、森重章は蒸発し、菅原は中西と不仲となって五十年に病死した。同社の経営は創価学会の強力なテコ入れにもかかわらず改善せず、四十九年十二月、再度社名を株式会社日章とかえ、事務所を東京・世田谷の北沢に移して、社長も元公明党議員の金井賢一、役員を松尾俊人らにいれかえ、監査役に会弁護士の福島啓充をつけている状態という（『週刊文春』昭和五十五年十二月十一日号）。

また戸田の死後、池田の指示で戸田家から彼の遺品が運び出されたことは事実のようである。二十八年七月に入信、当時東京蒲田支部の男子部部隊長だった某は次のように語っている。

「戸田会長が死んで一カ月もたたないうち、トラック二台、運転手を入れて六人が戸田家に行った。私はその一人であり、私のほか、竜年光、大田区議をしていた園部恭平《そのべきょうへい》などがいた。戸田家にはすでに白木薫次と池田が詰めており、十文字に麻縄をかけられた茶箱をトラックに積み込んだ。あまり積み上げるなということで、二段に重ねただけである。

当時のトラックは小さく、荷台は二畳半から三畳のスペースしかなかった。荷物には二人がかりでやっと持ち上げられるほどに重いものや、軽いもの、あるいは外見から刀剣と分かるものなどがあった。幾子夫人は険しい顔をして応対が悪かった。

私たちはそれを本部に運んだが、乗用車で追いついた白木と池田の指示で裏口近くの物置きに収めた」

上乗りをした某は軍刀、掛軸、花ビンなどの美術品だったようだとしているが、戸田家に近い筋は、掛軸を含め家の中がカラッポになったことは事実だが、戸田に収集の趣味はなく、どの程度値打ちがあるものか分からなかった、といっている。

創価学会の幹部たちは、理事長・小泉隆を中心に、団結を合言葉とし、戸田が死の寸前に指摘したという内部崩壊を警戒しあった。

「(竜年光が)『先生、身延も既に敵でなくなった。ジャーナリストも敵ではない。一体、学会の敵は何ものでしょうか』とおうかがいしましたところ、先生は体を起されてはっきりと『それは内部だよ』とおっしゃいました」(『聖教新聞』昭和三十三年四月十八日)

池田の抬頭と石田の地盤沈下

昭和三十三年五月三日、第十八回春季総会で理事長・小泉隆は、会長職は当分置かない、戸田がつくったレールの上を、脱線しないように創価学会という列車を走らせていくのが我々のつとめだ、と演説した。

この日、小泉は蒲田支部長と台東区総ブロック長を辞任し、理事長一本に専念することになり、また戸田の死で一人欠けた理事は和泉覚の就任で補われた（宗教法人の登記面では、戸田が死んだ四月二日、ただちに小泉が創価学会の代表役員代務者になり、四月十二日に和泉覚が責任役員についている）。これで同会の理事は、理事長・小泉のほか、白木薫次、原島宏治、柏原ヤス、辻武寿、石田次男、和泉の計七名になった（登記面の責任役員も同様メンバー）。蒲田支部長の小泉の後任には白木薫次が据《す》えられた。

六月三十日、本部幹部会の席で、総務、庶務部、出版部の新設が発表され、総務には池田が渉外部長を解任されたうえで任命された。

総務の役職は創価学会規則になく、その権限はなんら新しく規定もされず、一年間、無規定で通しつづけられた。が、それは大体、青年部の参謀室長を本部に格上げしたもの、政党でいえば書記長格といった程度には漠然と諒解されていたようである。

庶務部はそれまでの秘書部の改称で、部長には秘書部長・和泉美代が留任した。出版部長には森田一哉が、渉外部長の後任には辻武寿がそれぞれ任じられた。

この人事は全体として青年部の試験的登用で、まだ池田の会長就任への布石といったものではなかったが、たしかに池田の重用ではあった。総務に要求される活力と事務能力は池田のタレントであり、また小泉は、前年公選法違反でともに臭い飯を食った仲という、池田に対する親近感を持ち、それらが相まって池田を総務に押し上げたのだろう。

池田は総務となっても、青年部参謀室長の役を手放そうとはしなかった。強大化した青年部こそ、彼の唯一の切札であることを熟知していたからである。彼は参謀室を重点に、青年部の完全掌握に歩を進めた。その中には石田の義弟である男子部長・秋谷城永も含まれていた。青年部の力を背景にすれば、池田の発言権は飛躍的に強化され、全組織への攻略もたやすい。彼の戦略は大宅壮一《おおやそういち》のいうスターリンではなく、三国志から学ばれたが、三国志は派閥操作には依然として有効であった。

池田は一方、与えられた総務の職をもフルに活用した。彼は集団指導体制の間隙《かんげき》をぬって全国の組織を小マメに動き、しきりに自分の顔と名を売り歩いた。

池田だけが会長空席期を、会長着任をめざす事前運動の期間ととらえ、野心的に動きまわった。他の幹部たちは、「会長は当分置かない」「われわれで、会長になりたいなどと考えているものは、それこそ一人もいない」などの小泉や原島の言葉をうのみにして、いたずらに牽制《けんせい》しあっていた。十二月七日、男子部総会で、一男子部員が「三代会長は俺だ」と短刀をもって壇上にかけ上がる事件があったが、その男も幹部間のぎこちない緊迫感を触知して、耐えられなかったのだろう。

このころから、石田の聖教新聞への登場は目立って減っていった。彼は大石寺での夏季講習会の講師を担当し、組織面から教学面に移されつつあった。それは、「学会きっての理論家」(『聖教新聞』昭和三十二年十月四日)と評される石田の悲劇だった。また彼の唯一の組織担当である九州総支部長は要職ではあったが、ここにきて遠隔地という裏目が濃く出てきた。総支部の少なかった時代の戸田の意図は、彼を飛ばすこととはまるで逆だったのだが。

石田の地盤低下は九月の『折伏教典』改訂版の刊行でさらに追いうちをかけられた。同版の編集は小泉を中心に教学部で進められ、改訂前との主な相違は、石田の書いた第一章生命論が、戸田の講演筆記と入れ替えられたことにあった。

石田は生命論の根拠を、日蓮の佐渡御書——人の衣服飲食をうばえば必ず飢餓《きが》となる。持戒尊貴《じかいそんき》を笑えば貧賤《ひんせん》の家に生ず。養戒《ようかい》を笑えば国土の民となり王難に値《あ》う。是は常の因果の定まれる法也——に求めて、旧版では過去から現在の因果、現在の差別の理由の説明といった面が強調されていた。

これに対し、改訂版では、「生まれ落ちると女中さんが三十人もくっついて、婆やが五人もいて、年頃になれば、優秀な大学の卒業生としてお嫁さんは向うから飛びついてきちゃって、良い子供を生んで立派な暮しをして、そして死んでゆかなきゃならない。その来世の幸福を願うが故に、今、信仰させる」と、現在から未来への視点、努力による因果論から信仰による来世の幸福へのすりかえ、因果論の後退など、力点の置かれかたが変えられた。

こうした改訂は、時代の変化に対応した、教理の「逆だちしながらの唯物論化」(高木宏夫)の一環をなすものであったが、戸田の講演との入れ替えとはいえ、石田の巻頭を書いたという名誉を著しく損なうものであった。

十一月九日、第十九回秋季総会が開かれ、三月の総登山、会員百万世帯、地方寺院の建立という三大目標の達成が発表された。またこの日、十支部が新設され、理事・辻武寿が福島支部長に、文化部長・鈴木一弘が川崎支部長に任じられた。

公称世帯数をそのまま受け取るなら、この年の対前年成長率は三七パーセントで、前年の五三パーセントに較べて大きな落ち込みであった。が、伸び率の逓減性を考慮にいれるなら、まずさほど遜色のない、戸田亡き後の第一年であった。

戸田城聖の選挙観

昭和三十四（一九五九）年一月十六日、石田次男は文化部員に任命されたが、それは石田の、参議院議員選挙への出馬と、前線からの離脱——無力な名誉集団への繰り入れを意味した。彼は早くもこの時点で会長候補としての資格を失ったのである。

創価学会における選挙は、国立戒壇建立のための政治進出とは別に、国費による折伏活動をも目的としていた。戸田は参院選初進出を前にした三十一年三月に、組織と選挙との関係を次のように定式化している。

「学会で選挙をやるなどということは、まことに、りっぱなことだと、私は思っているのです。陰でこそこそやるなどということは、絶対にする必要はありませんよ。……

私は選挙運動が毎年あったらいいと思っているのですよ。ないから残念です。そのわけは、選挙をやるという一つの目的をたてると、みな応援する気になります。そこでしっかりと信心させなければならん。学会は、金で選挙に出させるのではないから、はじめから信心によるのですから、信心の指導をしっかりやらなければならん。そうすると、幹部が夢中になって、班長君でも地区部長君でも、信心の指導を真剣にやってくれると思うのです。

そうすると、いままでかせがない人が、広宣流布のために、これは立ってやらなければならん時がきたから、まあ皆、目の色変えてかせぐ。ふだんやらんことをやるから、支部がピーンとしまってくる。選挙は、支部や学会の信心をしめるために使える。まことに、これは、けっこうなことではないですか」(戸田『講演集』下)

組織引きしめのための選挙という戸田の着眼は、悪利用との非難はまぬがれまいが、それなりに秀抜であった。現に池田が逮捕された三十二年の大阪参院補選を、当選の可能性がないにもかかわらず強行したのは、弱体化した大阪各支部へのテコ入れ策だったという見方もある。

創価学会がこの昭和三十四年に、会員を立候補させる統一地方選挙と参院選挙を二つながら迎えたことは同会の存続にとって願ってもない幸いであった。選挙への総力結集こそ、戸田死後の組織危機を乗りきる最大の鍵であったのだ。

しかし、組織引きしめの手段である参院選に、石田が起用されるいわれはなに一つなかった。彼の器は、参議院議員という一部門の手駒ではなく、それらすべてを掌握する第三代会長にふさわしいものであったはずである。

彼が参院選への立候補を受け入れたことは、会長就任への権利放棄にほかならなかった。

石田はあまりに戸田にかわいがられ、彼の下で出世しすぎていたのかもしれない。彼が二十九年に原島宏治や和泉覚、森田悌二、辻武寿等の先輩を飛びこえて理事に就任したことは、決して彼らの好感するところではなかっただろう。また彼の早すぎる出世は青年部からの断絶を彼にやむなくさせてもいた。戸田の死後、彼は彼を強力に擁護する同僚も、熱心に押し立てる部門をも失っていた。

戸田城聖と石田の母

石田の家族はほぼ全員が創価学会の幹部だった。母親・つかは本部婦人部長、妻・栄子《えいこ》は青年部参謀、妹・明子《あきこ》は元女子部第三部隊長で秋谷城永の妻、弟・幸四郎《こうしろう》は男子部第四十七部隊長（のちに、公明党委員長）である。だが、彼らは閥をつくるには非力で、単に有力な家系にとどまっていた。

石田自身の権力はいうまでもなく強大で、また若くして、中島治雄と田島文枝、中村慶和と森本滋子の媒酌を行うなど、信望にも欠けていなかったが、彼は無欲で生まじめにすぎたし、彼の信仰は強固で、外に対して戦闘的だったが、内部の権謀術数には一本調子で、よく耐えるものではなかった。

このような石田の人柄のよって来る由縁は、彼の生まれと昇進のしかたに求められるかもしれない。

石田の家は秋田県鹿角郡《かづのぐん》の旧家で、多額納税者だったが、戦後、どのような理由によるものか、一家は上京し、小岩にアパートを経営した。その一室に和泉覚夫妻もいた関係で、一家で最初に入信した母親・つかは、入信前から戸田のことを聞き知っていた。

つかは戸田の一周忌法要で、入信当時の追憶談を語っている。聖教新聞にはまれな、味のある話と思われるので、やや長くなるが引用してみよう。

「はじめて私が先生（戸田）にお話したのは、二十五年の秋ころと思います。先生が一時、理事長を辞されておられましたが、私は先生ほどの方がなぜ事業に失敗なさったか、どうして理事長を辞退されたのか、それをお聞きしたくてしようがありませんでした。

ときどき先生がお酒を飲んでおられるのを見かけていましたので私は自分の常識で判断しまして、いくら先生でも、あんなにお酒を召しあがるから、頭の具合いでも悪いんじゃないかと思ったのでございます。（笑）それで、ぜひ先生に大酒をよして頂き、もう一度理事長の席につかれ、学会の指揮をとって頂きたい、といつも思っていたのです。

ある日、先生が私のアパートにいられた和泉先生の処へみえたので、絶好のチャンスと帰られるとき玄関で呼びとめまして『お酒を召しあがっていますか』とおききしました。先生はあっさり『ああ飲んでおりますよ』とおっしゃったのでがっかりしたんです（笑）。

『もう酒どころじゃないよ』といって頂きたかったんです。そこで私は、お酒を飲んではいけませんよという意味のことを申しあげたんです。

ところが先生はただお笑いになって、それにはなにも答えて下さいませんで『私もネ、いままで自分のことにかまっていましたけれども、これからは本当に困っている人の味方になっていくつもりですよ』と、こうしみじみおっしゃったのです。
そうして『あなたも弱くては大へんですね』（つかいは結核を病んでいた）といわれ、お数珠をもって、私の首から背中をさすって下さった。私はお話をするのもはじめてですので『もう先生結構でございます』（笑）とただ恐縮しておりました。あとで思いますと、先生は、ご祈念をして下さったのだなあと思いました。
そのときは、まだなにかいいたりなかったように思いまして、こんどはお手紙をさしあげたんです。先生はお酒のことにはなにもふれず信心の面でお答え下さいました。（手紙の内容略）
それからほど過ぎてから先生が『奥さん、あんたはまあ正直でいいよ、酒をのむななどといったのは、あなたばかりだ』とおっしゃって下さいました。『あんたもねもういつまでも、オツにすましていないで、ぼくたちの仲間に入んなさいよ』と、こうおっしゃって下さったんです。
このことがあって、私も先生のお側近くでいろいろとご指導うけるようになりました。焼鳥の味をおぼえたのもそれからでございます。（笑）女というものは、ああいう処へ入って食べるもんだと思っておりませんでしたが、先生が目黒駅の焼鳥屋によくお寄りになって、『まあ、奥さん食べなさいよ』とおっしゃって下さる。柏原（ヤス）先生など、よく召しあがっていらっしゃったようです。（笑）それに子供たちの結婚についても、いろいろと御心配をいただきました。

大幹部の方々が、よく先生にしかられていらっしゃったのですが（笑）そこで私も、一度涙の出るほどしかられてみたいと思いました。先生は私なんか当にしていらっしゃらないんだなあと、ちょっと情なく思っていたのです。でもしかられる時期が来たのでございます。あの参院選のときでした。柏原先生を落したということで、まあ先生にしかられ通し。あのときほど会長室のドアーの重かったことはございません。（以下略）」（『聖教新聞』昭和三十四年四月十日）

戸田は、つかの世間慣れしていない親切に自分の住む世界とは別の、好意的な物めずらしさを感じ、彼女にかわいい女を見ていたのかもしれない。写真で見るかぎり、往年の明眸皓歯《めいぼうこうし》といったおもかげがある。組織家として別段優れていそうもない彼女を、理事のすぐ次席の本部婦人部長につけたのも、戸田の彼女へのほのかな感情のせいだったとも考えられよう。戸田はすぐれた指導者ではあったが、その人事に、気まぐれや思いつきが混入すること皆無というわけではなかった。

また戸田は石田をも息子のような気持ちで見ていたのではなかったのか。石田は優秀な幹部にちがいなかったが、その目ざましい昇進に母親の存在がまるで無関係だったとはいえまい。が、むしろ逆に、母親の存在が石田の野心を損ない、彼を自足させたというマイナス面の方が大きかったかもしれない。少なくとも石田は池田のような人間関係の飢餓状態にはなかった。

石田は少年時、池田とちがって級長、副級長をつとめ、秋田県大館中学、芝浦高専へと進んだが、学校を出ても就職しようとはせず、毎日、江戸川区平井の加藤六段道場で将棋をさしていた。母の信心には反対し、折伏にきた和泉夫妻を追い返したこともあった。

が、二十五年十一月に自らも入信し、一週間後に戸田と会った。戸田は一度会ったきりの石田に見込むところがあったのだろう、翌二十六年三月に突然、彼を呼び出し、聖教新聞の編集をまかせた。以後、石田の信仰と出世は聖教新聞とともに進んだ。今日四百万部を発行し、三大紙に迫る同紙の基本はすべて石田によって作られた。彼は出世を渇望しなかったが、よき理解者だった戸田の引きで、幹部間随一の昇進を遂げた。

『御書』初版が発刊されたとき、戸田は、

夫婦して　御書つくらんと　生れきし
七百年の　今日ぞうれしき

との歌を石田夫妻に贈った。また彼を九州総支部長に登用する前、①人間が甘くて何の話でも信用する　②性の悪い人、良い人の見分けがつかぬ　③計画にとらわれて先輩に相談しない、という三点を指摘し、彼を叱ったという（『聖教新聞』昭和三十年一月一日、昭和三十四年五月十四日）。が、戸田が、こうした間の抜けたとはいえ、一面では人のよさをも物語る欠点を持つ石田を愛し、重用したことは、彼の青年部主任参謀、小岩支部長、理事、九州総支部長といった経歴がなにより雄弁に証している。

かりに戸田が今すこし永らえていたなら、はたの者がどのように非難しようと、石田を後継者に指名しただろう。そして石田が会長になっていたなら、創価学会は華々しさに欠けても、いかにも宗教らしく発展しただろうし、電話盗聴や替玉投票、出版妨害などを少なくともひき起こすことなく、世間の風当たりも弱まっていたにちがいない。

が、戸田の死後、彼の重用がすぎたために、石田の庇護者はなく、また彼には池田の持つ粗野なまでの自己主張も野心もマキャベリズムも乏《とぼ》しかった。

池田における選挙の意義

『週刊朝日』昭和三十四年六月二十一日号の「参議院を折伏せん」は創価学会の参院選全員当選を特集して、同会を動かす三人の「中心的実力者」——小泉、石田、池田——にふれている。石田はこれを、六月本部幹部会での講演『ジャーナリズムの偏見』の中で、「地道ではありますが学会をよく調べて豊富な内外の資料をそろえ、あまり感情的な要素はなく、当然のこととして公正な中正な報道になっております」と評価している。

同特集記事は当時の石田評、池田評を知る格好の材料である。

「石田次男＝六人の理事のうちで、最年少三十四歳。こんどの全国区で第五位、六十六万の票を集めた。秋田県大館中、芝浦高専卒。学校を出て、ぶらぶらしているうちに、母（現創価学会婦人部長）の影響で入信。九州方面の折伏に大きな成果をあげ、現在、機関紙聖教新聞の編集長。社説は、かれが執筆。戦闘的であり、信仰面の中心人物と見られている。

池田大作＝もと渉外部長。戸田の死後、新設された総務に就任。同時に、参謀室長を兼任している。三十一歳。戸田の関係していた会社に働いていたので、会長からはかわいがられた。政党でいえば〝書記長〟格であり、こんどの選挙の総指揮をとった。かれの下に男子四人（実際は三人）、女子二人の参謀がいて、いろいろ作戦をねるが、みな三十歳前後の人たちばかり。こんど、品川区から都議に出た竜年光氏も、この参謀の一人である」

四月、統一地方選挙が行われ、創価学会は当選率九〇パーセント以上という好成績をおさめた。すなわち、都議では十一名が立候補して、竜年光ら三名が当選した。前都議の小泉隆は理事長に手一杯で立たなかった。道府県議選では四名が立って三名、五大市議選では七名が立ち、全員が当選した。また地方市議選では二百八名が立って百八十五名、東京都特別区議選では竹入義勝《たけいりよしかつ》、藤原行正、今泉太郎《いまいずみたろう》、大川清幸《おおかわせいこう》など、立候補者七十四名の全員が当選した。

つづく参院選を控えた五月三日、第二十回春季総会で、池田は、

「大聖人様の至上命令である国立戒壇建立のためには、関所ともいうべきどうしても通らなければならないのが、創価学会の選挙なのでございます。……
地方選挙では非常な成績をあげましたが『勝ってカブトの緒《お》をしめよ』いよいよしゅんげんなる信心をもととしてそうしてきたるべき参議院選におきましては一致団結、火の玉になって、勝って、(故)会長先生におこたえしようではありませんか」
(『聖教新聞』昭和三十四年五月八日)

と、演説した。

池田は主に二つの理由から、会員を煽《あお》って参院選を成功させねばならなかった。一つは、彼自身の功績を作るためであった。選挙戦での勝利は、その指揮者としての池田の手腕の証明と見られたが、それは会長就任への彼の持参金になると同時に、いずれ彼のものになるはずの組織を強化、安定させる、前もって行う投資でもあった。

第二は、理事や、池田と競争関係にあって池田より上位にある若手幹部、ことに石田を追い出すためであった。参議院議員の職務は、その重要性と多忙を理由に、会の要職を剝奪《はくだつ》するには十分なものがあろう。

議員になるか、ならぬかは、幹部の値打ちの一般化と特殊化の岐《わか》れ道であった。議員となれば、創価学会内にとどまらず、社会的な尊敬の対象になり得る。これに反して池田は総務という創価学会での特殊化を深めたが、実はそれが長期的には、一般化への道であった。

彼はのちに実権を確保した段階で、猿は木から落ちても猿だが、議員は選挙に落ちれば議員ではない、という言葉以上のことを、任期切れの幹部たちに適用した。すなわち、前議員を再び立てる立てないを彼の一存で決め、彼はそのことを幹部の賞罰の具、彼への忠誠の足枷《あしかせ》、彼の握る生殺与奪《せいさつよだつ》の権としたのである。

六月の参院選の結果はあらゆる意味で、池田の完勝であった。

全国区から立った石田次男は六十六万票を得て第五位、船場支部長・中尾辰義は十四位、教学部長・小平芳平は十五位、理事・原島宏治は十九位、青年部長・牛田寛は二十四位と、それぞれ上位当選をとげ、全国区での得票総数は約二百四十八万八千票、公称会員世帯の二・三二倍を集めた。

一方、東京地方区から立った柏原ヤスは第一位で当選を決め、藤原弘達をして、「柏原なんかを出したのは都民の恥辱だ」といわしめた。前回、白木義一郎を当選させた大阪地方区では候補を立てなかった。候補者難というより二年前の補選で小泉、池田以下が公選法違反に問われ、池田は裁判が進行中で、大阪に触れたくなかったのであろう。

石田の会当選者中での首位当選は、九州を中心とする彼の人望の反映であったが、また彼だけは落とすまいとする池田の執念の成果でもあったと見られる。

こうして創価学会からの参院選立候補者のすべてが当選して、理事七名のうち四名が参議院議員、残るところは三十八年に再び都議に立つ小泉隆、次回三十七年の参院選に出る和泉覚、政界に資質的に意欲のない白木薫次だけとなった。

統一地方選、参院選での創価学会の勝利は、同会の衰退を予想していた人々の期待を裏切り、戸田死後の同会の危機乗り越えと定着を会内外に示した。

池田体制の発足

六月三十日、選挙結果をもとに、組織機構が大きく変えられた。

まず池田、北条浩、森田一哉、竜年光の四名が青年部参謀室を離れて理事に就任し、理事は計十一名となった。青年部は、参議院議員になった青年部長・牛田寛ではなく、参謀室長の池田を鋭角に結集されて政権交代グループと化し、池田が参謀室の下僚三名を引きつれて、理事室入りしたわけである。

また池田が前年来つとめてきた総務の権限は、ここにきてはじめて、「理事長のもとに、理事室を代表して、事務局及び各部を統括する」と規定された。新任の理事が理事室を代表するというのは驚くべき人事だが、これは別掲図表と、次の「大幹部席順」に明らかなように、実質的な池田体制の発足にほかならなかった。

大幹部席順

1、理事長
2、総務
3、理事
4、本部婦人部最高顧問
5、部長
6、青年部参謀
7、男子女子両部長
8、総支部長
9、副部長
10、本部指導部員
11、文化部参与
12、副総支部長
13、支部長
14、総支部幹事
15、副支部長
16、本部常任委員
17、本部婦人部顧問
18、総支部婦人部長
19、支部婦人部長
20、男子、女子両企画室
21、地方青年部参謀

創価学会本部機構
（昭和34年6月30日当時）

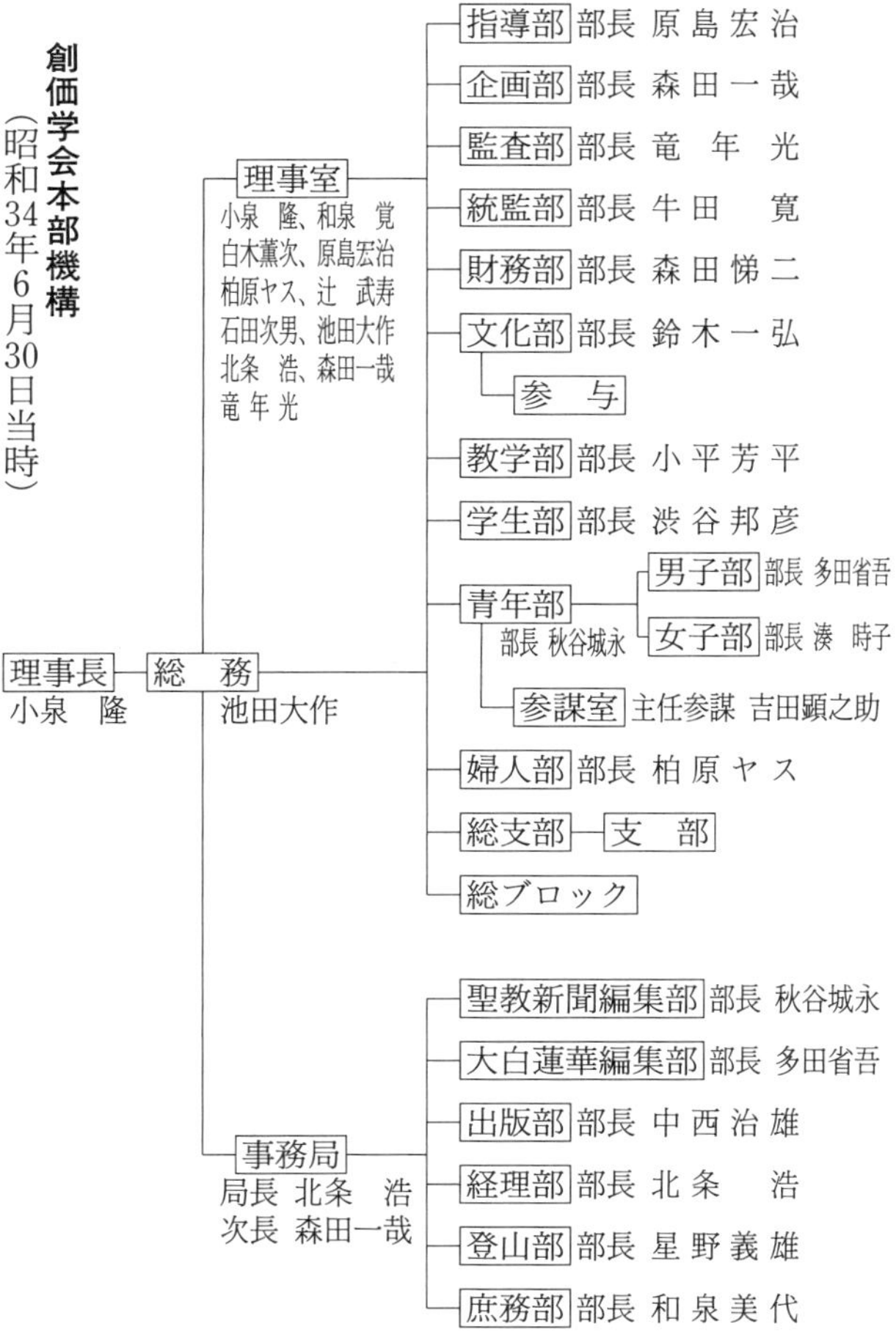
理事長
小泉　隆
総　務
池田大作
理事室
小泉　隆、和泉　覚
白木薫次、原島宏治
柏原ヤス、辻　武寿
石田次男、池田大作
北条　浩、森田一哉
竜　年光
指導部 部長 原島宏治
企画部 部長 森田一哉
監査部 部長 竜　年光
統監部 部長 牛田　寛
財務部 部長 森田悌二
文化部 部長 鈴木一弘
参　与
教学部 部長 小平芳平
学生部 部長 渋谷邦彦
青年部
部長 秋谷城永
男子部 部長 多田省吾
女子部 部長 湊　時子
参謀室 主任参謀 吉田顕之助
婦人部 部長 柏原ヤス
総支部
支　部
総ブロック
事務局
局長 北条　浩
次長 森田一哉
聖教新聞編集部 部長 秋谷城永
大白蓮華編集部 部長 多田省吾
出版部 部長 中西治雄
経理部 部長 北条　浩
登山部 部長 星野義雄
庶務部 部長 和泉美代

つぎに本部の計十八部は二分され、事務関係を扱う六部——庶務、登山（新設）、経理（新設）、出版、大白蓮華編集、聖教新聞編集の各部——は事務局に統一され、事務局長に北条浩、同次長に森田一哉が任じられた。

これにより、事務局は青年部出身者に完全に掌握されたが、同じことは事務局下の各部についてもいい得る。庶務部長・和泉美代を除いて、各部の部長はすべて青年部出身者によって占められた。

登山部長は前男子部第四部隊長・星野《ほしの》義雄《よしお》、経理部長に北条（事務局長兼任）、出版部長に前男子部第三部隊長・中西治雄、大白蓮華編集部長に前男子部第五部隊長・多田《だ》省吾《しょうご》、聖教新聞編集部長に前男子部長・秋谷城永が、それぞれ任命されている。

また事務局下以外の十二部においても、新設の企画部長に森田（事務局次長兼任）、監査部長に竜、青年部長に秋谷が就任したほか、指導部副部長に北条、学生部副部長に男子部第四十四部隊長・渡部城克《わたべじょうこく》（本名は一郎）が任じられて、おのおの部長・原島宏治、渋谷《しぶや》邦彦《くにひこ》を補佐することになるなど、十二部の過半を青年部出身者が制圧した。

この組織改革は、前青年部員でなければ人にあらずといった勢いの青年部の過重視であり、戸田の組織論の主眼である青年部育成をトッコにとって、極端に誇張した人事というべきものであった。前掲の席順を二十九年の席次と比較すれば、青年部、ことに参謀室の偏重はさらに明白で、二十九年では本部婦人部常任委員の下に位した（この席順においては第十六位の本部常任委員の次に相当する）男女両部長、参謀室が支部長ばかりか、総支部長をも凌駕《りょうが》して、順序を逆にしたうえで第六、七位にランクされているのである。

このことは総務・池田の権限規定が、青年部のクーデターに等しい内容の一大キャンペーンのもとに強行されたことを推測させる。池田は自身の異常な覇権確立の根拠を、青年部による代替わりに求めるほか、方途がなかったのだ。参院選から機構改革に至る池田の動きは、まさに水際だったとしか、いいようがない。

前青年部員の要職占拠により、古参幹部は後退し、古参幹部に繰り入れられた石田も後退した。石田は聖教新聞編集部長の職を秋谷に追われ、実権のない主幹にタナ上げされた。また彼の妻・栄子は青年部参謀から本部婦人部常任委員に移され、彼の母・つかも婦人部長を柏原ヤスに譲り、婦人部最高顧問に祭りあげられねばならなかった。石田家におけるわずかな昇進は、弟・幸四郎の男子部企画室任命だけであった。

　この人事異動は全体に降職がなく、降職を意図する場合には、名のみあって実のない顧問等に据えるなど、穏便な策がとられた。これは懲罰のときを除いて、創価学会の大幹部に対する伝統的な定式である。なお、このとき渉外部は廃され、従来の指導監査部は指導部と監査部に二分され、また東北、埼玉、中部、中国の四総支部と十六支部が新たに設けられている。

　監査部長に任じられた竜は「組織改革の意義」と題して、新組織の保守を得々と弁じたてた。

「わたくしはただいま監査部長の命をうけました。(故)会長先生の教えの〝戸田先生の生命より大事な〟この創価学会を、いつまでも若々しく永遠に力強くするために、少しでも虫がつかないように、くさらせないように、身命をとして守るつもりでございますので、皆様のご協力を切にお願いいたします」(『聖教新聞』昭和三十四年七月三日)

　竜は「検察長」との異名をとる攻撃型のタイプで、池田体制擁護のための監査部長にはうってつけだった。当時、彼はいわば池田に謀《たばか》られ、昔の上長だったことを忘れて、その下位に立つ忠良な盟友だったが、のちに池田に袖にされた。彼もまた池田のための哀れな手駒だったのである。

第三文明と三国志の思想

池田以下四名の理事就任は、理事と責任役員が同一メンバーであるという前例を破って、宗教法人の責任役員への就任を意味しなかった。彼らの就任は一年後であり、この時点での登記面の変化は、七月十七日に小泉が代表役員代務者を辞任して、正式に代表役員となったことである。

秋谷《あきや》栄之助《えいのすけ》（城永）の「会長と代表役員は同一人で、それは学会成立後変わっていません」という言葉（『現代』昭和四十五年五月号、村上兵衛「池田会長就任までの権力抗争と終身会長制への疑問」）を適用するなら、ここに小泉隆が第三代会長に就任したとみなさざるを得ない。池田らの責任役員不就任とともに、外部からはうかがい得ない不可解なできごとである。

当時、小泉が第三代におさまるという噂があったが、それを裏付ける暫定措置——

小泉の実権がかたまりしだい、外部に発表される——でもあったのだろうか。そうとするなら、池田の覇権確立は小泉の意を体したものになり、一年後に池田が小泉に叛《はん》旗《き》をひるがえしたことになる。この論拠は、さきの席順における理事長——総務の位置が、戸田時代の会長——理事長の構造をなぞっていることに求められるかもしれない。

しかし、今、この説はとらない。人事の真相は、三十二年に改定された創価学会規則の、責任役員七名という規定を楯にとった、一部旧理事陣の抵抗の一環をなすものであったろう。規則は改定可能だったが、彼らは在来の七名の理事で定員は一杯であるとして、池田らの就任を拒《こば》み、せめて法規面の地位だけは確保しようとした。同様に小泉を代表役員に立てて、池田に一本釘をさしたつもりでいたのではなかったのか。

また小泉の代表役員就任の二日前、創価学会の目的に、出版事業と幼稚園経営が加わっている。登記簿には、「目的達成に資するため出版事業を行い、並びに幼稚園を設置し、これを管理する。幼稚園は東京都大田区本蒲田五丁目拾壱番地に置き、これを『新宿幼稚園』と称する」とある。

幼稚園経営は翌々三十六年五月十日に抹消されており、おそらく計画倒れに終わったのだろうが、計画自体が創価学会の戦闘性に似つかわしくない気がする。この年末の公称世帯数は約百四十一万世帯で、成長率は二三パーセントと前年よりさらに落ち込んでいる。あるいは実数が幼稚園経営という弱気に出ざるを得なかったような劣悪なものだったのかもしれない。

七月三日、池田は男子部幹部会で、「第三文明」を提起した。

「学会は資本主義でもなければ――資本主義でないということはないが――自民党思想でもなく社会党思想でもない。いま必要なのは第三文明です。……精神文明の世の中も、また物質文明の世の中ものの足らぬ。どうしても全民衆の根底からの欲求というものは、物でもなく、心でもない。……色心不二の哲学が必要な時代である。最高の文化が広宣流布であると会長先生が仰せになったこともあります。最高の文化とは何か、第三文明です。これがこの文明なんです。カビの生えたような、偏頗《へんぱ》な文明ではないのです、ゆえに、思想的にいっても、共産思想、自民党みたいな片よった思想ではない。いまだかつてない、全人類が根底から要求しているところの〝新社会主義〟こそ、王仏冥合の思想であると、わたくしは信ずるんでございます……」(『聖教

新聞』昭和三十四年七月十日)

この粗雑、曖昧《あいまい》な第三文明論が創価学会の政治進出のための基本理念となった。論旨は、自民党と社会党の否定=資本主義と社会主義の否定ということにつきようが、この発想の原形は『三国志』にあったといって過言ではない。

「池田総務は『日本をみれば自民党、社会党、創価学会の三国志なんだ。共産党なんか問題でない。世界もまた三国志である。……』と、おっしゃっている」(『聖教新聞』昭和三十五年一月一日)

この『三国志』の思想こそ、公明党の、キャスティング・ボートを握ったうえでの駆け引きのうまさ、政策のなさ、無定見、ジグザグ路線等をもっともよく説明するものである。が、それを派閥抗争にはともかく、政治に持ち込むお粗末さは、言論抑圧事件で、「問題でない」はずの共産党にしてやられ、電話盗聴で報復しようとしたものの、今また裁判に訴えられていることからも明らかであろう。

が、要は池田の造語能力にあった。創価学会にあっては、一見新しそうなことをいえば、内容がどのように陳腐であろうと、それで通用する。第三文明、新社会主義といった似而非《えせ》ジャーナリスティックなセンスは池田以外になかった。池田だけが戸田の「地球民族主義」の衣鉢《いはつ》をついだのである。

十月三十日、聖教新聞に論説室が設けられ、主幹に石田次男、論説委員に北条、牛田、秋谷、多田が任命された。石田の担当していた社説は彼らに分割され、石田の地位は、聖教新聞においても低下する一方であった。

十一月、日蓮正宗の法主・堀米日淳は病死し、細井日達が第六十六世法主となった。細井は、前述のように戸田ともっとも近しく、創価学会派の僧侶だったが、多少の振幅はあったものの、昭和四十五年ころから創価学会の傀儡《かいらい》であることをやめ、抵抗を強めて今日の批判派僧侶、檀徒《だんと》活動の基盤をつくった。

池田会長就任の虚偽ないし演出

三十五年四月二十二日、池田の第三代会長決定が発表された。

『聖教新聞』同日号によれば、理事長・小泉隆の発議で、

「四月九日に緊急理事会が開かれて、小泉理事長から理事全員に対して正式に会長推戴の件がはかられ、全員一致して池田総務にお願いすることに決定した。

翌十一日（?）に、理事室を代表して小泉理事長と原島理事から、総務に会長就任をお願いしたところ、池田総務は『事が重大ですから、一日、二日猶予《ゆうよ》願いたい』とのご意向であった。翌十二日、池田総務から原島理事に、堅く辞退する旨の回答があった」

その後も再三の懇請と辞退が繰り返され、十四日にようやく池田は内諾したのだという。

が、この、池田が会長就任を承諾するに至るいきさつには、明らかに胡乱《うろん》な作意が認められる。なぜなら「理事全員に対して」はかられたという以上、理事会に当の理事・池田が出席していたこと、ならびに「全員一致して」とあるかぎり、池田が自身の会長就任になんらかの形で賛意を表したことは明白だからである（創価学会規則は、「理事はその理事の特別利害関係のある事項については議決権を有しない」と定めていたが、この場合の「理事」とは、「責任役員を理事と云う」とあるように責任役員を指し、責任役員ではなかった池田には適用されない。もっともその準用は十分考えられるが、そうなれば但し書――「この場合においては特別の利害関係を有する理事を除いた役員会において、特別の利害関係の員数だけ会員の中から仮理事を選任しなければならない」――も準用されねばならず、池田の息のかかったものを仮理事とすることは可能である）。

ところが池田は数度の懇請にもかかわらず、辞退に固執したのだという。これは自家撞着《じかどうちゃく》であり、この経緯全体の信憑性《しんぴょうせい》を疑わせて十分である。

央忠邦『日本の潮流』は、「偶然入手した非公開の複写した資料」に基づき、池田を会長に決定した会議を理事会ではなく、部長会としている。部長会なら辻つまが合うかもしれない（しかし、「各部を統括する」総務・池田は部長会のメンバーではなかったのだろうか、はなはだ疑問である）が、会長の決定は創価学会の最高基本方針に属する事柄であるから、理事会での発議が正しい手順であること、部長会を理事会と変えて発表しなければならぬ必然性がなに一つ認められないこと、池田との折衝にあたったのが理事長であること、発表時の早期性、といった諸点から、聖教新聞の矛盾を解消するものとは認められない。

前年の機構改革が実質的な池田体制の発足であった以上、池田がこの期におよんで、会長の職を辞退するいわれはなにもなかった。にもかかわらず、なぜこうした虚偽ないし演出が行われねばならなかったのか。

まず、高位の地位を進んでは受けないという一般的な習慣である。宗教の世界では、なおさらその手の儀式は尊重されよう。熾烈に会長の地位を望み、その獲得のために激しく、また陰険に闘ってきた池田であっても、あるいはそのような池田であるからこそ、待ってましたとばかりに就任するわけにはいくまい。

いわば八百長の辞退であり、それは創価学会では、戸田の前例でさらに強調されていた。戸田が会長就任時に、「必ず、つぎに会長になる宿命を持つと予見していたが、どうしても、いやであった。……会長だけはぜったいいやるまいと思っていた」（戸田『講演集』上）と表現して以来、会長とは喜んで就くべき地位ではないとの固定観念が支配的だったのである。

ついで、池田以外に会長に就くべき人材がなく、彼の就任は幹部の総意に基づくという印象を会内外に与える必要があった。このことは池田以外の、会長への野心を持たなかった幹部たちの利害と相容れないものではなく、彼らがさきの虚偽ないし演出に手を貸したのは当然である。また、そのことがひいては池田の謙譲さ、身の栄達を望まぬ高潔な人格をいう理由にもなる。

こうして池田は三十二歳の若さで第三代会長への就任を決めた。

なぜ第三代会長たり得たか

村上重良は、池田が、石田次男、竜年光ら青年部の先輩を抜いて、戸田の後継者になり得た理由をこう述べている。

「池田は、戸田門下生の青年部幹部のなかで、戸田の事業面に誰よりも深く関与していたうえに、教団内の有力者である白木家という背景があった。戸田の死去当時には、すでに五年にわたって参謀室長として青年部を指揮し、創価学会の全行動計画に参画していた。……こういう実績に加えて、理事原島宏治の全面的な支持をうけることに成功した結果といえよう」（村上『創価学会＝公明党』）

これらは、①戸田の事業面への関与、②白木家という背景、③理事・原島宏治の支持、④池田個人の才腕、と整理されよう。

①戸田の事業面（大蔵商事）への関与は、前に述べた戸田との密着のほかに、創価学会と財界とのつながりという意味があった。

「（池田の会長就任当時は）まだ財界人の学会シンパはすくなかったけれども、池田大作はその財界人とつながっていた。戸田前会長のウラの金ヅルを池田大作が扱っていたからね」（「雑誌記者が語る公明党出版妨害の手口」、『赤旗』昭和四十五年三月二十九日）

文中の財界人とは塚本総業の塚本清《つかもときよし》（素山）を指すものと思われる。塚本は翌三十六年七月、創価学会に顧問制度が新設された際、日蓮正宗法主・細井日達の親戚で、常泉寺の総代でもある平沢益吉《ひらさわえいきち》とならんで、まっさきに顧問におさまった人物である。

当時の『聖教新聞』（昭和三十六年八月二日）は彼を次のように紹介している。

「ひとりは塚本清氏で、信仰年数七年有余（昭和二十九年の入信か）。恩師戸田先生からも信頼をうけ、その純真な信心と努力によって、現在、日本でも一流の実業家として築《ママ》きあげてきた人。……

両氏は、かねがね会長池田先生も深い信頼をおかれていたもので、このほど学会顧問の重職について、今後、活躍されることになったもの」

塚本は一般にも黒い噂のたえなかった政商として名高いが、彼は大成建設社長・本間嘉平《ほんまかへい》、富士急行社長・堀内光雄《ほりうちみつお》等を折伏し、また大野伴睦《おおのばんぼく》や川島正次郎《かわしましょうじろう》に教えを説き、さらに河野一郎《こうのいちろう》を池田に引きあわせたという（『週刊新潮』昭和四十年五月二十二日号)。

おそらく戸田と塚本とのつながりのきっかけは、大蔵商事を通してだったろうから、同社の取締役・池田も彼に「深い信頼」を置くほどに親交していたのだが、のちに池田は金をめぐって塚本を切る。

「塚本総業、あの人もいい人だし、私(池田)も守って来ましたが、川島の子分なんだ。それは困るし、学会の会計はどうなってるのだと入りこんでくる。これは、あぶない人間だと思った。学会を利用しようとしてきた。それではまずい。学会を守るようでいて、ついには食い物にする。最後には、いなおって、学会はどうなっているんだ。会長はどうなっているんだ、藤原君わかっているかと、すごんだ。これでは駄目だ。表でいい顔をして、裏では悪いことをする。(略)

創価学会があって、塚本があるんではなく、塚本があって、創価学会がある。原島さん等が、くやしがった。

学会のお金は、仏様のお金だよ。それが、塚本あたりが、どうなっているんだと夜中の二時、三時に私の所に電話してくる資格はない。やくざのようにすごんできた。私がそれを見破って、押し戻せる体制にあったから良かった。私をそうやって、おどかしておいて、女房を早速よこして、先生のお気持を変えてもらうように一生懸命やっていますと言って来て、しばらくして又来る。うまい。千葉の土地の件も利用だ。お山のバスも利用だ。原島理事長も随分、煮湯を飲まされた」(『社長会記録』昭和四十七年二月四日)

池田は一時期、塚本から金の運用や情報の利用について学んだと思われる。戸田も事業家ではあったが、いわば街の金融業者、出版業者の域を出ず、戸田晩年時の肥大した会財政には、もう一回り大きな事業上の知識や技術、有力者とのコネ等を必要としたはずだからである。

創価学会の秘書部長をしていた和泉美代はかつて「池田はおそろしい男だと云った」(同前、昭和四十三年四月二十九日)というが、おそらくそれは金や対人関係における池田の非情さをいったものであろう。実際、池田は金に関する会内のエキスパートだった。金集め、金の運用、金の使い方、金にからまる人間関係、どれ一つをとっても池田の右に出るものはなく、おそらく戸田の死後、戸田の事業と創価学会の財務については池田にしか経緯がわからず、解決できなかった事柄も多かったにちがいない。

塚本以外に有力な財界人との交流がなかった当時、塚本との関係はいわば池田の金扱いの象徴であり、会長をめざす池田の強力な後ろダテになったことは想像に難くない。

②白木家という背景は、具体的には理事・白木薫次、本部婦人部常任委員・白木静子、参議院議員、大阪総支部長・白木義一郎（池田の会長就任と同時に理事に昇格）をさし、彼らが石田の家族より要職を占めていたことはいうまでもない。が、あまりに白木薫次の財力を強調することは誤りであろう。彼はとかくいわれるような「実業家」のイメージからはほど遠い、投機的な商品取引会社の常務にすぎなかった。

「二十九年大阪夕陽ヶ丘会館で総会が行われた折、（白木は）突然先生（戸田）から商売のことをたずねられた。上っている旨答えると、先生は『幾日ぐらい連ぞくで、値幅はどれほど上っているか』と状況をきかれた先生《ママ》は『これは白木君売りだね。売りこしても大丈夫だ』と話された。白木さんは早速東京の本社に連絡をとった。その翌日から値は下り始め捨て値にまで下落したのである。このお陰で会社はどれほどもうけたかわからないという」（『聖教新聞』昭和三十四年四月十日）

③理事・原島宏治の支持は、後に述べる原島の理事長就任が状況証拠となろう。また池田は『人間革命』五で、二十六年の戸田の会長就任式の折りのこととして、原山幸一の名で登場する原島に、「あとは、君が健在であってくれさえすれば、それでいいんだよ」と山本（池田）への囁《ささや》きをいわせてもいる。これらはいずれも池田と原島の結託、池田の原島抱きこみを物語ろう。池田は上長者に対しても、目的に応じて自由に接し方を選ぶことができた。青年将校ばりの突き上げも、好人物のいたわりも、すべて池田のレパートリーのうちにあった。

原島は蒲田の三羽烏の一人であり、小泉隆を折伏し、小泉は辻武寿を折伏するというように信仰の道では三羽烏の筆頭に立つものだったが、戸田時代には小泉の下風に立っていた。彼は教師をしていたが、子沢山で生活に苦しく、一時期、訪問先の灰皿の吸いがらを吸うくらしをしていたと伝えられる。彼は好人物で、金に転ぶような人柄でなかったといわれるものの、前述のように池田から「おごられた」口であることは事実である。

④池田個人の才腕については、青年部における有力幹部の抱きかかえ、石田の孤立化、古参幹部の参議院への追い出しなど、前述したとおりだが、それらは彼の知的能力の高さを例証するものではない。指導者に絶対必要とされる才能は、非凡な知性や高貴な性格、独創性などではなく、「図太さ、神聖な大義に対する狂信的な信念、密接な結合した集団性が重要であることの認識、なかんずく有能な副官の一団に熱烈な献身を呼び起こす能力」（ホッファー）である。

池田は会長就任前に、何度か『聖教新聞』紙上で人物紹介されているが、石田の紹介文に見られるような、知性に言及した記事を知らない。それらはいずれも、「猛烈な闘志に湧く情熱家」「厳しい反面情理を察して」「親身な指導」（昭和二十九年一月二十四日）といった、池田の感性的な側面にふれるものばかりである。

池田の特性が石田のそれとあざやかな対照を示すのは、前述の小樽問答後の座談会であろう。

ここでは日蓮宗の日蓮の遺骨と称される霊骨の真偽が問題になり、石田は、日蓮の骨はダビに付されていたが、霊骨は土葬の骨だそうだから偽物だという。

「池田　どっかで埋めたやつを持ってきたんだ、馬の骨か？

石田　馬じゃ大き過ぎる。

池田　そんなら猫か、きっと猫だ」（『聖教新聞』昭和三十年八月七日）

馬では大き過ぎると石田にいわれ、池田は極端に小さい猫に走り、きっと猫だと頭から断定する。池田の論理には、非凡な知性や高貴な性格どころか、一片の知性も高貴さもない。あるのはただ、図太さ、狂信的な確信、激しい憎悪を抱く能力、一貫性や公正を無視して現れる無限の鉄面皮だけである。

また当時の最高幹部はこうも語っている。

「池田は頭が悪かった。私が哲学を勉強しろと本を貸しても読み通せない。いつも途中で放り出していた。ただ指導力はあった。人をその気に持っていくのはうまかった」

池田が大衆運動の指導者＝会長に必須の諸特質を持っていたことは疑いをいれない。

池田の勝利と石田の壊滅的敗北

五月三日、第二十二回本部総会で池田の会長就任式が挙行された。池田は就任の挨拶で「創価学会は全大衆の最大の味方であります。敵は邪宗教であります。邪宗教は人々を地獄に落とす。正法は仏にする」と語りおこし、戸田の七回忌（昭和三十九年）までに、三百万世帯の達成、世界の名材を使用した大客殿の建立、邪宗教の徹底的粉砕という三大目標を明らかにした。

三百万世帯は、その時の公称世帯数百四十万と、それまでの成長率からいえば、決して難しい数字ではなかった。また「邪宗」攻撃は、三百万という目的に関連する、もっとも効果的な折伏法であった。日本人のシンクレティズムは、つねに他教団の信者を、自宗の布教の良田にする。それは戸田時代からの引き継ぎであったが、同時に、敵を外に求めさせ、まだ脆弱《ぜいじゃく》な池田体制から眼をそらさせる統治法でもあった。

さらに古来、建造物は目標たり得るものであり、建物と信者増加運動とのイタチごっこが教団をふとらせることは、法則的な事実でさえある。

池田の三大目標という指針はきわめて当を得たものであった。

これを受けて北条浩は次のように会員をアジった。

「四年後に三百万世帯を達成すれば、あとは広宣流布の道は開けるのだと、(池田は)私たちに指示を与えてくださったのであります。こんどは私たち弟子は、池田先生の第一声を、その宣言を、絶対、無にはしない、絶対、池田先生をウソつきにはしないと誓って立ちあがるものは、誠の弟子であると私は思うものであります。……

ここで私たちは、池田新会長先生に対して〝先生、どうか私たち弟子がおります。安心して指揮をとってください〟と心よりお誓いいたそうではありませんか。(拍手)」(『聖教新聞』昭和三十五年五月六日)

北条は一日にして、自らを弟子と呼び変え、池田を会長先生と崇《あが》める。他の幹部においても同様だが、ここには一片の人間味もない、運命共同体としての新会長のリアルな把握がある。彼らが率先して池田を敬《うやま》えば、池田は安泰なのであり、彼ら自身の権益も安泰である。利害が彼らを密着させ、表裏のある関係を結ばせ、やがて池田は、幹部の崇敬の演技を心底からのものにしていく力を蓄えていく。

この日、例によって機構改革があったが、北条は指導部副部長の任を離れて、新設の副理事長に就任し、池田の腹心としての地位をかためていた。また理事長・小泉隆は本部最高顧問にタナ上げされ、理事長の職は、指導部長を解かれた原島宏治にとってかわられた。北条と原島は、池田の会長実現のための最大の功労者だった。

その他、和泉覚が文化部最高参与に任ぜられているが、これは次の参院選出馬への前提と見られる。竜はこの年一月志木支部長に任じられ、ここにきてさらに文化部長に任命された。それまでの文化部長・鈴木一弘は同副部長に降格されたが、そのかわり、小平芳平、牛田寛、白木義一郎とならんで理事に任じられた。小平は池田を折伏した、新興宗教でのいわゆる教化親であり、その理事引き上げは池田の謝意だったろう。もっともこれ以後、理事はやたらに増員され、その値打ちは下落する一方であったが。

また指導部長の原島の後任には辻武寿、同副部長の北条の後任には石田次男が任命された。石田は後輩の後をつがされるという屈辱を受けたが、彼はさらに聖教新聞とも、論説

北条浩氏

主幹を除いて完全に断ち切られた。それまで同紙の題字下の発行、編集、印刷人は石田次男となっていたが、この年七月八日、四百四十一号から秋谷城永に変えられている。これに関する辞令はないが、聖教新聞からの撤退は石田の壊滅的な敗北を物語るものであろう。彼の母親・石田つかも翌年五月に死亡している。

昭和五十六年現在、石田は、横浜・神奈川区の、一階が六畳と四畳半に台所といった小住宅に万年床を敷き、胃を三分の一切除したにもかかわらず、昼間から焼酎を飲む生活を送っているという。

石田はのちに参院選に立つことも許されず、池田のために貧窮のどん底に突き落とされることになる。

「戸田先生のもとで、男の秘書は二人いたんです。一人は今（の）石田君。一人は私だったんです。（略）それで、年配も向うが上。その奥さんになった人も学校の先生で、大先輩です。（略）うちの奥さんていうのは、自分はバカだと……皆んな……しちゃう。これも石田さんの奥さんというのは先生だし、今、五十いくつだな。（略）学会全体の焦点であり、優秀な方であった。（略）石田さんていうのはね、非常に見栄っぱりなんです。気どりやなんです。人をバカにするんです。そうじゃない。（八

イ）

結局だめなんだ、だから。もう戸田先生がいなくなったら、だんだんだんだんおかしくなってしまって、誰も相手にする者がいない。結局、ちょっとおかしいじゃないか、というように。二十年、十八年たった今では、もう、（池田との間には）天地雲泥の差があるんです。利己心、冷たい、人をせせら笑う。今はダメになってしまっている。自分は頭がいいと思ってるから。（略）

どうしようもない。誰からも相手にされなくなった。もう貧乏のどん底で、子供までが……私は一生けんめい応援しておりますけどね、分かる（ハイ）」（昭和五十一年十二月十一日、女子部学生局学内委員長会で、内部文書）

石田次男は戸田の死後、池田に生殺与奪の包囲網を張られ、徐々に狭められて、ついには最低限の餌を投げ与えられる飼い殺し状態にされた。戸田時代、石田が戸田に重用されすぎたという理由だけでである。

池田の石田に対する敵意の深さには慄然《りつぜん》とさせられる。別の内部文書には、「石田次男は二十年間苦しんで、地獄に落ちていくんだ」との発言もあり、創価学会員にとっての「地獄」の持つ意味の重大さを思い合わさずとも、その長期間、なぶり殺しにして断末魔をみるようなまなざしの冷たさには、異常な競争心と報復心の激しさ、底深さをみる思いがする。

五月十六日、池田、北条、森田、竜、小平、鈴木、牛田、白木の八名が新たに宗教法人の責任役員に就任し、ここに責任役員は新八、旧七、計十五名となった。翌十七日、小泉は代表役員を辞任し、池田が代表役員についた。これにより池田は、名実ともに創価学会の首長となったのである。

第五章　池田大作の独裁体制へ

約束されていた成功

生前、戸田は北海道に向かう飛行機の中で、「お前たちの孫の孫の代までの構想は教えてゆくからな」と、いったという。戸田はそれを教えずに死んだのだろうが、会長についた池田としては、創価学会の構想をことあらためて教わるまでもなかった。池田は戸田が敷設したレールの上を、それまでの惰力を減殺することなく、走ればよかった。戸田亡き後の創価学会の成功は、池田の能力に大きく負うとしても、その成功は基本的には、最初から約束されていた。

創価学会の政治進出や出版活動、寺院や会館の建設、文化面への進出など、すべての事業活動を可能にする根本は、多数の会員と、やむことのないその増加である。会員の増加が金を集め、販路を開き、人材を供給し、それらを通して、また会員を増加させる。会員が順調に増大しているかぎり、池田の企みはすべて成功し、その会長としての手腕は疑われようがない。

会員の増加はすべてを可能にするが、重要なことは、それが創価学会の教義に内在化している点である。その意味では、創価学会の一定の成功は、なにも池田の優れた才幹にまつまでもなかった。

創価学会員の信仰生活にふつう課されたのは、勤行《ごんぎょう》と折伏、『聖教新聞』と『大白蓮華』の購読、座談会や講義への出席、大石寺への登山などだが、そのうち最重要視される任務は折伏であり、折伏が創価学会の自己増殖のメカニズムである。

「今末法においては、日蓮大聖人の仏法たる三大秘法の御本尊を信じたてまつって、題目を唱え折伏行にいそしんでこそ絶対的な幸福境涯を会得し、成仏ができるのである。……自己の幸福のみを願って信心をしていけばよいというのは、真の仏弟子ではない。また、謗法の者を見ておいて折伏をしなければ、仏法中怨として無間地獄に落ちるのである。……

折伏行に邁進《まいしん》するならば、不幸な人々を救う歓喜はもちろんのこと、折伏によって自己の生命力も強められ、永遠に崩れない歓喜にあふれた幸福境涯を建設することができるのである。しかも順縁広布の機は熟し、さらにわれわれは勇気をもって折伏に励むべきである。

これこそが末法の信心であり、折伏なのである」（創価学会教学部編『折伏教典』）

いうまでもなく折伏とは会員の獲得、非信者の創価学会員化にほかならず、それは、怠《おこた》れば無間地獄に落ちるとの威迫によって、ネズミ講と同じ仕組みである。会員は次々と被害者――折伏の責任を負わされるという被害者を作らねばならず、被害者さえ作れば、本人は被害者でなくなる以上に、「生命力も強められ、幸福境涯を建設すること」ができる。だが、ネズミ講では被害者二人を作れば事たりるが、創価学会はそれだけでは満足しない。

このような折伏をもってすれば、創価学会の急伸も理の当然であり、それは会長の能力、資質、構想のいかんに左右されない原構造であった。

さらに会員増を支えたものに、創価学会員になることとの容易さがある。本尊を幸福製造機とあからさまにいうことに象徴される現世利益の讃美、奨励は、現在の主流の生活信条ともいうべき拝金主義、快楽主義の促進であり、会員はなんら自己変革を要求されることがないばかりか、それまでのためらいながらの欲望、利己心を、野放図に解放することができた。

そこにあるのは出世主義や体制内での遊泳術、二十日鼠《はつかねずみ》の勤勉主義、個人の損か得か、他人の蹴落としだけであり、社会という視点はまったく欠落する。

「資本家というのは、働らけば働らくほど自分の利益になります。労働者は、やはり時間だけ働いて、あとは帰ったほうが得で、おそくまで働いても、直接的には自分には利益はないと、いちおう、こういう立て分けができるのです。しかし、私どもは、いっさい働いたことが、ぜんぶ自分の功徳になるのだと決心するのです。また、事実そうなるのです。それが一念随喜なのです。われわれは資本家と労働者のどちらに味方するわけでもなく、両方ともひっくるめた立ち場でありますけれども、例として、資本家的な気持ちで、すなわち自分が働いたものが、ぜんぶ自分のためになるのだという信心でなくては損なのです」（池田『池田会長講演集』十一）

これは労働の論理でなく、仕える論理であり、現代では失望と落胆、うまくいって抜けがけとスト破りしか結果しないが、個人の利益に密着しているなりに理解しやすく、革新陣営の運動員になることに較べ、創価学会員になることを易しくしていた。

会員の増加は池田の功績となり、池田体制の安泰を保ち、年とともにその権力をより強固にした。そしてさらに創価学会流の教義解釈が、その池田の地位を超絶性の高みにまで押し上げていた。

その教義解釈とは仏教説話中の覚徳比丘《かくとくびく》と有徳王《うとく》の話のあてはめであり、梗概《こうがい》は、釈迦出現前に、正法を説く覚徳比丘という僧がいたが、邪法の僧に迫害された。時の国王・有徳はこれを聞いて駈けつけ、満身創痍《そうい》となりながらも覚徳比丘を守った。この功により有徳王は阿閦《あしゅく》仏の国に生まれかわって仏の第一の弟子、覚徳比丘は第二の弟子となった。両者の地位が逆転したわけで、のちの有徳王が釈迦、覚徳比丘が迦《か》葉仏《しょうぶつ》になった。

——というものである。

池田はこの説話を自ら、創価学会会長と日蓮正宗法主の関係にあてはめた。

「『正法を説ける覚徳比丘あり、その比丘を守る有徳王あり、この有徳王は邪宗教と戦闘して、全身に芥子《けし》ばかりも残らぬほどの傷を受け、最後まで戦いきった』という経文があります。いま創価学会の私どもは、日夜、朝な夕な、不幸の人々を救おうと折伏に励み、また教学に、座談会に、支部結成に、総本山を、日達猊下《げいか》をお守り申し上げているその精神、その姿、その方程式こそ、有徳王の精神であり、姿であると私は信ずるのであります」(『聖教新聞』昭和三十六年五月六日)

池田の話は一気にまくしたてた感じで、文の接続がおかしいが、これを整理していうなら、「覚徳比丘とは、末法今時よりこれを読めば日蓮大聖人の教えを堅く守るものであり、お山の代々の法主上人である。これを守る有徳王とは創価学会会長の立場である」（東京大学法華経研究会『日蓮正宗創価学会』）と、いうことになる。

権力の王権神授説風脚色

池田は昭和三十七（一九六二）年三月に法華講大講頭、三十九年四月に、戸田でさえ死後に贈られた法華講総講頭に就いて、本仏・日蓮の宗教的権威を、日蓮正宗の法主を通じて一身に具現したが、この有徳王のはめこみによって、法主よりも上位者、創価学会・日蓮正宗内での最高権力者となった。

だからこそ、池田は、「諸君は、会長になろうなどという気持ちをもってはならない。なぜかならば、会長という役割を全員が目的にすることは、あまりにも愚かです。会長というのはご仏意なのです」（『池田会長全集』三）と公言できたのであり、また教授である大幹部に試験を課して、その更迭《こうてつ》をほしいままにする権能を授けられたのである。

「教学部長が先日、私に対して『……いつも試験官である教授全員も、いっぺん試験をしてためしていただきたい』と。このような殊勝な考えをもらしてくださいましたもので、私も同じ教授として、涙をのんで許しました。それを、それで会長だけは教授であるけれども試験を受ける必要はないという教授会の決定になりましたもので（笑い）。会長はばかでも脇士《わきじ》がしっかりしておれば、絶対安定であることは仏法の原理でありますから（笑い）。私はやらなくてもいいことを、仏法のうえから自覚しております」（『聖教新聞』昭和三十六年九月二日）

こうして池田は大幹部、末端を問わず、およそ会員とは比較すべくもない、超越的な権勢を手中におさめた。

また彼はそれを背景に、さきに述べた入信神話をはじめとする戸田との関係の聖化につとめ、さらに先輩幹部、ことに石田次男の功績を奪って、意地汚いまでに自己の戦歴表に書き加え、ペテンによる理想化によって、彼の権力を王権神授説風に脚色した。

「(昭和二十五年の暮れ）恩師（戸田）と私と二人きりで、(聖教）新聞作製の構想を練った。その時、恩師はこう言われた。

『おれが社長になる。おまえは副社長でやれ』と。この時を期して聖教新聞は創まったのである』(池田「創刊十周年に寄せる」、『聖教新聞』昭和三十六年四月二十二日)

「池田先生は当時(二十六年)、第四部隊の一班長であったが、信心半年たらずで聖教新聞編集長、男子部隊長となった石田さんに対して、あらゆる面で忠告を与え、進路を示し、あたたかく守っていらっしゃった」(『大白蓮華』昭和三十八年十二月号)

これらが事実と相違することは、今さらいうまでもない。戸田は側近の誰彼を問わず、同紙の構想を話していたし、池田が副社長だったこともない。同紙の作製は石田を編集長に、森田一哉、岩本他見男《いわもとたみお》、広告部長は原島宏治の編成で出発した。また当時、あらゆる面で石田の下位にいた池田が、石田に「忠告を与え、進路を示」すなどは、あり得ようもなかった。池田は昭和三十二年においてさえ、まだ、石田を、「信頼できるといって、これ程立派な人はいない。俺の兄貴だもの」(『聖教新聞』昭和三十二年十月四日)と、評していたほどである。

さらに北条浩は『大白蓮華』(昭和三十九年二月号)の池田の「闘争日誌」に、「(昭和二十七年)3・26　キリスト教討論」との一項を記しているが、これも事実は、「有名なキリスト教法論で、戸田先生が石田さんを指名されたのも、その実力を買っていらっしゃったゆえであろう」（『大白蓮華』昭和三十八年十二月号）というのが真相で、池田の戦功ではない。

石田次男のかつての存在は、池田の跡目相続の神性を損なう目の上のタンコブだったから、池田の石田からの収奪は、とりわけはなはだしかった。が、功績の書き替えは石田からにとどまるものではない。

たとえば昭和二十七年二月、池田は蒲田支部員の折伏を督励して二百一世帯の折伏を記録し、「二月闘争」という言葉を残した、と自らいう（池田『人間革命』五）が、このとき池田は同支部の一幹事にすぎず、それも一月に就いたばかりであり、これはとりもなおさず支部長・小泉隆の功績を奪うものである。

池田独裁体制の確立

こうして池田はスムーズに権力の膨大化に進んだが、彼の会長就任にまるで反対の動きがなかったわけではない。

池田の就任二日後の昭和三十五年五月五日、元男子部第一部隊の隊長で、蒲田支部幹事の佐倉雅章《さくらまさあき》、大野《おおの》兼弘《けんこう》は、創価学会員三十人ほどを引き抜いて会を割って出、顕徳会という分派を結成した。佐倉は三十二年の大阪参院補選で、二ヵ月の未決勾留入りするまで創価学会に尽くして、前述のように除名され、その後、復帰を許された会員の一人だったが、池田の会長の就任にまつわるすべてを、「きたない」として創価学会を見限ったのだという（『週刊コウロン』昭和三十五年七月十九日号）。

池田は佐倉宅に辻武寿、牛田寛、鈴木一弘、竜年光を向けて、彼をおどしたり、すかしたりしたが、五月十一日に除名し、また日蓮正宗妙真寺にも意を通じて彼らを破門させ、運動を圧殺した。

日蓮正宗からの破門は、信者にとって生命を絶たれるに等しかろう。が、池田はそのようなことに頓着《とんちゃく》なく、創価学会の日蓮正宗支配の威力と、自身の権力を思うがままにふるった。

このころ大幹部たちは、たとえ池田に不満を持っても、叛旗をひるがえせなかった。彼らは故戸田を畏敬していたから、彼の、「ゆずる会長はひとりでありますが、そのときに、分裂があってはなりませんぞ」という遺訓にしばられたし、また反乱の失敗を思えば、それによって失うものがあまりにも大きすぎることに気づいた。創価学会員の増加と組織機構の拡充は、彼らのパイの分け前をも大きくしていた。それは池田の取り分に較べれば小さすぎたが、なんとか彼らの不満を慰めるほどには大きかった。

しかし、大幹部たちは最初から、池田に絶大な権力を付与することを認めていたのではなかった。会長の権限は年々の発展の中で、池田の自負と欲望、周囲の阿諛追従《あゆついしょう》と盲信にしたがい、醜悪なまでに肥大化した。それは独裁の制度が必然的に到達する個人崇拝の一大奇観であった。

たとえば三十七年六月、創価学会規則が改定されたが、その会長に関する規定は、池田をかなり掣肘《せいちゅう》していた。要点を列記してみよう。

①会長は、創価学会の責任役員でもある。

②会長は、責任役員の一人であり、理事会によって選出される責任役員により選出される。

③会長は、理事会によって罷免《ひめん》されることがある。

④会長の任期は四年である。

⑤会長は、理事会を召集し、その会議を主宰する。

池田は理事会で罷免され得、また任期を四年と限られていた。この時点では、池田の権限はまだ歯止めをかけられるほどに穏当であったが、四十一年五月の規則になると、すでに池田の権力は独裁者のそれに完成する。

①会長は、創価学会の責任役員でもある。
②会長は、総務を統括する。
③会長は、幹部会（内二十一名が責任役員）を召集する権限をもつ。
④会長は、責任役員を任命し罷免する。
⑤会長は、副理事長、理事、その他の必要な役員を任命し罷免する。
⑥会長の任期は終身とする。
⑦会長は、後任を選ぶことができる。

（ホワイト、宗教社会学研究会訳『創価学会レポート』による）

任期が終身で、後継者まで指名できるとは、宗教が私事であるとはいえ、異常である。まして創価学会は公明党という公事に「一体不二」の関係を有したのである。

昭和四十五年一月の規則は、四十一年の規則とほぼ同様だが、理事長の任免、代表役員等の諸点で、さらに独裁の強度を高めている。

なお池田は創価学会の登記によれば、昭和三十八年七月十五日、代表役員と責任役員を辞任し、十日間の空白期間を置いて七月二十六日に再度、代表役員兼責任役員に就いている。また三十九年五月二日に池田は代表役員を辞任し、翌三日、代表役員は原島宏治にかえられて同年七月十六日まで続き、翌十七日に池田が代表役員に三度就任している。

これを創価学会の政変の露呈とする見方があるが、事実は事務手続き上の処置にすぎなかったという。少なくとも三十九年五月の辞任は、「任期」四年の規定に従ったという説明がつくであろう。が、三十八年七月の就任は責任役員空席期の説明がつかない。

この日、北条浩以下二十三名の、三十五年五月以降に就任した新責任役員も退任しており、二日後の七月十七日、それ以前に就任した旧責任役員七名が退任する。そして七月二十六日に彼らの全員が順序を変えて再任される。参考までに新順位（カッコ内は前の順位）を付して次に列挙してみよう。

①池田大作（8）②原島宏治（4）③北条浩（9）④辻武寿（6）⑤小泉隆（1）⑥和泉覚（2）⑦秋谷城永（16）⑧柏原ヤス（5）⑨石田次男（7）

⑩森田一哉（10）⑪竜年光（11）⑫白木義一郎（15）⑬山田徹一（22）⑭白木薫次（3）⑮小平芳平（12）⑯鈴木一弘（13）⑰北条雋八（17）⑱森田悌二（18）⑲牛田寛（14）⑳星生務（19）㉑田中正一（20）㉒渋谷邦彦（21）㉓吉田顕之助（23）㉔多田省吾（24）㉕神尾武雄（25）㉖宮崎正義（26）㉗中尾辰義（27）㉘中西治雄（28）㉙星野義雄（29）㉚上林繁次郎（30）㉛竹入義勝（31）㉜藤原行正（新任）㉝渡部城克（新任）

池田をはじめとして原島、北条浩、辻、秋谷、白木義一郎、山田の上位進出が眼につき、逆に小泉、和泉、柏原、石田、白木薫次、小平、鈴木、牛田などは下位にさがっている。おそらく会長、理事長、副理事長といった会の役職の実勢を反映したものだろう。池田体制の確立期は三十八、九年ころとおさえてまず間違いではないと思われる。

攻撃から占有へ――戸田継承者としての池田の資質

戸田の死後、幹部たちは、戸田は聖業の発展のために死んだと公表した。これは戸田の死の拙《つたな》さを償《つぐな》おうとする強弁にすぎなかったが、その後の事実は、戸田が創価学会の発展のためには、タイミングよく死んだとはいえるものであった。戸田はすぐれて創見と攻撃の人ではあったが、安定期と占有の人ではなかった。彼の死は、時代にかなった創価学会の陣取りとエスタブリッシュメントへの道をスムーズに開いた。

池田の資質は戸田の跡を受け、それらの役を担《にな》うにふさわしいものがあった。池田が独裁者までにのし上がったのは、基本的には自己増殖する組織の引き継ぎと教義面の支えによるが、かといって彼の能力と努力を過小に評価することは誤まりである。

池田の戸田からの進展は、攻撃から占有への移行にあり、彼の腐心はつねに創価学会の占める分野の拡大と、そのイメージ・アップに費やされた。彼は戸田に比して創造性には劣るものの、有能な祖述者、管理者ではあり、それは彼の上昇志向と分かちがたく結びついていた。政治、文化面への進出等は広宣流布への投網《とあみ》であったと同時に、彼の劣等感と、世間を見返してやりたいという復讐欲に深く根ざす近代化という同一パターンにおしなべて属するものであった。

広宣流布の手段としての政治

池田は安保問題のさなかに会長に就任したが、「安保改定よりも、それよりか、もっと本質的に大事なことは、邪宗改定である」（『聖教新聞』昭和三十五年六月四日）と述べて安保への見解の明確化を回避し、その賛否を会員各自の判断にゆだねた。

創価学会の九名の参議院議員たちも、自民党の単独強行採決に対しては、国会正常化の名目で反対したものの、基本的には安保を傍観した。わずかに会内左翼といわれた石田次男が、池田の就任に先立って二月十日、参院本会議で、極東の範囲、海外派兵、条約の年限、事前協議等について割合まともな質問をしただけであった。

池田が戸田以来の政治進出を受け継ぎ、さらに強化、拡大する方向に踏み出したのは昭和三十六年五月三日の文化局の設置からであった。文化局は池田によって「第三文明」の実行機関と意味づけられた、政治、経済、教育、言論の四部（のちに学芸部増設）からなる、本格的な政治進出のための中枢機関であり、局長には参議院議員辻武寿が任じられた。

ことにその政治部は、「混乱した日本の政界を浄化するため、学会精神によってはぐくまれた優秀な政治部員を養成し、日本の政治に正しい方向を示していくとともに、本質的な国立戒壇建立という大業の必要性を、政界に理解させようというものである」(『聖教新聞』昭和三十六年五月六日)との記事に明らかなように、国立戒壇の建立をむくつけに目ざすものであった。

同年十一月二十七日、池田は創価学会の外郭政治団体として公明政治連盟(公政連)を発足させ、政党化へのひそかな布石とした。この少し前、池田は、

「創価学会は政党ではない。したがって衆議院にコマを進めるものではない。あくまでも、参議院、地方議会、政党色があってはならない分野に議員を送るものである」(『大白蓮華』昭和三十六年六月)

と述べて政党化と衆議院進出を否定していたが、その裏では政党化への基本工作を着々と進めた。三十七年一月七日には教学試験を全国いっせいに行い、教学部員を前年の三倍近く十一万数千名に激増させて選挙運動員の確保策とした。また四月二日には『公明新聞』を創刊し、近代政党への外見を整えた。

参院選後の七月二十日、池田は参議院の院内交渉団体・公明会を結成させ、公政連

の十五議員を無所属クラブから独立させた。

続く九月十三日、公政連は第一回大会を開催した。この席上、池田は、

「もし十年さき、二十年さき、……大政治団体になり、皆さん方が一流の名士になって、派閥やそれから反目があるようなことが、もし毛すじでもあったならば、即座にわが政治連盟は大衆の政治団体ではない、そういう資格はないものとして、解散を私はすべきであるということを、本日第一回の大会において、いい残しておきたいのであります」（『公明新聞』昭和三十七年九月十六日）

と述べた。

当時、公政連は政界浄化を「基本政策」の一つに掲げていたから、派閥を非難する当の政治団体に派閥があってはならなかった。が、この池田発言には、さらに、池田にそむいてはならない、公政連においても創価学会と同様、池田の宗教的権威が貫徹するという含みが蔵されていた。組織内の派閥や反目は組織の能率と体面を損ない、また容易にその指導者への批判に転化すると考える池田にとっては、それらは最大の不正であり、事前にその芽をつまずにはいられなかった。

公政連は最初から池田に首根っこを押さえられた創価学会の別動隊であった。

昭和三十九年五月三日、第二十七回本部総会が開かれたが、池田はここではじめて公明党の結成と、衆議院進出の方針を明らかにした。

「公明政治連盟をば、皆さん方の賛成があるならば、王仏冥合達成のために、また時代の要求、民衆の要望にこたえて政党にするもよし、衆議院に出すもよし、このようにしたいと思いますけれども、いかがでございましょうか（大拍手）。それでは全員の賛同を得ましたので、これをもって決定といたします。

すなわち、創価学会のなかに文化局があります。文化局のなかに政治部が現在までありました。その政治部の使命について私は巻頭言で『われらは政党ではない。すなわち創価学会は政党ではない。したがって衆議院にコマを進めるものではない。あくまでも参議院、地方議会、政党色があってはならない分野に議員を送るものである』という意味の一項目を書いておきました。

したがって、本日をもって、創価学会の政治部は発展的解消といたしたいと思うのであります。なぜならば、この十年間、原島委員長を中心として、わが同志である議員は戦い、勉強し、一流の大政治家に育ってまいりました。恩師戸田先生も時きたらば衆議院へも出よとのご遺訓があったのであります。

したがって、政治の分野においては、公政連であくまでも自由奔放に戦ってもらいたい」（『聖教新聞』昭和三十九年五月五日）

これは明らかに前の発言に食言するが、池田にとってはそのようなことは問題ではなかった。なぜなら、彼の大目的は広宣流布＝創価王国の建設にあったから、そこに至る手段はどのようなものであれ、有効でありさえすれば認めることができたのである。それは文字通りの嘘も方便であり、社会的な通念からの批判をなに一つ容《い》れない、池田の体質と化したマキャベリズムであった。

十一月十七日、東京・両国の日大講堂で公明党の結成大会が開かれ、委員長に原島宏治（昭和三十九年十二月死亡）、副委員長に辻武寿、書記長に北条浩が任じられた。委員長・原島は結党大会の挨拶で、「きょうは、この会場にお見えになっておりませんが、池田先生は、この公明党の生みの親であり、育ての親であり、現在、偉大なるささえとなってくださっております。そして、われわれの将来をじっと見守ってくださり、擁護してくださり、指導してくださっております」（『公明』昭和三十九年十二月号）と述べて、公明党が公政連から引き続き、池田の指導下にあることを再確認した。

昭和四十二年一月二十九日、公明党は総選挙を迎え、二十五の議席を得て、初の衆議院進出を果たした。選挙直後の一月三十一日、池田は公明党指導部を衆議院中心に切りかえ、委員長に創価学会総務の竹入義勝、書記長は同副理事長の矢野絢也《やのじゅんや》を指名した。竹入は就任後のインタビューで、「池田会長から申し渡されたばかりで、正直いって面くらっています」(『毎日新聞』昭和四十二年二月一日)と答えた。

創価学会による日本支配計画

創価学会の政治進出は国立戒壇の建立を大目標としたほか、副次的に、会内の結束、折伏のための下工作、会内外に対するデモンストレーション、政治権力を用いた優遇、利権の獲得――などを目的としていた。池田は昭和四十年から四十七年、総本山に建つ正本堂が本門戒壇だとして国立戒壇を否定しはじめたが、政治権力を握ったうえでの正本堂の国立戒壇への移行を放棄したわけではなかった。池田は信仰上の永遠の大目標であるべき広宣流布を現実次元に引き下げ、それへの宗教的なアプローチである折伏のほか、政治権力を獲得しようとする選挙戦を闘うなかで、また公明党がすでに持つ一定の政治権力を利用して、広宣流布の実現を目指した。いわば宗教的手法と政治的・社会的手法のミックスであり、両手法の相乗・拡大効果によって、広宣流布を達成しようとした。

広宣流布とは王仏冥合の実現と同義であり、より具体的には、池田内閣、ないし創価学会による日本支配を意味した。実現のとき、必然的に日蓮正宗は国教化されようし、その象徴としての国立戒壇なのであった。

公明党草創期の指導部、矢野絢也書記長（上）と竹入義勝委員長（下）

昭和四十五年の創価学会＝公明党による言論抑圧・出版妨害に対する世論の糾弾《きゅうだん》、その後の宗門支配を目指した五十二年路線の失敗による宗門問題の激化、五十五年の教学部長・原島嵩《はらしまたかし》と顧問弁護士・山崎正友《やまざきまさとも》の離反と批判活動、創価学会脱会者による檀徒と、宗門批判の僧による正信会の批判活動――これらを通して池田創価学会の力は相対的に弱まり、それに伴って公明党の勢力を減退したばかりか創価学会との間に矛盾をはらむようにさえ変化しているが、池田が政治権力の掌握を放棄していないという事実に変わりはない。たとえ公明党の主な役割が池田創価学会のための政治的防波堤になりさがっているとしても、である。

「われらが政治に関心をもつゆえんは、三大秘法の南無妙法蓮華経の広宣流布にある。すなわち、国立戒壇の建立だけが目的なのである」（戸田『巻頭言集』）

「大聖人様の至上命令である国立戒壇建立のためには、関所ともいうべきどうしても通らなければならないのが、創価学会の選挙なのでございます」（池田「一致団結、火の玉に」、『聖教新聞』昭和三十四年五月八日）

国立戒壇建立を政治進出の大目的に据えたことが、公政連―公明党についていわれる、政策の無さ、ジグザグ路線など、あらゆる体質を決定した。

まず、それは初期においては、具体的な政策をたて得ないという政治団体としての致命的な欠陥をもたらした。創価学会議員たちは一般的な政治構想を用意せずに選ばれたから、現実社会への対策を持たず、国立戒壇に関係しない通常の議案に無関心を押し通した。そればかりか、その多くが会期中一度も発言せず（できず）、ただ議席を占めてだけいた。

そのため公政連においては、政治倫理を政策に代用することが行われた。

昭和三十七年一月七日、公政連は基本要綱、基本政策を発表したが、基本政策は核兵器反対、憲法改悪反対、公明選挙政界浄化、参議院の自主性確立という四項で、その真っさきに掲げられた核兵器反対が、前述した戸田の非現実的な「原水爆声明」の繰り返し（「戦争に使用する国々の責任者に対しては、人類の生存権を否定する悪魔として死刑に処すべきである……」）だったことはともかくとしても、政策の半分を政治倫理で間にあわせていた。

公政連の政治倫理の重視、無政策ぶりをなにより雄弁に物語ったのは、その選挙管理委員会のスローガン「公明選挙」のお株を奪った命名である。

公明選挙と政界浄化の主張や、派閥抗争と党利党略への攻撃は、誰もが反対できない政治的徳目ではあるが、議案の賛否を問われる創価学会議員たちになに一つ指針を示すものではない。彼らが昭和三十五年の安保問題に頬かぶりしたのも、議員としての職責を自覚する以上に、安保に重要性を認められなかったからにほかならない。

後の公明党においても、この政治倫理の過重視は、たとえば四十六年暮れの沖縄国会で、審議拒否はできないとして（あるいはできないとの名目で）、自民党の単独採決を助け上げ、社公民連合を裏切るなど、依然として尾をひいている。

政策の無さをいわれることは公政連の存在自体を問われるに等しく、政策の立案は、絶対であるはずの創価学会の政治的立場を限定するという新たな困難を引き起こすが、それを押し切り、是が非でも達成されねばならなかった。

創価学会の議員は、「公政連では、議員候補を決めるとき、収入を重視した。議員となって生業の時間を奪われても生活していける人だ」（高瀬広居『公明党』）とあるように、多く一般会員より上層の、中小経営者層の出身だったから、公政連は彼らの利益を反映し、また池田の第三文明論に裏づけられて中間政党の要因を持ち、その政策も修正資本主義的な大衆福祉に容易に逢着《ほうちゃく》した。

昭和三十八年十月、大衆福祉は公政連の第三回大会で中心的な政策として登場した。が、創価学会＝公政連の大衆福祉は、民社党のそれとは別の、独自の政治路線でなければならなかった。

そのため池田は地球民族主義、新社会主義、人間性社会主義、仏法民主主義といった曖昧《あいまい》な新造語、折衷《せっちゅう》語を乱作し、痙攣《けいれん》的なまでにその粉飾《ふんしょく》をこらした。公明党結成時の綱領はこれをなぞって、①王仏冥合と地球民族主義による世界の恒久平和　②人間性社会主義による大衆福祉の実現　③仏法民主主義による大衆政党の建設　④議会民主政治の確立、の四項をうたっていた。

だが、それにしても創価学会員は政治的にではなく、宗教的に同会出身の候補者に投票して、候補者の公約の如何《いかん》を問わなかったから、いきおい公約にとどまる公政連＝公明党の政策は試練を経ず、たとえば正確な税源を示せない福祉経済案など、粗雑という欠点をまぬがれなかった。

その政策の多くは緻密《ちみつ》な論理や計算によらず、短絡的な論理によって解決をはかるといった点で共通しており、そのよい例が官庁の新設で社会的矛盾を一挙に解決しようとする提案であった。

昭和三十七年三月、公政連は十九項目からなる政策を発表したが、そのうち四項は文化省、科学省、経済統合本部、教育企画本部の各設置の要求であった。

この、組織さえ作れば、との発想は公明党になってからも見られる、創価学会＝公明党の顕著な特質で、このほかにも交通安全省、住宅省、軍縮省などの要求があり、また、東京で米・ソ・中・南北ベトナム・南ベトナム解放民族戦線などを集めた和平会議を開催するという、池田のベトナム戦争解決策なども場当たり的という面で一脈通ずるものがあった。

これらはまた、蟹《かに》は甲羅《こうら》に似せて穴を掘る、のたとえどおりの創価学会＝公明党の機構信仰の反映でもあった。

一体不二、創価学会＝公明党のジレンマ

公明党は多種多様なポストを備え、しかも各セクションごとに階級制度を確立して、その機構は完璧といっていいほど整備されていたが、一面、その曖昧さも驚くばかりだった。

内藤国夫『公明党の素顔』によれば、公明党の最高決定機関は中央幹部会だったが、幹部会のメンバーを当の中央幹部会員ばかりか、党副委員長・北条浩も知らず、また選挙が近づくと、東京の各選挙区からの立候補者のほぼ全員十名ほどに重みをつけるため、都連副幹事長の肩書をつけ、そのことを質《ただ》すと、「少し多すぎましたか」

との答えが聞かれたほどだという。

この機構信仰は創価学会も同様で、昭和四十五年八月一日現在、戸田時代には五―七名であった理事が千七百十九名と驚異的に増え、それればかりか戸田時代にはなかった総務七十六名、副理事長百八十六名、理事補二百六十二名まで任ぜられていた。

これは池田の近代化政策と、組織の大きさを印象づける主要な方式であり、またポストを与えて会員の心をつなぎ、多数を衆愚と化して池田の独裁を円滑に行う狙いをもつ愚民化政策であった。

なお暴露戦術にも政策の貧困の補塡策《ほてんさく》の側面があった。公明党は、多数の組織された創価学会員が各サービス業に耳と目を持つため情報に不足せず、また何より暴露はジャーナリズムを喜ばせて本格的な政策論議以上に、公明党の宣伝に有効だったから、決算委員会政党といわれるまでにそれを頻発《ひんぱつ》した。

公金の使途、官庁のミス、他党のスキャンダル、高級官僚の天下り、招待ゴルフなどのスッパ抜きが、一定の社会清掃機能を持つことはいうまでもないが、その中には公明党議員の読み違いによる事実無根の暴露も混在していた。答弁に立つ役人は、たとえ公明党議員の誤まった指摘と承知していても、彼らからの後難を恐れ、陳謝するだけで反論しないケースがかなりあったという（内藤、前掲書参照）。

国立戒壇の建立を政治進出の大目的としたことは、また、公明党の機会主義、マキャベリズム、ヌエ的などと評される、その政治行動の特徴を形成した。公明党にとっては、党勢の拡張と議席増だけが国立戒壇建立に到達する最短路だったから、自党に有利とあれば、どのような陋劣《ろうれつ》な方策も辞さなかった。

同党は国会や各級地方議会で第三党のキャスティング・ボートを握ったうえで、彼らの議案に対する態度を自民、社会両党に商った。創価学会＝公明党は批判拒否体質といわれたが、批判拒否は外部のみならず、内部においても池田からの批判を除けば同様だったため、その政治行動を下部からつき上げられる心配がなく、気楽に行動を決定し、また変更した。

公明党は多く土壇場で自民党についたが、議案への賛否の理由は明確でなく、また明示もされなかった。同党は、戸田の「政治は技術である」（戸田『巻頭言集』）という言葉を鵜《う》呑《の》みにして、そのジグザグ路線や権謀術数を非難されても決して恥じず、むしろ国立戒壇という大目的の前に、それらを全面肯定し、聖化した。他党からの批判、非難に対しては本質論的に応えず、インチキの混入した暴露戦術で牽制《けんせい》、反撃のかわりとした。

こうした政治行動は多くの有権者の不信をよび、浮動票を集められなかった。そのため、公明党は票集めによいとわかれば、革新のポーズをことさらに誇示した。が、彼らの態度を最後に決したのはポーズではなく、いつも、反共という同党の本音だった。

公政連―公明党のマキャベリズム、ペテンの例は、昭和四十四年暮れの衆院選から言論抑圧問題を経て、四十五年四月の京都府知事選に至る変転きわまりない無原則性を頂点に、三十八年の都知事選から五十五年十二月の第十八回大会に至るまで、ほとんど枚挙に暇《いとま》がないほどである。

だが、それでも公明党は創価学会の最高、最大の看板でありつづけた。法的にも特別の待遇を保証される国会議員を何十人と擁したことは、創価学会のイメージ・アップの材料として、これに優るものはなく、もっとも有効な宣伝媒体にちがいなかった。

池田はそのような公明党を決して手放そうとはせず、ことあるごとに、両者の基本関係に言及して、自己の支配下につなぎつづけた。

「創価学会は宗教団体であり、公明党は政治団体である。ともに日蓮大聖人の教えを奉じ、王仏冥合をめざす同体異名の団体である」
「創価学会を離れて公明党はありえない、もし創価学会を離れた独自の公明党があるとすれば、それは既成政党とはなんら変わることのない存在（であり）、創価学会と公明党は、永久に一体不二の関係（である）」
「私は公明党の創始者として、党の未来像を示し、かつ見守る責任がある」（いずれも『池田会長全集』一）
池田は公明党に党籍を持たなかったが、党の人事や政治理念、基本路線を握って、いわば院政的に党幹部の上に君臨した。とりわけ衆参両院の候補者の選考、党執行機関のメンバーの決定権の掌握は、党幹部の死命を制する手綱として、きわめて有効であった。
「『A、こんどは参議院に出るか、出てもいいよ。応援してやるから』
『ハイッ、ありがとうございます』
会長（池田）の大幹部への接し方はこうだ」（高瀬広居『池田大作』）
池田が国会議員をも自己の配下と考えたことは、その誕生以来のいきさつ上からも当然だったかもしれない。

池田は四十四年一月の幹部大会で、神奈川と埼玉の二、三の公明党員が思い上がった言動をしたと、大いに立腹し、参会者の面前で罵倒《ばとう》した挙げ句、「前列に座していた大幹部である国会議員数十名（ほぼ同党の国会議員全員ということになろう）に対し退場しろと怒号すると、議員達全員は退場するわけにもいかず、返す言葉はむろんなく、ただオロオロと最後尾に退き立って」いた。その後も池田の勘気《かんき》はとけず、池田が大石寺にいくと議員たちもゾロゾロとついて歩き、泣きながら池田にすがりついたという（藤原弘達『続・創価学会を斬る』）。

池田にとって重要なのは、議員たちの忠誠心だけであり、国民に責任を持つ彼らの時間の空費は問題とするにも足りなかった。

だが、公明党は創価学会に利益ばかりをもたらさなかった。公明党が批判勢力にとどまらず、政治権力を求めた以上、同党は会員外の票をも集めねばならず、また現実に対応する政治の論理に支配されねばならなかった。そのことは創価学会の絶対性にはねかえり、創価学会の相対化への道を開いた。

公明党は三十九年の結成大会で、綱領の第三項に「言論、思想、信仰の自由」を掲げたが、信教の自由は創価学会の折伏理論と相容れず、それは教義の相対化にほかならなかった。またその後も、国立戒壇を民衆立と言い換えるなど、光輝ある公明党の議席増加を維持するため、創価学会は犠牲を払いつづけた。

それは、看板である公明党が停滞すれば創価学会の威信を傷つけ、公明党の発展のためには創価学会の教義を相対化しなければならないという堂々めぐりのジレンマであった。

文化活動の強化

池田の会長就任時、創価学会の定期刊行物としては、『大白蓮華』『聖教新聞』『聖教グラフ』の三紙誌を数えるのみであった。

これらはいずれも会員を対象にしたもので、創価学会独自の販売店を通して会員に売り捌《さば》かれた。一般の定期紙誌とは異なり、営業面での危険性は少なく、利潤はきわめて大きく、また安定していたが、購読者数の増加を会員増だけに仰ぐという閉鎖的な、内部結束用の刊行物であった。

一応、これらの概況を述べておこう。

『大白蓮華』は月刊誌で、昭和二十四年七月に創刊された。聖教新聞社の発行で、教学部研究室長・原島嵩が五十四年八月に除名された後、同年八月号から編集兼発行人は桐村泰次《きりむらやすじ》。内容は同会の教義理論誌といったところで、五十五年一月現在の公称発行部数は二百四十四万部であり、その部数は実質的な創価学会員数をつかむ有力な目安の一つである。

『聖教新聞』は同会の日刊機関紙で、二十六年四月に創刊された。はじめ旬刊で発足したが、二十八年九月に週刊、四十年七月に現在の日刊紙に移った。発行元は聖教新聞社。五十五年時の公称発行部数は四百五十四万部で、広告料も三大紙並みという。

昭和五十六年現在、聖教新聞社の代表は秋谷栄之助、出版代表・山崎良輔《やまざきりようすけ》、編集代表・松岡資《まつおかたすく》、営業代表・横松昭《よこまつあきら》である。従業員は千三百人だが、一時期、創価学会の外郭団体である「二十一世紀研究会」「近代マスコミ同志会」「現代マスコミ研究会」「近代思想研究会」「東洋思想研究会」等が取材陣をカバーしたという（浅野秀満『あすの創価学会』）。

『聖教グラフ』も同社の刊行物で、池田の創価学会総務時代、三十四年一月に創刊された。当初の年刊から、その後季刊、月刊と変わり、三十七年三月に現在の週刊となった。聖教新聞の写真版といった内容で、五十五年時の公称部数は百九万部、編集長は乙成宣昌《おとなりのぶまさ》である。

なお聖教新聞社は池田の『立正安国論講義』などの講義ものや『人間革命』既刊十巻、創価学会教学部編『創価学会入門』など、会員に教科書、参考書として読まれる単行本、四十六年からは聖教文庫などをも刊行している。

以上の三紙誌がすべて会内コミュニケーション用だったのに対し、池田による文化面への進出は、会外部に向けての宣伝に重きが置かれ、その統括には三十六年五月に設立された、前述の文化局があたった。

文化活動という語は曖昧だが、創価学会においては、「広宣流布は文化活動である」（『聖教新聞』昭和三十六年五月十三日）と、広汎に定義され、具体的には政治、経済、教育、言論、学芸等に関する、同会のセクションと、公明党を筆頭とする外郭団体の活動、それらにともなう出版活動を意味した。

清水雅人《しみずまさと》は、創価学会が「広宣流布は文化活動である」という以上、文化局の活動は、さまざまの名称で呼ばれたところで、結局、間接的な折伏、間接布教にほかならなかったと指摘している（清水「創価学会文化局」、『中央公論』昭和四十六年七月特別号)。

池田の文化面への進出には、かつて選挙運動を文化運動と称したと同じ思想がより巧妙な形で貫かれていたわけであり、その目的とするところは、潤沢な資金を新事業に振り向けてさらに増収をはかるという営業的な側面、現代風な組織や刊行物による、創価学会の知的デコレーション――イメージ・アップ策、間接侵略風の思想工作、の三つがあったとみられる。

池田の最初の文化面へのスタートは昭和三十五年六月創刊の『潮《うしお》』できられた。同誌は当初、青年部の機関誌で、市販されなかったが、三十八年四月から、現在の創価学会臭をほとんど感じさせない月刊総合雑誌へと編集方針を転換した。

『潮』は創価学会の「一般への窓」(央忠邦)の最たるもので、上条末夫《かみじょうすえお》はその機能を、「第一は、文化人の〝撫徇《ぶじゅん》工作〟であり、第二には一般人の〝懐柔工作〟である」(上条「創価学会の〝文化人工作〟」、『改革者』昭和四十五年三月号)と評している。執筆場所の提供や高額な謝礼によって、大学教授や文化人に関係をつけ、また心理的な負い目を負わせて彼らを自陣、もしくは中立に立たせ、さらに購読者に対しては、著名な文化人の執筆論文で釣り、創価学会アレルギーを解消するという戦術である。

昭和五十六年現在の発行部数は三十二万部といわれ、発行は潮出版社（四十二年十二月設立、資本金千六百万円、従業員八十六人）が行っている。同社は一時期、『週刊言論』（公称五十万部）、季刊雑誌『日本の将来』を発行していたが、『週刊言論』『日本の将来』とも四十七年十一月で休刊している。潮新書、潮文庫などを持ち、四十四年には二億百六十九万円の利益（税務申告）をあげている。

代表取締役は旧華族の島津《しまづ》矩人《のりと》、取締役に創価学会総務の池田《いけだ》克也《かつや》（編集局長兼任）、八矢《はちや》洋一《よういち》、他に公明党国会議員の黒柳《くろやなぎ》明《あきら》、渡部《わたなべ》通子《みちこ》も取締役だったが、言論抑圧問題の最中、四十五年三月十一日に、同年一月五日付の辞任の登記をしているという（「黒い〝鶴〟のタブー」25、『赤旗』昭和四十五年四月八日）。

昭和五十六年現在の社長は富岡《とみおか》勇吉《ゆうきち》、編集代表志《し》村《むら》栄一《えいいち》であり、「ヤングミセスの生活全般にわたる実用実利を追求する」と銘打つ『婦人と暮し』（月刊、四十八年四月創刊、公称五十二万部、編集長・鈴木《すずき》征四《せいし》郎《ろう》）、少年漫画誌『少年ワールド』（月刊、五十三年七月創刊、公称三十万部、編集長・門脇《かどわき》良充《よしみつ》）、『別冊少年ワールド』なども刊行するようになった。

また同社の設立目的には、雑誌、書籍、レコードの出版、販売のほかに保険代理業、不動産の売買、仲介、賃貸し、植木の栽培、通信教育、講演会の開催等が掲げられている。保険代理業や不動産業は戸田以来の創価学会系企業の伝統である。

『潮』以外にも三十五年には創価学会学生部の機関誌『第三文明』が創刊されている。同誌は創価学会教義の応用誌といった性格を持ち、のちに第三文明社の刊行になる。同社は以前、公明協会の所有するマンションに事務所を構えていた創価学会系の出版社である。創立は昭和四十四年七月、資本金千八百万円で従業員三十名。社長は栗生《くりお》一郎《いちろう》、編集代表・狩野良平《かのうりようへい》という構成であり、月刊誌の『第三文明』(公称十八万三千部、編集長・佐々木利明《ささきとしあき》)のほか、月刊の教育研究雑誌『灯台』(三十七年創刊、公称二十六万五千部)、レグルス文庫などを刊行している。なお同社は、今では山崎師団の現場指揮官・広野輝雄《ひろのてるお》、北林芳典《きたばやしよしのり》などが一時期、在籍したことで知られている。

また学生部は三十八年十月に『学園ジャーナル』を発刊し、さらに週刊機関紙『大学新報』公称十五万部を大学新報刊行会から発行している。

三十六年は文化局とその下部機構の設置に費やされ、翌三十七年に創価学会は具体的な文化活動に入った。この年は文化面での全面進出への転換点ともいうべき多彩さで、おもな事項を拾っただけでも、次ページのように活発である。

一月二十七日　東洋学術研究所設置
四月二日　『公明新聞』発行
八月四日　富士吹奏楽団結成
八月二十一日　広報局に映画部設置
九月十三日　『公明』発刊
九月十八日　教育部機関誌『灯台』発刊
十一月一日　言論部『言論』発刊

知的アクセサリーとしての文化機関

一月に設立された東洋学術研究所は昭和四十年十二月に財団法人東洋哲学研究所と改組され、『東洋学術研究』（年二回刊）という雑誌を出している。一時期、代表理事は篠原誠《しのはらまこと》、理事は多田省吾《ただしょうご》、原島嵩らであったが、昭和五十六年現在の理事長兼出版代表は後藤隆一《ごとうりゅういち》、編集代表・穂坂幹夫《ほさかみきお》である。一億七千六百万円の資産を持つ。

同研究所は創価学会系「研究所」のはしりで、その後、創価学会は現代宗教研究所、現代仏教研究所、新社会科学研究所、現代思想研究所、東洋思想研究所など、多数の機関を設置している。それらは創価学会理論の構築、豊富化を意図するものだったが、見るべき成果をあげられなくとも、いかめしい名称を付された存在それ自体が、創価学会の知的アクセサリーになるという仕掛けを持っていた。

また、その一つである現代政治研究所は、公明協会（後出）所有の元赤坂のマンションに事務所を置き、月刊誌『現代政治』を刊行していた（昭和四十五年六月、二十八号で廃刊）。同誌は『公明』と『潮』の中間をいく創価学会の政治理論誌で四十三年三月に創刊、会員外には無料で配布され、公明党が資料研究費名目で年間（四十三年三月―四十四年三月）一千百万円を同研究所に支出していたという（「黒い〝鶴〟のタブー」36）。

同誌の執筆者の多くは一般新聞の論説委員、政治部記者、学者だった。「この『現代政治』の執筆者を見て感じられることは、八割までが各新聞社の論説委員クラスの人たちであるということである。このことは、これまで新聞が極力創価学会・公明党についてふれることを避け、批判らしい批判をしなかった事実を考え合わ

せると、そこに『なにか』を感ぜずにはいられない」（上条、前掲論文）

九月に創刊された『公明』は公明党機関紙局から発行されている月刊政治理論誌で、編集長は市川雄一《いちかわゆういち》、昭和五十六年現在、七万部を刊行している。公明党からは『公明新聞』（日刊、三十七年四月創刊、公称八十五万部、代表・市川雄一）、『公明新聞・日曜版』（四十四年十月創刊、公称百四十万部）、『公明』のほか、党内部向けの『公明月報』、『公明グラフ』（三十五万部）、『公明写真ニュース』等が刊行されている。

『灯台』は一般主婦と教師を読者対象とした月刊雑誌で、はじめの発行元は灯台刊行会、昭和五十六年現在、前述のように第三文明社から刊行されている。

『言論』は当初言論部の月刊機関誌で、三十九年末、公明党の発足とともに、同党への支援を目的に自由言論社から旬刊誌に衣替えし、四十年なかばに、週刊にかわって『週刊言論』となった。池田の「若き日の日記から」を連載し、その後発行元が潮出版社に移り、前述のように四十七年に四百二十一号で休刊した。

またこの年三十七年三月には鳳書院が資本金百万円で設立されている。同社は秋谷城永『創価学会の理念と実践』、小平芳平『創価学会』を出版し、その歴代の役員には北条浩、秋谷栄之助（城永）、多田省吾、青木享、小島重正《こじましげまさ》などの創価学会大幹部がついていたが、昭和五十六年現在、休眠状態とみられる。

昭和五十六年現在の資本金は一億八千万円、事業目的には書籍、雑誌の出版販売の他、喫茶店経営、玩具・古物の仕入れ販売が掲げられ、また一時期不動産売買も手がけていたという。

池田はこうした多面的な出版活動について、「共産主義者は、ソビエトで、何よりも先に印刷工場をつくった、と聞いています。そうすることが革命への方程式だとも聞いています。広宣流布という大事業をやろうとした場合、われわれも当然出版に力を入れなければならない。それを実行しているだけです」といっており（央忠邦『日本の潮流』）、喩《たと》えが大きすぎるきらいはあるにしても、心情的にはそのようなものだろう。が、出版社経営を含む出版活動には、別に、大幹部の収入の途を講ずるといった面があったのではないか。現に池田自身の基本収入は印税のほか、聖教新聞社主としての手当である。読書人口とはいえない階層も信心の付加によって組織されると、たちどころに良質の購買者となり、創価学会とその大幹部たちの経済を悠揚《ゆうよう》迫らざるものにしていた。

折伏のための下工作機関としての民音

三十八年五月には、アジア文化研究所が設置された。同研究所は東京の東洋学術研究所に対するものとして京都に置かれ、翌三十九年五月に季刊雑誌『アジア文化』を創刊している。同誌はのちに東洋哲学研究所のアジア文化編集部から出されたが、五十一年三月、十二巻四号で休刊している。

三十八年九月には民音（民主音楽協会）が労音に対抗して設立され、本部を新宿区信濃町の聖教新聞社内に置いた。民音は一般国民の創価学会支持の獲得を狙って設けられ、組織論的には折伏のための「下種」づくり（下工作）機関と位置づけられよう。

『聖教新聞』（昭和四十一年七月二日）は「民音に参加しよう」という社説を掲げ、その面でのいきとどいた注意を会員に与えている。

「……学会員でない人々を、民音に参加するよう勧めることも、また明るい健康な文化社会の建設に努力する学会に対する理解を深めていくひとつの要因になる。……ただ注意しなくてはならないのは、（民音の）演奏会終了後、帰り道などで性急に折伏を行なうことである。……折伏をするなら、また別の機会に、あらためて行なうのが、ふつうの場合は正しい行き方であろう」（清水、前掲論文から引用）

民音は四十年一月、財団法人に認可され、専務理事・秋谷栄之助の下で活動領域を拡大した。同年五月には民音アワーの放送を開始し、十月には会員七十八万人と発表し、四十三年十月には民音プロダクションを創設している。また民音の類似機関として三十九年六月に、民演（民主演劇協会）が設立されている。昭和五十六年現在、民音の代表理事は姉小路《あねこうじ》公経《きみつね》、専任理事は吉田要《よしだかなめ》、理事に宮川昕也《みやかわきんや》らがおり、年会費二百円を納めている賛助会員百四十五万名、職員百九十名という。月刊で『みんおん』を刊行している。民音の入場券押しつけは名高く、一方的に各ブロックごとに券を送りつける時期もあった。

三十九年二月には、アジア民族協会が発足した。アジア問題、ことに文化交流を目的とする機関で、四十五年五月から季刊の機関誌『民族文化』を編集、日蓮正宗国際センター（理事は和泉覚、滝本安規）から刊行していたが、五十三年冬十四巻三号で廃刊となった。なお昭和五十六年現在、日蓮正宗国際センターからは海外会員向けの英字機関誌『SEIKYO TIMES』(月刊、昭和三十七年三月創刊、公称五万部、編集長・松田《まつだ》友宏《ともひろ》)が刊行されている。アジア民族協会の一時期の理事は中尾《なかお》辰義《たつよし》、鈴木一弘、渡部城克《わたべじようこく》、黒柳明、山崎尚見《やまざきなおみ》の五名であり、創価学会の政治進出の進捗《しんちよく》に対応するアジア政策面での下部機構であった。

またこの三十九年には、東西哲学書院が資本金百万円で設立されている。同社の役員は篠原善太郎《しのはらぜんたろう》、中西治雄、星生務《ほしおつとむ》ら創価学会幹部がつとめ、その事業目的には、潮出版社と同様、軽食、喫茶、保険代理業、文房具、化粧品、タバコの販売、美術品即売会、貸画廊までをも掲げている。『牧口常三郎全集』などを出版し、五十四年には四億七千五百万円の利益をあげたという。

社長は創立以来、池田『人間革命』のゴースト・ライターといわれる篠原善太郎で、昭和五十六年現在の資本金は五千六十二万円、東京・信濃町の本部近くに書店「博文堂」、レストラン「ハクブン」「ニューハクブン」、青山に寿司「満月」、大阪・都島に「オーサカ」などを経営している。

四十年十月、創価学会は政治資金三百万円を出資して財団法人公明協会(四十一年二月認可)を設立した。同協会は公明党の財産管理部といった役割をにない、その事務所は公明党と同様、新宿区南元町《なんげんちょう》の公明会館に置かれ、代表は公明党書記長・矢野絢也、役員には石田幸四郎、吉田顕之助、阿部憲一、小平芳平ら、創価学会＝公明党の大幹部が連なっていた。

公明党は創設から四十四年六月までに公明協会の収入の九割強、四億円を出して同協会に公明党のための土地、建物の取得、車の購入等にあたらせた。公明協会は四十三年中に車輛運搬費九千八百万円を支出したが、そのうち八千六百万円を千代田区美《み》土代町《どしろちょう》の阿部商会一社に集中支出したという（「黒い〝鶴〟のタブー」44）。

阿部商会は資本金四千百七十九万円の株式会社で、自動車タイヤ、チューブ、部分品、計量器の販売を目的とし、代表取締役は阿部文治《あべぶんじ》、取締役の一人に小宮開造《こみやかいぞう》がいる。小宮は養子にいった池田の実兄である。

また公明協会は年々財政規模を拡大し、四十五年下半期の収入は三億二千八百九十七万円、支出は二億三百六十五万円にのぼった。が、四十七年一月、品川区上大崎に事務所を移し、四十八年千里ニュータウンでの土地問題の証拠湮滅《いんめつ》のため解散した。

四十一年七月には、男子部の機関紙『青年ジャーナル』、女子部の『華陽ジャーナル』がそれぞれ刊行されている。

創価学会文化局は三十九年五月の公明党結党、衆議院進出の決定と同時に、その政治部を解消していたが、四十二年五月、池田の会長就任七周年目に、新たに理論部を設置し、さらに衆議院活動のための理論的準備を急いだ。

理論部は第一部から第八部に分かれ、それぞれ創価学会＝公明党大幹部の主任が置かれて次の名称を付された。①東西哲学研究会　②現代思想会議　③政治刷新懇話会　④中道政治研究会　⑤福祉経済研究会　⑥現代マスコミ研究会　⑦近代マスコミ同志会　⑧パールペンクラブ

これらは『聖教新聞』『公明新聞』に時に論文を発表しているが、中でも主任・秋谷栄之助の現代マスコミ研究会がもっとも活動的で、四十四年五月には聖教新聞論説副主幹・岡安博司《おかやすひろし》との共同編著で『創価学会と公明党』を総合ジャーナル社から刊行している。総合ジャーナル社は四十一年十一月に創刊された文化部の機関誌『文化創造』の発行元でもあるが、昭和五十六年現在は休業状態とみられる。

またこの年十一月に、池田は総評、同盟に対抗する公明党の支持労働団体・民労（日本民主労働協議会）の創設を提唱した。が、労働界の反撃と、公明党の社会、民社両党との共闘関係により、いまだ提唱だけに終わっている。

創価学会コンツェルンの完成

四十三年六月、七月の幹部会で池田は公明党の外郭団体としての青年政治連盟、働く婦人の会、主婦同盟、民主アーチスト・クラブの結成を提唱した。

これを受けて、早速十月、東京をはじめとする全国各地の主婦同盟、働く婦人の会、青年政治連盟が相ついで結成された。

主婦同盟は、主婦の地位の向上や消費者調査、児童教育等に関する諸活動を目的とし、昭和五十六年現在、日本主婦同盟と総称、東京・赤坂に事務局を持ち、議長は牧《まき》野《の》可祝《かしゆく》、事務局長は安達三重子《あだちみえこ》、傘下に北海道、宮城、千葉、東京、神奈川、愛知、京都、大阪、兵庫、岡山、香川、福岡の各主婦同盟を置き、個人会員五万五千名を擁するという。『主婦同盟ニュース』を刊行している。

働く婦人の会も同様主旨のもので、綱領の二には、「本会は、広範な文化活動を行なうことによって、働く婦人の教養と資質の向上をはかり、健全な心身の養成につとめる」とうたっている。同会は職業別に八グループに分かたれ、たとえば、美容師グループは「さくら」、ホステス・飲食店員のそれは「なづな」と名付けられているという。

青年政治連盟（青政連）の綱領は、中道主義、絶対平和主義、政界の不正腐敗の追及等を掲げ、その四は、「本連盟は、勤労青年の生活向上のため団結をはかり、その社会的地位向上と、健全なる育成のため広範な文化活動を行なう」となっている（清水、前掲論文、傍点溝口）。

これらの綱領中の「文化活動」はもはや創価学会の特殊用法である含みを薄め、ほとんど一般的な使用法と同じである。すでに四十一年二月、創価学会は既成、新興教団の連合体である宗教センター加盟の勧誘を受け入れるまでに（宗教センター内部の反対で結局、加盟は実現しなかったが）、「邪教」排撃の基本姿勢を弛緩《しかん》、後退させていた。それにともない、広宣流布を目指す折伏と同義の「文化活動」も、活動家池田により、その目的の比重を革新から占有に微妙に移されていた。

「活動家は自滅的な紛争と、無謀な狂信者から運動を救う。しかし彼の出現は、運動の動的段階の終了を示すのがふつうである。現在との戦闘は終わりを告げる。真の活動家は、世界を革新することにではなく占有することに没頭する。動的段階の生命を与えていたのが抗議であり徹底的な変化への要求であったのにたいして、最終的段階は、獲得した権力を管理し永続させることにほとんど専心する」（ホッファー）

　池田は一身に、ここにいう狂信者と活動家をかねていたが、このころからの彼の主要な役割は活動家にある。池田により創価学会は、個人的存在の苦悶や負担からの逃避の場所であることをやめ、公明党を頂点とする文化的な諸活動を通して、野心家が自己の能力を実現するための手段になり、創価学会＝公明党はますます一つの企業に変質した。

　この年四十三年二月には、「日蓮正宗創価学会の時間」、三月からは「公明党アワー」の放送が開始されている。また八月には高等部の『鳳雛ジャーナル』、九月に婦人部の『芙《ふ》蓉《よう》ジャーナル』、十月に壮年部の『新社会』といった創価学会各部の機関紙誌が、それぞれ創刊された。

　さらにこの年、公明党の政策ブレーン的機関として、安全保障研究会と福祉経済懇話会が設置されている。

　安全保障研究会には矢野絢也、黒柳明、多田省吾、正木《まさき》良明《よしあき》、渡部《わたべ》一郎《いちろう》、大久保《おおくぼ》直《なお》彦《ひこ》らの公明党国会議員のほか、上智大教授・蠟山道雄《ろうやまみちお》、同・武者小路《むしゃこうじ》公秀《きんひで》、都立大教授・岡部達味《おかべたつみ》らの学者が参加している。

福祉経済懇話会には、正木良明、小平芳平らの公明党国会議員、東京女子大教授・伊藤善市《いとうぜんいち》、同助教授・島野卓弥《しまのたくや》、清水幾太郎《しみずいくたろう》らが参加し、公明党の一枚看板というべき福祉経済を学習している。

四十四年一月、民主アーチスト協会が芸術家と芸能人によって結成され、代表理事に阿部憲一、理事に秋谷栄之助らの創価学会＝公明党幹部のほか、伊藤雄之助《いとうゆうのすけ》、二本柳寛《にほんやなぎひろし》、川村深雪《かわむらみゆき》、和井内恭子《わいうちきようこ》といった芸能人が就いて発足した。協会員には原田信夫《はらだのぶお》、守屋浩《もりやひろし》、本間千代子《ほんまちよこ》らがいる。なお昭和五十六年現在、創価学会が好んで表面に立てる会員芸能人には、山本《やまもと》リンダ、朝比奈《あさひな》マリア、研《けん》ナオコ、朱里《しゆり》エイコ、泉《いずみ》ピンチ、岸本加世子《きしもとかよこ》、大野《おおの》えり、桂木文《かつらぎあや》らがいる。

民主アーチスト協会のほか、四十四年に結成された創価学会＝公明党の外郭団体は、第三文明協会、大学立法反対全国連絡協議会（全協）、日中国交回復推進会議準備会、近代学生文芸協会、原水爆反対全国高校連盟、日本科学アカデミー、新学生同盟（新学同）、日本青年文化会議（同名の団体が他にあったため、四十五年二月、世界青年文化同盟と改称）、日本青年平和連盟、日本女子平和連盟、公明党支援協議会、新学生フォーク連盟、日本民謡文化連盟、東洋思想研究所、新社会研究所など十七団体にのぼった（清水、前掲論文）。

これらの団体の過半はさしたる活動をせず、ただ選挙時に公明党候補を推薦し、その候補が創価学会＝公明党以外の諸団体からも支持、期待されているかのような外見を整えることに用いられ、また他党を誹謗《ひぼう》、中傷するビラやパンフレットの発行元として名を貸した。

不活発という点では、世の注目を集めた新学同も同様である。

新学同は、昭和四十四年五月、池田が学生運動に第三の道を、と提唱した五ヵ月後の十月、東京代々木公園に、創価学会学生部の公称二十八万人を母体に全国三百三十八大学からゲバ棒とヘルメット姿の七万五千人（青年部の動員で多数の非学生も含まれていた）を集め、結成大会を開いた。反戦、平和、公害闘争をスローガンに、十一月、一万人の都心デモをした（浅野、前掲書）が、その後は、同盟員公称十二万人を組織し、五十一年まで機関紙『新学同』を刊行するのみで、目立った具体的な行動をしなかった。

また新社会研究所は、創価学会の総務や理事である後藤隆一、山本雅治、土屋実らを役員に、資本金百万円の株式会社組織で、この年四月に設立されている。研究所の目的は情報収集と興信業務だが、四十六年五月に『新社会情報パック』を創刊し、それには、「〈あなたの情報買います〉どんな情報でも結構です」と記されていたという（清水、前掲論文）。同誌は四十七年十月、十七号で休刊し、新社会研究所自体も同年十二月、解散して第三文明社に吸収されている。

四十五年七月には、公明党を組織と資金の両面から支援する目的の財団法人日本政治経済連盟が設立された。四十五年下半期の同連盟の収入は九百六十八万円、支出は三千百四十三万円である。「この組織は蛭田正《ひるたただし》ひとりで切り回しているような団体である。ちなみに、蛭田なる人物の給料は月額五〇万円、他の職員は三～五万円である。なお、この蛭田なる人物は職員録、紳士録……には記載されて」いず、同連盟の実態も不明確だという（藤原、前掲書）。

また創価学会＝公明党の文化活動の別のあり方として、お買い上げ出版と、出版妨害をあげねばならないだろう。

創価学会＝公明党は、それ自体が巨大なマスコミ産業の一面を持っていたばかりか、その周囲には大小の出版社、多数の発行主体を擁し、その出版点数、部数ともに莫大であり、またそれに見合うだけのきわめて多数で安定した購読者層を持ち、日本の活字ジャーナリズム界に隠然たる大勢力を有していた。またその財閥級以上に膨大な遊休の資金によって銀行資本と密着し、思うがままに影響力を行使できたから、ほとんどすべてが小資本で、経営不安定の出版社や、金銭に乏しく、つねに注文減や職場の圧力を恐れ、闘う資力のない記者や文筆業者を脅し、出版を取り止めさせることはまったく造作のないことであった。

またそれとは逆に、反骨より迎合に走りやすく、真実より実利に傾きがちの新聞社、出版社、雑誌社、編集者をして、池田、創価学会、公明党に関する書籍や企画記事を出させ、時に自ら買い上げてやることも、同様に易しいことであった。

池田大作と富士短期大学

池田は会長就任以来、無私の態度をもって創価学会＝公明党の経営にあたってきた。それらは彼の持ちものであり、彼の内部でその公務と私欲は分かちがたく結ばれていたから、彼はそこから特別、彼自身の利益を引き出す必要を認めずに、その経営に精励することができた。また彼は創価学会会長と、公明党の事実上の党首の地位を、苦労の末に手に入れ、苦心しいしい維持してきたから、それらの役回りを演じて、決して飽きることを知らなかった。

創価学会＝公明党は、池田の指令を長年の間、遵守《じゅんしゅ》、実効化した結果、池田の人間性を忠実にうつす拡大鏡となった。

四十二年、池田はさきに中退していた大世学院の後身である富士短期大学を三十九歳で卒業した。この晩学は、彼の衰えることのない勉学心からというより、学歴面での劣等感に深く根ざすものであった。池田は、会幹部間でも彼の東洋商業卒は目立って見劣りがすると考え、多くが大学卒の新人の登場とともに、ますますその思いを深くしていたのだろう。

彼には創価学会会長だから学歴は何でもよいという自立的な自信はなく、ひたすら外部に、ある種の権威を求め、自分の履歴をふくらませる姿勢だけがあった。その意味では池田も、たしかに外部志向の「庶民的」人間にちがいなかった。

卒業二年前の四十年、池田は富士短大に復学を申し込み、同校二年に編入を希望した。が、池田の在籍した大世学院は各種学校であったため、池田の希望は容れられず、四十～四十二年在学の形となった。ただ、大世学院時代の出席日数（全講義日数の三分の二以上）が考慮され、入学はしても受講は免除された。また卒業試験も、卒業に必要な課目のレポート提出でかえられた。すなわち、各教官が独自に課題を出し、数ヵ月の期間をおいてレポートをまとめさせ、彼に卒業の資格を与えた。

この池田の卒業は、『日本の潮流』（央忠邦）では、次のように伝えられている（傍点溝口）。

「『ついせんだって、卒業論文を書かされたんですよ』と、最近ある時、池田氏は《ママ》テレながら私に話した〝秘密〟がある。

富士短大の先生から請われて書いたのだそうだが、その論文は三月末、教授会をパスしている。どんなテーマだか、興味深いので、私は無理に問題を見せて欲しいと頼んだ。……

日本における産業資本の確立と、その特質について論ぜよ

第二次世界大戦の終了後から、朝鮮動乱の終了の間におけるわが国の産業動向について述べよ

自由民権思想の諸内容

あすの産業経営について（以下略）

『この年をして百十枚も書いたんです』」

卒業論文に何本も、また命令文の標題もあり得ようはずがないが、それでも卒業に必要な短いロンブンにかわりなく、また提出を命ぜられたことも、池田の身分にふさわしくいえば「請われて」になるわけである（断っておくが、ここでは央の書きようをとやかくいっているのではない。彼の著書は数ある池田＝創価学会礼讃書の中ではもっとも良質であり、央は池田の言葉をそのまま記したにすぎまい。池田は非常に奇態な語法の愛好者で、たとえば『若き日の日記から』（昭和二十九年四月十四日の条）では、「朝、客と闘う。小生悪し。小さな事で、いい気になる自分を反省する」と記している。「闘う」というのは何のことはない、ケンカ、それもおそらくは口ゲンカであり、ケンカという語の使用はのちの会長としての池田の沽券《こけん》にかかわるが如くである）。

池田は早速、さして変わりばえのしそうもない富士短大卒を彼の著書の奥付に書き入れたが、『政治と宗教』（潮新書版）のそれには、「一九二八年（昭和三年）東京に生まれる。富士短期大学卒業。創価学会第三代会長。聖教新聞社社主。公明党創設者」とあるように、卒業年次を書き入れず、また第三代会長の前に記して、会長就任前に卒業していたかのような印象を与えた。

彼の短大卒はいじらしく、大いに同情の余地はあるが、それでも肩書だけをほしがるところは成り上がりの系図買いの卑《いや》しさと酷似することも事実である。

池田の勤勉や向上心は、つねに彼自身と創価学会=公明党のミテクレへの留意、知的デコレーションに情熱と目標を持った。それは明治新政府の欧化熱、近代化政策、富国強兵策等の矮小化《わいしょうか》されたカリカチュアだった。彼らの百年遅れの言動は、「昭和《しょうわ》元禄《げんろく》」といわれる一部文化の爛熟《らんじゅく》と頽廃《たいはい》のまった只中で行われたから、局外者に怖《おそ》れの混入した違和感と滑稽感を与えたのもやむないことであった。

理念なき教育と創価大学

池田は自らの学歴を高卒から脱却させたと同じ発想をもって、創価学会に知的外見を付与した。その具体化は前述の文化活動であり、より直接的には学校の設置だった。池田の知的渇望は粉飾にとどまって迷路に踏み迷わなかったため、高踏化をまぬがれ、多数の庶民に支えられる同会の現実を否定せず、その夢の幻想的な実現という一面を持った。

昭和四十三（一九六八）年四月、創価学会は東京・小平市に創価学園（当初は中学、高校、男子のみ）を開校した。

同学園が「健康な英才主義」「人間性豊かな実力主義」（傍点筆者）の二方針を掲げることからもうかがえるように、そこには受験地獄等、現代教育のはらむ問題性への批判はなく、逆に現状を無批判に肯定して、その中で勝ち抜こうとし、結果的には現状を加重する教育しかなかった。

「四十四年の受験生は中学一年に合格が決まったとたん、間もなく入学式にもっていく宿題がどっさり届く。内容は、夏目漱石の『坊っちゃん』ほか二篇、芥川竜之介の『トロッコ』ほか二編を読み、それぞれ四百字三枚の感想文、小説の創作同じく三枚、わが郷土の作文同じく三枚、ほかに算数のプリント、絵を一枚書くこと、入学式で新入生に渡された国語、数学、社会などの教科書は一年と二年のもの。これを一年間にやろうというわけだ。入学式の翌日は早速試験。一年間に五回の中間テストを行なう」（小林正巳『池田大作』）

池田の理想の人間は、ほかならぬ池田自身だったから、少年時を懐旧して作文の呆《ほう》けた重視と、あとはガリ勉への追い込みとなった。同学園生（高校）の二分の一は理科系志望とのことであるから、大いに作文に迷惑した者もいるにちがいない。

池田は「私の終生の仕事は教育です。牧口初代会長も戸田前会長も教育者だった。私の仕事の総仕上げもやはりそこへきた。教育こそ一国、ひいては人類の命運を決する大事業です」と語り（同前）、たいそう教育に意欲的だが、彼には教育界につけ加えるべき、小理屈でない理念は皆無だった。

「高等部員はできるだけ大学へ進学すべきです。……男子高等部員はいまからこの決意でいきなさい。……なお、女子の高等部員の方は必ずしも全員大学にいく必要はありません」（『池田会長全集』三）

池田の女性観は徹頭徹尾「女大学」で、彼が女性に要求する知性の程度は、まず家計簿をつけられれば可とするもの（「計画性のある主婦は、まず、

創価学園が開校したころ、若者たちに熱弁を振るう池田大作会長

家計簿をつける主婦からはじまる」＝池田『家庭革命』）であった。これは、そこへいくと男はやはり大学を出ていないと、なにかと損で、といった按配《あんばい》の、世にありふれた世智《せち》による教育論にほかならない。

池田は教育の本質を問おうとする理想を持たずに、徒《いたずら》に損得を思量した。だからこそ彼自身、恥をしのんで短大を出た道理である。個々の資質と志望を度外視して、やみくもに大学に行けという殺伐とした利己主義の勧めは、池田と創価学会の体質の反映であろう。

創価学園は四十七年十二月、大阪・交野《かたの》市に創価女子高校、女子中学校を、五十年十二月には札幌・豊平《とよひら》に札幌創価幼稚園、五十二年十二月に東京創価小学校をそれぞれ開設している。同学園の理事長は副会長の青木亨である。

四十六年四月に開校した創価大学（理事長・唐沢照明《からさわてるあき》、学長・高松和男《たかまつかずお》）にも池田の体質は反映している。

同校は東京・八王子市郊外の三十七万平方メートルという広大な敷地に、資金六十億円（内訳は池田の印税寄付七億円、創価学会本部四十一億円、十五万五千人から寄せられた十二億円といったところらしい）をかけて、まず法学部、経済学部、文学部で発足した。ゆくゆくは二百億円ほどをかけ、文科系四学部、理科系六学部、学生数六千人の総合大学にする予定とのことだったが、昭和五十六年現在までのところ、五十一年二月に経営学部、教育学部、また五十年大学院が設置されたにすぎない。ふえたのは学生数だけで五千二百余名である。

また創価大学の受験料は五十六年度一万八千円、入学時納付金は三十万三千百五十円（入学金八万三千円、授業料十四万二千円、施設費七万一千円など）、入寮者の入寮費は二万五千円、寮費は年額五万円である。

これは他の私大に比べてやや安い程度で、いずれは事業としてなりたっていく金額ではないのか。池田が仰々しく、「教育こそ、人類の命運を決する大事業である」といったところで、決して彼がすべてをまかなえるわけではなかった。ただ教育が、偉大な池田の晩年を飾るにふさわしい事業に思えただけである。

池田は開学にあたって、「人間教育の最高学府たれ、新しい大文化建設の揺籃《ようらん》たれ、人類の平和を守るフォートレス（要塞）たれ」の三つのモットーを示した。

人間教育、文化建設、平和というわけだが、ここに人間教育とは、「時代の要請に応えられる人材を輩出するために、人間主義、人間性尊重に基本理念をおく」（聖教新聞社『創価学会』とあるように、せいぜい「期待される人間像」づくりといったところだった。創価学会の人間教育とは、朦朧語《もうろうご》を取り払えば人間革命に先刻見られるように、現状ベッタリのモーレツ人間づくりの謂《いい》である。

文化建設とは、「従来の学問体系の行き詰まりを打開して、新しい学問体系を樹立することを長期目標としてめざす」(同前)ものだという。結構だが、池田自身は同校で「純粋の文学論、たとえば万葉集」(『朝日新聞』昭和四十六年三月十六日)を講義したいと語っている。池田は学的批判にたえるほどに万葉集を研究し、かつそれは新しい学問体系の樹立と関連するのだろうか。なにしろ池田は、「一日二十分の読書が、一年つづけばどれほどの学者となり、教養となることであろう」(池田『私はこうして若い日を過ごした』)という意見の持ち主だから、素人考えでも大いに心配であり、まず彼の影響下にあるかぎり、創価大学による新学問体系の樹立とやらは「画にかいた、パンに等しい」(餅ではない、池田『人間革命』一での表現)であろう。

またモットーの一つである平和については『創価学会』に説明がないように、多分に池田の知的アクセサリー言語である。池田はよく平和を口にするが、それは前述したように伝統にも基づかず、教養としても内在化されていず、その具体行動といっては、大学の定礎式で世界百三十五ヵ国の石を投げ込むといった呪術的なものにすぎず、抵抗度の軟弱なものである。創価学会は青年部を中心に四十八年以降、反戦出版や反戦集会を行っているが、反面、相も変わらず、自衛隊認知に傾く公明党を支持している。二つの行動に矛盾は存在しないかの如くであり、彼らの「反戦平和」は実効性を問わない存在証明にすぎない。

なお、創価大学の当初の構想では、文学部のなかに仏教学科が設けられるといわれていたが、昭和五十六年現在、文学部には社会学科と英文学科しかなく、一般教養課目のなかにも宗教学の講座はない。佐伯真光《さえきしんこう》はその理由を、高給をもってしても有能な仏教学者を集められなかったこと、創価学会の信者で、しかも一流の仏教学者は現存しないこと、仏教学の基礎である批判的文献学を遂行すると早晩、信仰と学問の相克をもたらすことに気づいたこと、の三つに求めている（『諸君』昭和四十六年十月号）。

海外進出の実態

創価学会は、約二十五万人の海外会員を擁し、各海外支部では、アメリカの『ワールド・トリビューン』、フランスの『トロワジェム・シビリザシオン』、ブラジルの『ブラジル・セイキョウ』、香港の『黎明聖報』、ペルーの『ペルー・セイキョウ』、フィリピンの『パガサ』、パナマの『プエンテ・デ・パス』等、現地語による機関紙を刊行しているという。

これら海外布教の内容や規模はどうとでも評価できる性質のものだろうが、ただ創価学会は四十一年以来、海外では日蓮正宗を名のり、布教法も折伏ではなく摂受《しょうじゅ》を用い、国内におけるような熱狂的な拡張策はとらなかった。また海外支部の多くは当初、戦後国際結婚して海外に渡った日本女性の安息の場、妻に同行して座談会へ行き、夫婦の危機を乗りきろうとする夫たちのサロンとして機能していた。

これらの点から海外布教は、世界広布への一過程というより、むしろ海外移住者へのアフターケア、国内向けの宣伝という色彩が強いと見られる。少し古い資料だが、

『週刊新潮』（昭和四十一年八月二十七日号）によれば、創価学会ニューヨーク会館は個人アパート二室にすぎず、また第三回全米総会を見たかぎり、会員の半数以上は米人、という幹部の前口上とは様子がちがって、日本人以外の顔をしたものは一割程度にすぎなかったという。

さらに会員の多くは恵まれた環境になく、「長年外国で苦労し続け、そうかといって堕落することもできないという、海外マジメ日本人集団とでもいうべき人々」であり、米人の信者にしろ、「日本人妻を持つ男とか、なんらかの形でアメリカ社会から疎外された余計者の意識を持つ人が多いようだ」と報告していた。

外国人、ことに欧米人の会員の存在は、近代化＝西洋化という把握が日本では一般的だから、創価学会の会内外へのイメージ・アップ戦術としてはなによりであった。『聖教新聞』には過度に海外支部活動が報道され、同社発行の『創価学会』のカラー頁の多くは、外国人の写真で占められている。また彼らの映像と報道は、現実的な基盤を欠くコスモポリタニズム、世界平和の視覚化とイメージづくりにもっとも有効であった。

池田は会長就任後、毎年一、二度外国へ出かけたが、それは宣伝素材となり得るほどの海外支部へのテコ入れの必要と、彼自身の教養主義や好みに由来しよう。海外布教の基本は自然発生的なものだったとはいえ、一面では池田の体質の反映といって過言ではあるまい。

終章　池田大作とその時代

噴出した池田大作批判

池田大作はあまりにも早く、若くして人生のスタートを切りすぎてしまった。

彼は昭和五十四（一九七九）年四月二十四日、それまで十九年間その職にあった創価学会第三代会長の座を降り、名誉会長へと退いたが、過去の功績によって名誉ある老いを楽しむことは彼に許されなかった。そのとき池田は五十一歳、壮年の盛期にあり、彼自身、老けこむ年齢でも健康状態でもないと考えたし、そうした心境にもなれなかった。

だが、池田に名誉ある「晩年」をより強く許さなかったのは、池田に対する批判者たちだった。彼らは池田が創価学会の第一線を退き、閑職にあるとは頭から信じなかったし、それ以上に、彼に「名誉」があるとは信じなかった。逆に池田は、「〝人間革命〟して人間失格」し、告訴してかえって「恥部が見え」、国会喚問して不正を糾明《きゆうめい》しなければならない「狂気の二枚舌」（いずれも五十五年十一月七日「創価学会の社会的不正を糾《ただ》す会」の国会デモで掲げられたプラカード類から）なのであった。

かつて、池田は日本最大最強の組織である創価学会のうえに君臨して「天皇にかわる時の最高権力者」と自らを規定し、あるいは池田組閣を夢見、また華々しい海外著名人との「民間外交」によって、ノーベル平和賞の受賞を真剣に望んだ人物である。

どこかで池田の人生設計は狂ってしまった。過去の盛名は「恥を知」らなければならぬものとして泥土に踏みにじられた。彼の悪名は『ニューズウィーク』誌や『インターナショナル・ヘラルド・トリビューン』紙などで報じられ、その公私両面にわたる非行は海外にも知られるところとなった。

池田が若すぎる悲劇だった。彼を批判する創価学会脱退者による檀徒《だんと》も、日蓮正宗の全僧侶約六百名のうち、正信会《しょうしんかい》など約半数を占める批判派僧侶も、池田に求めることとはおしなべて実質退陣だった。すなわち、池田は日蓮正宗法華講《ほっけこう》の名誉総講頭を辞退し、昭和五十六年十月の日蓮七百遠忌《おんき》での慶讃委員長を退き、創価学会への彼の影響力を断ちきるべきなのだった。

いわば社会的な死を要求されていた。晩年でさえ迎えきれない池田が、死を呑《の》めるわけはない。池田は日蓮正宗法主・阿部《あべ》日顕《にっけん》と結んで、五十五年九月二十四日、批判派僧侶二百一人を処分するなど、必死に反撃し、危機を乗り切ろうとした。

だが皮肉にも、池田の抵抗は池田の旧悪を暴《あば》くことにつながり、池田はその名誉ある名目的な引退期を、脂ぎった醜聞《しゅうぶん》にまみれさせねばならなかった。彼は会長だった時期、彼の語る言葉のすべてを記録、保管させ、将来、池田語録や池田会長史を編《あ》ませるための体制を調《ととの》えていたが、その語録や報告書類が五十四年九月、元教学部長・原島嵩によって持ち出され、元顧問弁護士・山崎正友のもとに預けられた。

この内部資料は修正前の、赤裸々な池田像を伝えて、虚像でなっていた池田を撃つことになった。池田は将来のために蓄えた過去によって現在を撃たれ、過去の栄光を引きむかれた。その挙げ句、彼には、①四十三年七月参院選をピークとする大量替玉投票、②共産党委員長・宮本顕治《みやもとけんじ》宅をはじめとする盗聴行為、③池田自身と創価学会の脱税の疑い、④国有地などの土地、不動産の不正取得、⑤公明党との政教分離の不《ふ》履行《りこう》、⑥元民音職員・松本勝弥《まつもとかつや》などの裁判での偽証工作、⑦その他の反社会的行為――の数々が突きつけられた。

が、これらは池田と創価学会の不正のうち、社会性を帯びた問題に限られ、ほかにまだ池田の私的非行や日蓮正宗教義からの逸脱《いつだつ》が問われた。教義違背については、彼は不十分ながら誤りを認めて会長を退いたわけだったが、その後も改善が徹底していないと追撃され、女性会員との関係を含む私的非行によって、彼の人格に泥をぬるはめになった。

池田と創価学会は実際を知られることによって打撃を受け、実像を知らせるかたちでの批判を加えつづけられた。池田が名誉会長にかわった後も、実質的な権力を創価学会にふるいつづけたからである。

池田が名誉会長を退き、創価学会インターナショナル会長の座からも降り、正確に創価学会から引退したのなら、批判は止《や》んだかもしれない。だが池田は若かったし、なにより創価学会あっての池田だったから、実質退陣はできず、創価学会を道連れにして批判の矢面に立たせることをためらわなかった。

彼は池田創価学会といわれるまでに、創価学会と一体だった。彼を鑽仰《さんぎょう》する会員の熱気はまだ冷めていず、幹部たちは池田に引退を直言できるほどの力を持たなかった。彼らは表面上、池田に変わらぬ忠誠を誓って彼を守ることにつとめ、一人になったとき、しらけて時の流れに問題をゆだねてだけいた。

池田は敗北の過程にあった。それは穏やかな風化とは遠い、がむしゃらに抗《あら》がいつつ迎える敗北だった。彼には、その権力のありように見合って、脂の抜けた清潔な後半生はおくれそうになかった。

最初の敗北

池田の敗北は昭和四十五（一九七〇）年、出版妨害に対する世論の糾弾《きゅうだん》に始まっていた。

公明党＝創価学会の言論抑圧事件に触発、形成された同年上半期の世論は、その年を池田の前途におよぶ逓減的《ていげんてき》な敗北の年と決定した。それは澎湃《ほうはい》たる盛り上がりの過程で、すでに「鶴タブー」を打ち破り、批判拒否という池田が長期間享受《きょうじゅ》してきた特権を剝奪《はくだつ》してはいたが、より致命的な池田への痛打は、五月三日創価学会第三十三回本部総会での池田発言を引き出したことにあった。

その日、池田は言論出版問題に関して妨害の事実を直接認めはしなかったものの、「関係者をはじめ、国民の皆さんに多大のご迷惑をおかけしたことを率直にお詫《わ》び申し上げる」「今後は、二度と、同じ轍《てつ》を踏んではならぬ、と猛省したい」（池田『池田会長講演集』三）と陳謝しなければならなかった。

この謝辞そのものは、彼の無謬性《むびゅうせい》という神話の破産と一定の良識性の表白と受け取られ、彼の権力にとっては正負両面に働くにとどまった。彼の終わりの始まりを真に決したのは、これに前後する次の四点の誓約にあった。

①政界不出馬　「私自身は、生涯、宗教人として生き抜く決意であり、政界に出るようなことは決してしない」

②国立戒壇《かいだん》の否定　「本門戒壇は国立である必要はない。……したがって政治進出は戒壇建立《こんりゅう》のための手段では絶対にない」

③創価学会と公明党の分離　「創価学会と公明党の関係は、あくまでも、制度のうえで、明確に分離していくとの原則を、さらに貫いていきたい……今後、たとえ票が減ろうと、議員数が減ろうと、それが世論の要望であり、本来のあり方であるならば、近代政党として、当然の道であります」

④強引な折伏活動の停止　「もはや教勢拡張のみに終始する時ではなく、一人一人の社会での成長が、最も望まれる時運となってきた」「無理な学会活動をして、社会に迷惑をかけることは、大謗法《ほうぼう》であり、学会の敵であります」（池田、前掲書）

これらの発言は、今では不徹底な、偽りの多いものであったことが明らかにされているが、いずれにしろ、彼がここに、自らの上死点を定めたことを意味した。なぜなら彼は政界出馬という彼の野心と、その実現を保証する組織拡大策をこれにより、すべて撤回したことになったからである。

それまでの彼の野心は、公称会員七百五十五万世帯を擁《よう》する創価学会会長という現状に甘んじるものではなく、その組織を基盤とした上での「日本の最高権力者」、あるいは自らを首班とする公明党単独内閣の樹立にあった。いわば彼の政治的野心は巨大な組織によって可能だったのであり、政治的野心を抱くこと自体が、彼の権力の一つのありようでもあった。

五月三日の発言前、池田は苦悶の日々をおくり、「自殺寸前の心境に到った」と語ったが、長年ひめやかに養ってきた政治的な野望を自ら封殺するのであってみれば、あながち大仰な世迷い言ともいえなかった。

池田組閣の構想は半公然の事実であり、彼の衆議院出馬という意向の背後には、「(公明党) 議席数百を突破しての、連立による政権獲得構想があった。……この構想を持っていた頃の池田会長は、『私が教わったのは帝王学だ。私は最高権力者になる。そのときには創価学会を解散してもいい』と語っていた。池田政権によって、王仏冥合が達成されれば、もはや創価学会の必要がなくなるということであろう」（戸《と》川猪《がわい》佐武《さむ》、高瀬《たかせ》広居《ひろい》「公明党はまもなく大転換する」、『現代』昭和四十五年七月号、傍点筆者）とされていた。

池田政権は外部からの推測にとどまるものではない。たとえば、「池田先生が、日本の指導者として立っていただく」（北条浩《ほうじょうひろし》、『聖教新聞』昭和四十年七月二十六日）、「正しく戒壇建立の暁《あかつき》には、わが男子青年部の手によって内閣を結成して」（秋谷城《あきやじょう》永《えい》、『大白蓮華』昭和三十九年二月号）等、創価学会幹部の言々句々《げんげんくく》にうかがわれるばかりでなく、池田自身、三十九年の公明党結成時には党首脳たちに自らを「国父」とよばせ、また衆議院の公明党控室には、池田の写真と、その自筆の和歌「妙法の宝を胸に抱きしめて　君等戦え天下取るまで」の色紙を飾らせた（村上重良『創価学会＝公明党』）。

さらに池田は、四十年七月、日大講堂での本部幹部会で、往古《おうこ》の天皇にかわる現代の最高権力者は池田だという「方程式」を創価学会用語で謙虚に言明している。現代の「最高権力者」を内閣総理大臣、もしくはそれをも凌駕《りょうが》するトルヒーヨばりの「国父」と解するのは自然であろう。

創価学会の究極の目的の一つである広宣流布の儀式が行われるとき、こう語った。
「不開門《あかずのもん》（総本山大石寺にある勅使門）が開く。（はじめて門を通過するのは）一義には、天皇という意味もありますが、再往は時の最高権力者であるとされています。すなわち、……時の法華講の総講頭（三十九年四月から池田就任）であり、創価学会の会長（池田）がその先頭になることだけは仏法の方程式として言っておきます。（大拍手）
後々のためにいっておかないと、狂いを生ずるからいうのです。私は謙虚な人間です。礼儀正しい人間です。同志を、先輩をたてきっていける人間です。そのため、かえってわからなくなってしまうことを心配するのです。そうなれば、こんどは皆さん方が不幸です。学会も不幸です」（『聖教新聞』昭和四十年七月二十六日）
自らを最高権力者と規定するという、池田の国家を遠望する気概を滑稽化《こっけいか》しなかったのは、彼のすでに持つ権力の強大さであった。実際、戦後池田以上に強大な権力を許されたものは、ただ一つ国家のほかになかったであろう。
意図した効果を作り出すために他人を支配する力が権力とすれば、支配の状態が確固としていればいるほど、また支配する人員が多ければ多いほど、その権力は強大といえよう。

池田の権力の強大さは、創価学会公称世帯数七百五十五万という圧倒的に多数の会員と、「池田先生が死ねといわれるなら、死にます。池田先生は絶対間違ったことをなさらない」（高瀬広居『第三文明の宗教』）という、池田によせる会員の盲目的な信頼心、その二つに裏打ちされていた。

創価学会の世帯数とは、日蓮正宗の寺院から入信者に貸与された本尊（掛け軸）の累計であり、実数は明らかに公称を下回るが、およそ宗教団体の信徒数は、その総計が総人口の二倍近いことからも明らかなように、水増しされたものであり、水増しされたなりに比較するほか手段はない。

創価学会の公称世帯数は、戦前、その規模の大きさと行動性で世の耳目を集めた大本教の最盛時の信者数三十万名を足下に見下し、出版妨害時、他の宗教団体と比べても、霊友会（約四百九十六万名）、立正佼成会（四百四十二万名）、生長の家（二百十八万名）、天理教（百九十一万名）、東本願寺（六百七十一万名）、西本願寺（六百六十三万名）に大きく水をあけ（いずれも『朝日年鑑』昭和四十六年版）、また宗教関係以外の諸組織には、比較すべき対象を持たないほどに巨大だった。

池田への信頼心、崇敬の念は活動的な末端の会員から最高幹部に至るまで、いわゆるカリスマ的とされる熱烈さに貫かれていた。元毎日新聞記者・内藤国夫《ないとうくにお》によれば、東京都議会の公明党議員（創価学会員であり、その幹部であった）は池田について、口をそろえてこう自慢するのを常とした。

「『自民党や社会党の党首や委員長がこういうこと（煎餅《せんべい》や饅頭《まんじゆう》を買って議員控室に届ける）をしてくれますか。会長先生はわれわれにも、たえず目をかけてくださるのです。都議会の審議が長引き、われわれが疲れたなと思うと、きまって〃しっかりやりなさい。ご苦労さん〃と激励しながらお菓子を買ってくださる。会長先生はなんでもお見通しなのです。うれしいじゃありませんか』そして池田会長賛辞が競争するようにして続く。

『会長先生はわれわれのお父さんのような方です』『会長のご指示に従っていれば絶対にまちがいはない。先生のご判断はいつも的確です……』」（内藤『公明党の素顔』）

まさしく、池田からいわれたことをただ「そうか、そうか」ときいて動く団体だから「そうか学会」というとの揶揄《やゆ》がうなずける体《てい》の池田への忠誠心であり、それが会員数以上に、創価学会と他教団を隔てる要因となった創価学会の卓越した活動性、資金力を支えていた。

たとえば創価学会の銀行預金高は三菱銀行二百二十億円、三菱信託銀行五十億円、富士銀行六十億円など総額五百五十三億円に上ると推定され（四十四年九月末現在、某有力銀行『宗教法人の預金調べ』、木谷八士『疑惑のなかの公明党』から引用）、年利五・五％の定期預金としても約二十七億円の年間利息を生み出し、それだけでも四十五年の政治資金、社会党六億円、民社党二億九千万円に大きく差をつけ、ほぼ公明党の二十七億九千万円に匹敵するほどだった（旧称ママ）。

組織の強大さは一応、組織員数と組織員の質（組織への忠誠心や行動性など）の積であらわされよう。創価学会＝公明党は、会員数も会員の質もずば抜けており、両者が相まって、その組織を、政府関係を除けば日本最大最強のものに仕上げていた。

池田の権力が直接根ざしたものは決して彼の人間性ではなく、明らかに創価学会＝公明党という巨大組織であった。そしてそれらは池田による単一の支配だったから、池田の一身に組織の持つ力が体現されていた。組織が池田に遠大な乗っ取りの白昼夢を夢見させ、それに迫力を加えたのだ。

したがって池田の権力が創価学会＝公明党と盛衰をともにせざるを得ないことは自明である。彼は政界への野心を自ら放棄したが、それにも増して彼の発言中の国立戒壇の否定、創価学会と公明党の分離、強引な折伏活動の停止は、それぞれ組織という基盤をゆるがし、いや応なく彼の望蜀《ぼうしょく》の一念を破砕せずにはおかないものであった。

野望の挫折

国立による戒壇は、その後の舎衛三億《しゃえのさんのく》という遁辞《とんじ》にかかわりなく、創価学会員にあっては、千年王国到来の象徴として機能していた。

「本門戒壇が建立されるということは、学会員たちにとって、大変な意義を持っている。その時には、天皇陛下も創価学会員になっているはずだし、折伏の最終目標たる広宣流布も達成されている。さらに、王仏冥合も達成されて、公明党政権が樹立され、各地方自治体の長も、あらゆる社会機構の長も、すべて学会代表によって占められていなければならない。それだけではない。ありとあらゆる宗教団体は、すべて創価学会の傘下《さんか》にはいって、その御神体、あるいは本尊に創価学会のマンダラが掲げられることになっている。そうしたことのすべてが、正本堂建立の年に実現される」(植村左内『これが創価学会だ』)

本門（国立）戒壇をこのように捉《とら》えたのが一般会員であり、また事実、会末端では類似のことが教えられていたし、池田の発言中にも、彼らのそうした理解を助長させる言説があった。

「よく戸田先生は『天皇が信心したいといってきたとき、他の邪宗では、御本尊様をおあげすることができるか』と。また『天皇が信仰するまで、戸田は待つ。戸田は日本第一の忠義な者である』という意味のことを申されておられた。先生の申されたことが、ただひとつとして成就されえなかったことはない……。

また、国立競技場、国立美術館、国立公園等も、すべて国民の要望であり、国民のものである。宗教にあっても、最高の宗教が国民の幸福のために、国立戒壇として建立されることは、必然でなくてはならぬ」（池田『池田会長講演集』四）

「広宣流布の時には参義院《ママ》議員、衆議院議員もいてさ、皆な財布の中には少くとも十万や二十万入れて、洋服も月賦じゃないの着てさ、一つ国会議事堂やプリンスホテルや帝国ホテルで会おうじゃないか。要所要所を全部ね学会員で占めなかったら広宣流布出来やしませんよ。一つ天下を取るまで諸君は大事な体だからうんと修行して行きなさいよ」（池田「遺戒置文《ゆいかいおきぶみ》講義」、『聖教新聞』昭和三十二年九月六日）

本門戒壇を、天皇の帰依や創価学会の専権とする解釈が、一般会員の卓抜した活動性を支えていた。いわばそれは馬の鼻先に吊るされたニンジンであった。だからこそ、四十七年十月に完成された正本堂が、「事実上の本門戒壇というべき画期的な正本堂」(池田『巻頭言・講義集』四)と意義づけられたとき、会員は四十年十月の四日間に、自らの生命保険や銀行預金をあらそって解約し、質屋や古道具屋のつけ値を暴落させて、また殺人や自殺をひきおこして(新宗教新聞社『創価学会犯罪白書』)当初の建立資金目標額三十億円の約十二倍、三百五十五億円を献金したのだ。

本門戒壇建立が創価学会員への全役職の大盤振る舞いと同義語であるための条件は、公明党の独裁——国会での公明党議員の三分の二以上の議席、憲法改変、彼らの信奉する日蓮正宗の国教化——以外にない。そして、それらの野望を秘匿《ひとく》する合言葉が国立戒壇、つまり国立による本門戒壇であった。

しかし、公明党は予想外に伸びなかった。その政権獲得に関する、伝えられる池田の当初のスケジュールを見れば、三分の二以上の議席確保という前提が現実性を失っていたことは明らかであろう。

「四十年中に三十五名を衆議院におくる……第二段階は四十四年の選挙に全区から一

名ずつ立候補させ、百十八名を当選させる。ここで公明党は第二党になる……四十四年から四十八年までに、百五十名から百七十名を進出させる。……第三段階は四十八年から五十二年までで、衆議院に二百名から二百三十名を確保する。各地方首長（知事、市長）選に立候補し、連立政権の条件をあきらかにする。第四段階は昭和五十二年以降、公明党の単独内閣が実現する。党員五百万名、学会員三千二百万名」（草柳大蔵『現代王国論』、高瀬広居『公明党』にもほぼ同様の記述がある）

現在（五十六年）、公明党は衆議院三十三名、参議院二十六名、第三党にとどまり、池田構想の第一段階にも達してはいない。こうした現実と目標のギャップを前に、池田は四十一年ころから、目標の格下げという方途を選んだ。そのためのリリーフとして動員されたのが舎衛三億であった。全国民の三分の一が創価学会員（約七百五十万世帯とされていた）、三分の一が無信仰の理解者、つまり公明党支持者、残る三分の一が無関心、ないし敵対者という条件が整えば、国立戒壇に象徴される広宣流布は達成されるというのである。

しかし、公称世帯数は目標に達しているものの、公明党支持者が全国民の三分の二以上という必要条件があるかぎり、国立戒壇は馬の鼻先のニンジンであることをやめなかった。たぶん永遠にニンジンを食えない馬は、食えないことを思い知るか、疲れ死ぬまで走りつづけるはずであった。

池田発言は最終的に国立戒壇を否定して、鼻先のニンジンを取りはずした。正本堂の建立は広宣流布の終着点であることをやめ、その新たな出発点と変えられた。創価学会の大目標は失われないまでも、無限に拡散させられた。

「国家や世界を変えようとする人びとは、不満を育てて指導することによって、意図された変化が、正当で望ましいものであると説いても、人びとを新しい生活様式に強制することによっても成功するものではない。彼らは、とほうもない希望に火をつけ、それを煽り立てる方法を知っていなければならない。その希望が、天国の望みであるか、地上の楽園であるか、強奪品と無限の富であるか、濡手《ぬれて》に粟《あわ》の成功であるか、あるいは世界支配の望みであるかなどということは、重大なことではない」（E・ホッファー、高根正昭訳『大衆運動』）

正本堂建立という事実によって否定された国立戒壇は、将来、公明党の政権獲得時に国立に移行するとの含みはなお残しながらも、五十五年、衆参同時選挙での公明党の大敗はその可能性の芽さえつみとることになった。国立戒壇の否定は、会員における熱烈な希望の火を吹き消すことであり、それは創価学会の弱体化をもたらさざるにおかなかった。

政治進出と公明党は国立戒壇達成のための方便であった以上に、創価学会の胸に輝くバッジだった。彼らはそれにより、岸が、佐藤が、と口にできる社会的な位置と自覚を獲得することができた。またそれは、彼らの努力を一目でわからせる壁に貼られた成績表でもあった。彼らは公明党の急伸長によってどれほど自己と、自己の所属する集団との力を確信し、励まされてきたか、はかり知れない。そればかりではなく、公明党は彼らの青雲の志もかなえてくれた。池田はしばしば、その著と称する『人間革命』の中で、地方議員までに立身出世した会員を取り上げ、創価学会の御利益の例証とした。

公明党こそ創価学会の手形を日本国の通貨に変えるものであった。

池田の政教分離とは、いぜんとして「学会は、公明党の支持団体」であり、「具体的には、議員で、学会の役職を兼任している場合、党の仕事に専念していただくために、学会の役職は段階的にはずす方向にしていきたい。党の要望もあり、できれば、

二、三年のあいだに安定をみる方向に、党も学会も話し合っていきたい」(池田『池田会長講演集』三)という実効性を疑わせるものであり、その曖昧《あいまい》さという点では、公明党の七〇年度活動方針も、結党大会で政教分離の方向でスタートを切ったなどとうたい、軌《き》を一《いつ》にしていた。

最後に、強引な折伏活動の停止こそ、池田が会内に引き入れた最大のトロイの木馬だった。創価学会員は他教団に較《くら》べて出入りが多く、その歩《ぶ》どまりは四、五割と推定されており、現状維持のためだけにも、たえざる折伏が必要であった。したがって折伏の停止はストレートに会員減をもたらすが、さらに折伏には会内の新陳代謝を保つ機能があり、新陳代謝の停止による毒素は、国立戒壇の否定、政教分離とあいまって創価学会の停滞を決して単なる現状維持にとどめない。

ここで折伏とは「静かに説いて聞かせ、その上反対するならば、獅子王の力をもって屈伏せしめなくてはならない」と『折伏教典』にあったように、本来、創価学会にあっては強引さを不可避とするものであった。

折伏による創価学会員の増加は、増加自体で完結するものではなく、現に加入している会員に、日々、発展しつつある会の一員であるという深い充足感を与えた。もちろん、折伏は、折伏した当人の会内での地位の向上をもたらしもしただろう。が、それは現実的な利益以上の所属の喜び——急成長が創価学会の理念の正しさの実証であると信じられる喜びであり、それこそ千年王国の到来をま近いと思わせる至福感の根源であった。

強引な折伏の停止は、会員の充足感の停止であり、創価学会の生命ともいうべき座談会をも腐朽《ふきゅう》させずにはおかない。

「新来者の多い座談会が充実するというのは共通した報告である。内容の濃い座談会にするためにも、座談会を目指して折伏する必要がある」（後藤弘『創価学会の経営学的分析』）

停滞が転倒であるという、自転車に似る組織原則は創価学会にも貫かれている。座談会の低調が招来するのは創価学会の立ち腐れである。

「座談会がマンネリになり、学会員が座談会に意欲を示さなくなったとき、創価学会は衰退するであろう。たとえ外面的に、その活動がどんなに華やかであったとしても、それは幻影にすぎない」（同前）

こうして池田は彼が日本に君臨するという野放図な野心を不発に終わらせたばかりか、そのよって立つべき組織の角を矯《た》めなければならなかった。国立戒壇の否定、創価学会と公明党の分離、強引な折伏の停止は、彼の自覚の上では一時をしのぐ偽りの言葉であったが、実際には、彼が自ら行わざるを得なかった運動論、組織論の破産宣言であったにとどまらず、より根底的な敗北の前提の受け入れであった。

組織に根拠を持つ池田の権力の構造は、同時に組織の弱体化がそのまま彼の権力の失墜の指標と化すという構造でもあった。

池田は昭和四十五年の経験を、未練にも「法難」として捉えたが、彼にはすでに、法難という言葉の持つ正義も回復力もなかった。

「私は、法難というものは、けっして偶然ではないと思うのです。いまさら私のことを言うのはおこがましいことですが、日蓮大聖人が、小松原の法難を受けられたのが四十二歳でしょう。二祖日興上人が身延山《みのぶさん》を下山なされたのも四十二歳の時、戸田先生が、入牢されたのもやはり四十二歳なのです。そして、私が、創価学会とともに、昨年、いろいろの誤解と批判に会ったのも四十二歳でしたからね」（二反長半《にたんおさなかば》『若き池

田大作』。なお戸田の入牢は昭和十八年、四十三歳のできごとで、池田は意図的に年齢を違えている）

法難という理解は、池田の人物の尊大さと無原則性、過ぎてしまえばこちらのものという卑《いや》しさを物語るが、それ以上に池田が、社会から加えられた批判になに一つ学ばなかったことを意味した。逆に池田は糾弾キャンペーンの先頭に立った共産党に報復するため、情報をとろうと宮本宅電話盗聴事件をひき起こすのである。

だが、その後の池田創価学会の命運を決めた基本は、裏の行動ではなく、表の、彼の口から吐かれた言葉だった。彼は言論抑圧を問われた際、教義に殉ずるかわりに、教義を対世間にねじまげる策をさらに加重した。政治進出、公明党結成以来の社会化が、日蓮正宗教義の持つ孤立性を守ることを許さなかったのである。

池田は、「化儀の広布は第三文明の多角的な活動を含んで進められていく。これに対して、政治などの分野においては政党や官庁等で、創価学会を憎み、陰険にも権力をもって弾圧し、迫害し、理不尽な妨害を試みる者も出てくることは必定である。……創価学会を妨げ葬り去らんとするものは天魔であり、……無間地獄に堕ちることを免れないのである」（池田『立正安国論講義』）という、独善的とはいえ、宗教者として当然な精神の原点を放棄し、なまなかに社会との協調を選んだ。彼がひたすら組織の保守にしがみつき、自ら信仰の立脚点を否定したことは、会員の信仰に対する矜《きょう》持《じ》と情熱、張りを損ない、信仰生活の解体をも、もたらさずにはおかなかった。

二回目の敗北

池田は四十五年、出版妨害に対する世論の批判を浴びて一敗地にまみれたが、それは今となっては第一次敗北と呼ぶにふさわしいものであった。彼は九年後、会長を退くことで陳謝のかわりとする第二次敗北を喫することになった。

二回目、彼にうちかつ主役は宗門である。すなわち創価学会規則がその信徒団体であることを定めている日蓮正宗によって池田は敗れ去るわけだが、その基因は四十五年五月、池田が世論の批判に陳謝したこと自体に発することとなった。

池田の謝罪は彼の意識のなかでは一時、雌《し》伏《ふく》し擬装するための方便にすぎなかったが、それでも彼以外の人間には彼が謝ったという事実に変わりはなく、彼もまた誤る人間であることを教えた。池田は昭和四十二、三年ころにはすでにマスコミ界に「鶴タブー」を確立して、彼だけは批判されないという特権を享受していた。会内や宗内においてはなおさらで、池田の日蓮正宗支配に苦々しさを覚えたところで、彼の指導による破竹の勢いの組織伸張が彼らの不満や疑念を打ち消すばかりか、なかば本気で創価王国の到来や池田の偉大さを信じさせていた。

だが、池田は世間に対して謝罪した。出版妨害への糾弾は池田を会長就任以来はじめて挫折させ、会内、宗内の迷妄を砕いた。それは広く宗内におけるルネサンスの契機となった。僧侶も、日蓮正宗の信徒団体の一つである妙信講《みょうしんこう》も、創価学会の幹部でさえも、いかにそれまで池田創価学会の神話に呪縛され、制圧されていたかを知ることになった。彼らは会長・池田に讃嘆するだけの生活を捨て、主張すべきを主張したいと願いはじめた。

「『黒い鶴のタブー』との戦いを通して、先生（池田）に疑問あるいは多少なりとも不信を抱く人たちも出てきたのです。一時的とはいえ、自由、進歩的雰囲気が聖教編集内その他に出てきたのです。しかし、これが創価学会の長年の体質になじむはずがありません。やがて弾圧が始まったのです」（原島嵩『池田大作先生への手紙』）

しかし池田がつまずくことを一度でも知った人間に、つまずく前の神話を再び信じさせようとの試みは、一時的には成功したようにみえても、いずれは失敗する運命にあった。

社会が池田の謝罪を諒《りょう》として追及の手をゆるめた後も、執念深く糾明をやめなかったのは妙信講であった。妙信講はすでに四十四年五月、デパートで開かれた日蓮大聖人展に総本山大石寺から、日蓮六老僧の一人で日蓮正宗の開祖である日興像が出品されたことに対し批判を加えていたが、四十五年三月、国立戒壇の放棄は誤りとの糾明書を宗務当局と創価学会に送って批判を開始した。

以後、日蓮正宗の法主・細井日達《ほそいにったつ》は妙信講の力を借りつつ、創価学会の支配を脱し、奪われた教義解釈権を取り戻すことに成功する。その過程で妙信講は解散処分を宣せられ、創価学会は宗門からの独立をちらつかせつつ宗門再支配を目論む「五十二年路線」に突入するが、かえって宗門の反撃に敗れて池田の会長辞任に追い込まれる。

池田創価学会の第二次敗北である。

堕ちる権力者像

本書執筆時点で、池田は第三次の闘いのさなかにあるわけだが、彼が厚い殻皮を形成して現状を耐えぬき、いつの日か外部環境の良化に伴って蠢動《しゅんどう》を再開、ガン細胞のように他に転移しようにも、すでに彼を囲い込む世論は動かしようがないとみられる。彼を批判するものは四十五年時には外部社会であり、五十四年時には宗門という半内部だった。そしてその後は、原島嵩や山崎正友という中枢にいた幹部にリードされるかたちで、糾弾がつづけられた。池田は敗北ごとに、より手厳しい情報戦にさらされたわけである。

池田の敗因の一つは、世間の錯覚をおのが自覚とした点にあったともいえよう。

彼を礼賛する声は創価学会＝公明党内部では神格化の域に達して、彼の権力にもう一つ輿望《よぼう》という属性を加えていた。そして彼は、その会内の輿望をスプリング・ボードに一時期は会外の名声をも博した。それが彼の偉大さを仕上げ、彼を生きながら偉人伝中の人にしていた。

池田は、東京急行電鉄社長・五島昇《ごとうのぼる》には「日本で〝帝王学〟を受けた人は、皇太子と池田大作とぼくだけ」と評価された。森下仁丹社長・森下泰《もりしたやすし》にいわせれば「日本歴史、あるいは世界歴史に残る可能性をもつ人」となったし、児玉誉士夫《こだまよしお》に至ると「何百年あるいは何十年に何人かしか出ない人物」の一人とまで称揚されていた（『現代』昭和四十五年二月号）。

さらに、いちずに池田の偉大さを顕彰する評伝、小説、写真集は単行本だけでも十指にあまり、そのほか新聞、雑誌の掲載文、創価学会、公明党を扱った刊本中の池田大作偉人説は枚挙にいとまがない。それらの一部はその販路や効果の上から、「お買い上げ出版」「おべんちゃら本」と目され、「おべんちゃら本」を何冊か物した五島勉《ごとうべん》は池田を、日本が狭すぎる、現代の英雄と表題にうたった。

が、そのすべてが、意図的な阿諛追従《あゆついしょう》をこととしたのでもなく、また「創価学会・公明党と誼《よしみ》を通ずることによってしだいに筆を曲げていった」のでもなかった。むしろ「誤認識や誤解を正すことがジャーナリストとしての私の責任でもあると思う」（小林正巳《こばやしまさみ》『池田大作』）善意の著述者をして、なお、「抵抗期の純粋な青年や、三百万といわれる女性を社会活動にリードしている指導者は歴史上にも稀《まれ》ではないかと思」

わせる点に、池田のまことに偉大な特性があったというべきだろう。

後藤弘《ごとうひろし》は「創価学会員でもなければ、公明党の党員でもなく、また特殊宗教の宣伝や紹介をしようというものでもな」く、ただ「創価学会を正しく認識するためにいささかでもお役に立つことができれば幸」と考えて、前に引用した『創価学会の経営学的分析』を著したが、それでも文中、「池田を当代随一の指導者であるといっても、……決していいすぎではあるまい。事実、私は池田に比肩《ひけん》すべき指導力をもった人材、池田以上の人物を現在日本において見出すことができない」と、池田という人物の前に全面的に脱帽しなければならなかった。

創価学会＝公明党の内外を問わないこうした池田の強大な声望は、すでに棺を蓋《おお》う前に彼の名声を定めたかに思わせた。池田自身の言動がそれを追認するにやぶさかでなかったのも人情の理《ことわり》というべきであった。

「創価学会は、国連の人口統計からいうと、世界で二十一位の国家となる」（高瀬広居『池田大作』、高瀬は周知のように理解ある創価学会通として知られており、その著作からの引用はこの際不適当ではない）と、池田は創価学会が独立国であることを宣言し、ついで「私のコトバは憲法となる」（同前）と、そこで行われるべき最高法の淵源をルイ十四世風に明らかにした。

また池田は彼の馬前に屍《しかばね》をさらすという会員の赤誠《せきせい》を耳にして、暗に会員の範としていた。

「ちょうど東海道方面で、ある会合があった。百人前後の会合といっておりました。その中で地区部長にある人が『もし小選挙区制になったらどうしますか。われわれはどうしたらよいのですか』と質問したという。……その時に、ある女子部の区長が立ち上って『小選挙区制がしかれるようなことがもしあったならば、私どもは本部の指示を待とうではないか。かならずや本部の指示があるであろう。その時は国会前で会長が〝死ね〟といえば死にましょう。〝生きろ〟といえば生きましょう。どんな戦いでもその指示を待とうではありませんか。それまでは一生懸命、信心に励めばいいではありませんか』という意味のことをいったそうです。『かならずその時、時に応じて指導があるではないか。そんな心配をする必要はない』と立ち上がっていったそうです。その時に百人の人は水を打ったように『ああそうだ』と、いっぺんでわかったそうです」（池田『池田会長講演集』十二）

組織外からの錯覚も、池田の自覚もやりきれないほどに生まじめなものであった。

そこには賞《ほ》めて、賞め倒すというシニシズムもなかったし、大ボラを吹いて煙にまくという磊落《らいらく》さもなかった。局外者はひたすら英雄と同時代にあることの幸せを嚙みしめるべきなのであった。

勤勉と型ハメ

池田はまぎれもない世俗の勝者だった。彼はゼロから出発して、他に較ぶべくもない権力と知名度、地位と潜勢的な財力をすべて手中にした。彼は精神の世界に所属し、世俗の功利とは無縁であるとの論はあたらない。日蓮正宗の在俗の信者の団体・創価学会の会長だからであり、また彼の存在と品性のありようからである。

勝者の第一の要件は池田の力説する通り確信であった。

「将として、もっとも大事なことは〝御本尊は絶対なり〟という確信をもつことである。確信ほど強いものはない。どんな事態でも打開し、どんな人でも救い、どんな戦いでも勝ち抜いていく源泉が確信である」（池田『指導要言集』）

不信と懐疑の蔓延《まんえん》する時代に、池田は教義への確信によって闘争への力《りき》を得、また確信をもって感動的なまでの指導性を発揮した。さらに彼は病・貧・争の出身に由来する人情の機微に関する熟達と、諸々の劣等感とその裏返しである優越感とをもって効率的に組織の運営拡張にあたってきた。

池田の成功、すなわち創価学会の伸張は、昭和二十五（一九五〇）年の朝鮮特需から池田《いけだ》勇人《はやと》の高度経済成長政策を経て、GNP第二位に至る日本経済の復興と進展をそのままになぞった。会員はこの間の名目賃金の上昇と電化製品の購入を自家の家計の向上ととらえ、そこに「功徳のすごさ」の実証を見て、さらに己の会活動に拍車をかけ、その結果、会員は急増した。

そしてこの期における池田以下会幹部の指導的な信条は、忙しさの信条とでもいうべきものであった。それは忙しさ自体がモチベーションになるという奇態な、とはいえ会外でも見られなくはない馬車馬の信条であり、彼らをおそろしく勤勉な人種にしあげた。創価学会の一中堅幹部（森田康夫、昭和五十五年八月に副会長）は、「忙しいということは、それだけ存在価値があるということになり楽しい」（後藤弘『創価学会の経営学的分析』）といった。

この境地は創価学会を絶対とする確信を前提として生まれ、それが彼らの睡眠五時間といった活動を支えてきた。彼らは日本経済の底の浅さが個人に刻印したいわゆる「モーレツ」や「エコノミック・アニマル」の模範的な尖兵だった。

池田の思念はつねに、彼の持ちものである創価学会＝公明党を離れず、彼はこれまで繰り返し述べた入信神話などの嘘、戸田のアダ名ヒバリ天をヒバリ男とするような虚栄、仏法民主主義といった用語に見られる折衷のほか、借用、型ハメといったパターンの駆使において勤勉であった。それらは池田の創始になるものでなく、主として戸田以来の創価学会にみられるものだったが、池田はそれをさらに拡張して、彼と創価学会＝公明党が共有する性向にまでたかめた。

借用という点では、まず創価学会自体が日蓮正宗の歴史と権威を借用する団体だった。また戸田、池田二代にわたって愛用の「人間革命」も、昭和二十二年、東大総長・南原繁《なんばらしげる》の卒業式での演説「人間革命と第二産業革命」からの戸田の借用によった。さらに池田による雑誌『潮』の命名も、本来、小口偉一が『世界』（岩波書店）の「日本の潮」欄に無署名で「創価学会」を書き、それを見た戸田が早速借用して、「いまや創価学会は日本の潮であります」といったことに始まっていた。

その他、『朝日新聞』の「声」欄からの『聖教新聞』の「声」欄、公明政治からの公明党の命名、労音に対する民音という発想、池田の著書における古今東西著名人の言葉の、権威づけを目的とする引用など、すべて借用の例であり、その最たるものは、公明党参議院議員・渋谷《しぶや》邦彦《くにひこ》の『創価学会の思想』3のうち「社会主義と人間性社会主義」における、民社研議長・武藤光朗《むとうみつろう》『社会主義と実存哲学』からの十八ページにわたる盗作であった。

型ハメとは、まず枠組みや外見をとらえ、もしくは整えてから、という発想である。その濫觴《らんしょう》は戸田の教師時分の「綴《つづ》り方教育法」——「今のようにありのまま書くのとは反対で、一つの形式を作り文章を自由にこなさせた上で、形式から創造するという方法だったんだな。今は誰もやりませんよ」(戸田談、『宗教と信仰の心理学』)——に求められよう。

創価学会で愛用される「方程式」という語、創価学会＝公明党の滅多やたらの組織、ポストづくりと、政府や地方官庁に対する組織設置の要求等が型ハメの例であり、また創価学園生徒への過度の宿題やテストでの締めつけも、この気味が強かったといえよう。池田の読書論も例外ではなかった。

「いかなる本を読むときでも、最初に〝はしがき〟〝序文〟等を読むこと。そこには、その著者の意図、および思想が要約されているものです。これは大切なことだと思う」（池田『指導集』）

これらはすべて内容や理念、伝統を持たないものがインスタントにそれらを取りこもうとする結果だった。実際、創価学会の教義を現代に適用してみても、具体的な何ものをも創造し得ず、どうしても嘘、折衷、借用、型ハメといった方策に走らざるを得なかった。第三文明とか真の革新とか、言葉としてはいえても、言葉だけでは創価学会＝公明党の経営は一日としてなりたたなかったのだ。

またこれらは、組織が革新ではなく、安定と永続を目ざすとき、不可避的にとらざるを得ない方策でもあった。戸田時代の無から有を生じた破竹の勢いの奇跡から断たれそうな不安を覚えた池田は、つねに会員に戸田時代を再確認させるだけではたりず、強迫観念にも似て、組織理念の立つ足場をあらゆる所に求めざるを得なかった。理念がつぎはぎだらけだろうと、頑丈でありさえすれば、頑丈に見えさえすれば、それで池田は安心できたのである。

池田以下幹部たちは創価学会の教義への確信と、忙しさの信条をもって、鋭意これらの方策につとめてきた。

池田流社交術

こうして池田は組織活動に指針を与え、権力を組織的に支えた。しかし首領である池田の役割はそれですむものでなく、なにかと引き合いに出されては心労のたえまがなかった。

そのような場合、池田の原理の基調は創価学会＝公明党の利益に置かれ、その言動はすべて、組織の利益にどのような効果を及ぼすかという観点からなされた。彼は基本的には会外者を信用しないという、油断のない打算をもって行動し、小心なまでにその権力の保守に汲々《きゅうきゅう》とした。

このことは彼のもっとも得意とする分野、人あしらい、対人の態度によくうかがわれよう。草柳大蔵は池田に関する次のエピソードを紹介している。

「会員が六百万世帯をこえ、『聖教新聞』『公明新聞』が日刊となったときのことだ（昭和四十年か、四十一年）。ある〝大物〟が池田を訪ねてきていった。

『君のところはずいぶん強大な組織になったが、いったい、これからどうするんだ』

彼は池田の顔を読むような眼つきになった。池田はこう答えている。

『とんでもないことです。組織はこのへんが頭打ちですし、議員の質にしても、その他の人材にしても、そうは整いませんよ』

『うん、そりゃそうだな』

池田は、このとき吉川英治の『三国志』の中の、曹操《そうそう》と玄徳《げんとく》のエピソードを思い出していたという。雷が鳴ったとき、玄徳は『あな、おそろし』と机の下に潜《もぐ》りこんだ。それを見て、豪傑・曹操は『ハハア、なんたる臆病者か』と笑った。あとで玄徳は『あのとき、あの豪傑と張り合っていたら、どんなに冷酷な手を打たれるかわからないからな』と呟《つぶや》くのである。このクダリが頭にあって、池田は〝大物〟の『創価学会にはもう人材はおるまい』という判断にしたがってみせたわけである」（『文藝春秋』昭和四十四年九月号）

このプラグマチックな組織防衛反応は、単なるエピソードにとどまらず、池田の言動の随所に見られる反応であった。彼はしばしば三国志を思い出しては自制し、実利を自分にいいきかせ、今に見ていろとの鬱屈と憎悪の心を養ってきた。大時代な意気と、粗雑な認識の持ち主である池田にとって『三国志』は、汲《く》めどもつきぬ知恵と指針の泉だったのである。

青島幸男《あおしまゆきお》との対談でも、彼は次のように応対して青島の鉾先《ほこさき》を玄徳ばりにしのいだ。

「青島　（創価学会が）なんで政治に介入してこなければならないのかという点がもう一つわからないいんですね。ついには議席をふやして与党になり、池田大作が王にとって代わるのではなかろうかというような……（笑い）心配をしている人もあるんじゃないかな。

池田　まるで落語ですね。三議席ふやすのにも十年も命が縮まっているぐらいですよ。与党なんか夢物語ですよ。……ファッショだとか、なんとかいうのは、アンチ派の恐怖症ですよ。そんなに簡単に議席がとれますか。とんでもない（笑い）。

……だいたい私みたいな気の弱いものがファッショの中心になんてなれっこないじゃありませんか。こんな平々凡々な、面倒くさがりやで、体が弱くて、政治が嫌いで、平凡に生きたいという念願できた人間が、そんなことできませんよ、おかしくて」（『宝石』昭和四十四年一月号）

池田の対人の態度は、大物やウルサ型に対しては笑いにまぎらしつつ、へり下ることが基本型であり、かなり底の割れやすいものといえた。そしてその卑下には態度ばかりか、内容の割引――嘘も用いられた。「与党なんか夢物語」という言葉は、池田の心内では、与党にしたいという願望とまるで矛盾せず、与党への有用な過程的な言辞としてだけ把《とら》えられた。そこでは虚言しないという一般倫理は、与党になるとの彼にとっての善の前に吹っ飛んでいた。

一体に池田はひじょうに恨みがましい性格の持ち主で、その自尊心は対者の些《さ》細《さい》な言動でしばしば傷つけられたが、彼はその場で溜飲《りゅういん》をさげることが得策でないと見れば、「生意気」と思いつつも怒りを胸の内におさめた。そのことは発表時に手入れされたはずの彼の『若き日の日記から』にも、なお散見される。

二十六年二月十三日（池田二十三歳）、「吉沢君なぞに於ては言をまたず。――先輩にへつらい、盲目にして生意気な女性よ。――」

同年四月七日、「夜、青年部月例部会。出席者、約数十名。男女共に。愚かな、気ざな、幹部が気に入らぬ。町の、青年会の幹部のつもりでいる」

二十八年一月八日（二十五歳）、「二時、R（竜年光と思われる）宅にゆく。交通事故の、弁償金、八万円也を、整理してあげる。心からの礼もいわず、いやな同志と思う。利己主義と権威主義の同志ほど、情けなきものはなし」

同年十月二十二日、「Y君、少々慢となって来る。そろそろ厳重に、指導の要ある。自分が謙虚になっていると、図に乗って来る」

二十九年六月二十三日（二十六歳）、「S宅を訪う。実に生意気である。じっと耐えよう。そして三年後に勝負せんと、帰り、一人思索する」

同年七月三十日、「大宮方面に出張。K氏の生意気を憤《いきどお》る。五年後、十年後の勝負を——と我慢する」

同年十二月二十九日、「八時、R（たぶん竜年光）宅へ。参謀室の友と共に。生意気な一家、特に女房に怒りをおぼえる」

陰にこもった立腹の甚《はなはだ》しきものは古来小人と決まっているが、まして宗教人にとっては、「生意気」「図に乗る」などの語や、他人の「女房」を悪しざまにいうなぞは、理由がどうあれ聞き苦しく、池田の野卑な人格、逆投影した傲慢《ごうまん》を察知させてあまりあろう（なお文中の「勝負」とは果たし合いではなく、創価学会員用語で、何年か後をゴールと決め、その時までにどちらが幸福になっているか、出世しているかを較べる意）。

おそらく、池田が相変わらず日記をつけているなら、青島幸男は、「青島の生意気を憤《いきどお》る（！）。十年後に勝負せんと、帰り、一人思索（！）する」と彼の日記につけられたはずである。なにしろ、池田は彼のために、「こんな平々凡々な、面倒くさがりやで、体が弱くて、政治が嫌いで……」といわせられたのである。

もっとも、池田も「勝負」の念《おも》いだけでは精神衛生に悪いと知ってか、平凡に関する態度の方を変えて心の不協和を解消していた。池田の常用する「平凡」は、彼の内部においては決してへり下りを意味せず、自制の代償をきちんと済ませる構造になっていたのだ。

「〝偉大な人〟とは、平凡であることの偉大さを知った人のことだ」（池田『指導要言集』）

池田がこのようにいうからには、彼は、「平凡であることの偉大さを知っ」ており、また自ら「平凡に生きたい」と願っているのだから、彼は「偉大な人」となる道理だった。まことに語るに落ちる、すさまじい尊大ぶりというべきだろう。

池田の対人のもう一つのパターンは、彼がインタビューされる企画にもかかわらず、相手（ホスト）のことを尋ねてみせるというテクニックだった。相手に関心を持っていることを示せば、相手が喜び、自分の扱いもよくなるだろうというきわめて皮相な、一面では人をなめた発想である。

現に前出の青島との対談の冒頭部分で池田はこういった。

「きょうは青島さん、私のほうから幾つか、ぜひお聞きしたいことがあるんですよ。……私の友人でも、うちのお手伝いさんや隣り近所の人にも、青島さんのファンがおりましてね、その人たちを代表して三、四点お聞きしたいんです」

嫌味なほどに池田は露骨なくすぐりを常用した。彼にとってはその場を巧妙に立ち回れればそれでよく、品性を疑われそうな卑屈なこともさらりといってのけた。ジョン・ガンサーとの対談もその例である。

「ガンサーさんは世界における言論界の大統領でありますので、今日は私こそ青年を代表して質問をさせてくれませんか。こんどアメリカに行ったときは私はゆっくりと質問を受けますから（笑い）」（『中央公論』昭和四十一年十二月号）

これでインタビュアーが無名の新聞、雑誌記者になると、これらの手はつかえないから商売ホメ――「わたしは新聞記者志望でした。息子も記者志望でしてね」――と、対照の妙とでもいうべきテクニック――池田の両側に幹部が並び、彼らは茶菓にも手をつけず、池田が記者に語る言葉を必死にメモする。その中で池田は悠揚迫らず、お茶をどうぞ、お砂糖は？　などと細かい心づかいを見せる――を使ったようだ。記者は目《ま》のあたりにする池田の権威との対照でさらに強められる池田の頭の低さに感じ入ることを狙う演出である。

また、池田はしばしばインタビューの予定時間を超過してしゃべりこむというサービスを行った。談話取材者のつねで、忙しい身にもかかわらず、これほど熱心に他の約束をすっぽかしてまで応じてくれるとはと、ひとしお感激を新たにするわけである。長時間にわたる異例の会見であったと前書きにうたう記事が、いかに多かったことか。

池田がジャーナリズムにこれほどの気をつかったのも、池田や創価学会＝公明党が何よりジャーナリズムを重視したからである。四十五年の言論抑圧批判への逆攻撃のさなかでも、『聖教新聞』声欄に、例の「社会党のうすバカども」とやった渡部発言（昭和四十五年一月十一日、創価学会学生部幹部会）中に新聞記者への誹謗があったのはまずい、との投書をのせるほどに、彼らは社会的な孤立をおそれていた。

さらに池田は必要とあらば、老人の肩を抱き、大石寺で酒を出し、また婆さんに頬ずりし、髪をなでながら「おばあさん、本当に偉いね。いちばん可愛いよ」（央忠邦）

とやることも辞さなかった。重要なのは彼の世評であって、彼の好悪ではない。池田はこれらの泥くさいセリフや仕草を律義に繰り返してきた。彼の人間認識の原型は、人は賞められれば喜び、へり下れば安心するというみごとなほどに単純なものであった。単純を厚顔にも押し通すという点で、彼は実に優れた演技者であったといえよう。

なりあがりの大物好み

もっとも池田は勝ち抜いてきた者として、大物との人交わりを好み、彼らに親近感を抱いていた。その際の必要条件は、相手が彼を認めるという一点につきた。彼にとっては彼の権威を認めないこと、彼に礼を尽くさないことにすぐる権利侵害はなかった。彼はそれを傲慢と決めつけ、皮膚感覚的にヒステリー反応を起こした。

「威張る者とは戦おう。それが社会正義の人だ。威張るのは、キャラクターとして、最低だ」（小林正巳『池田大作』）と池田はいきまき、たとえば彼を呼びつけた上、待たせた大野伴睦にひどく恨みを含んだ。創価学会の勢力の伸張とともに、池田は表敬に過敏となり、それだけ立腹の機会も多くなっていた。
が、逆に彼に頼みごとをもって訪ねてくる大物ほど彼を喜ばせるものはなかった。池田は頼みごとを必ずしもかなえはしなかったが、依頼を彼の権威の承認と受けとめ、ひとり悦に入った。

池田への依頼持ち込みの最盛期は昭和三十八年四月に行われた、現職の東龍太郎《あずまりょうたろう》と、阪本勝《さかもとまさる》が一騎打ちした都知事選で、この時には大野伴睦、岸信介、南条徳男、佐藤栄作が池田を訪ねているという（草柳大蔵『現代王国論』）。彼らの依頼が奏効したか、公政連は、それまで都政の欠陥と腐敗を攻撃していたにもかかわらず、その都政の最高責任者である東龍太郎支持を表明し、多数都民の批判を浴びた。

池田をはじめとする創価学会＝公明党幹部には、つねに正当に評価されていない、世に認められていないという、被害者類似の意識が濃厚だったから、自らの利益に支障ないと判断できるかぎり、大物に認められ、おだてられれば、時に豚のように木に登った。

また池田はこれと思う大物を創価学会の文化祭に招き、参加者名簿をその声望と権力の貯金通帳として眺めた。四十二年十月の文化祭への来賓は五千人にのぼり、『日本の潮流』によれば、そのおもな顔ぶれは次の通りであった。

「政界は三木外相、前尾繁三郎《まえおしげさぶろう》（自民）、賀屋興宣《かやおきのり》（同）、田中角栄《たなかかくえい》（同）、田中法相、塚原総務長官、劒木文相《けんのき》、柳田秀一《やなぎたしゆういち》（社会）、佐々木秀世《ささきひでよ》（自民）、石橋政嗣《いしばしまさし》（社会）の各氏ら。美濃部《みのべ》都知事、秦野《はたの》警視総監、竹山静岡県知事、東前都知事もローヤルボックスに姿を見せ、じっと見守っていた。官界からも多数が顔を見せていた。

財界では松下幸之助《まつしたこうのすけ》氏の姿が目立った。銀行関係は田実渉《たじつわたる》（三菱）、岩佐凱実《いわさよしざね》（富士）、堀田庄三《ほったしょうぞう》（住友）、金子嘉徳《かねこよしのり》（東海）、村野辰雄《むらのたつお》（三和）、原純夫《はらすみお》（東京）の各氏ら。

建設業界は本間嘉平《ほんまかへい》（大成）、竹中練一《ママ》（竹中）、吉川清一《よしかわせいいち》（清水）、渥美健夫《あつみたてお》（鹿島）の各氏。

デパートは松田伊三雄《まつだいさお》（三越）、飯田新一《いいだしんいち》（高島屋）、小菅丹治《こすげたんじ》（伊勢丹）、古屋徳兵衛《ふるやとくべえ》（松屋）、堤清二《つつみせいじ》（西武）、根津嘉一郎《ねづかいちろう》（東武）、服部礼次郎《はっとりれいじろう》（和光）の各氏ら。

製紙業界は熊沢貞夫《くまざわさだお》（王子）、金子佐一郎《かねこさいちろう》（十条）、木下又三郎《きのしたまたさぶろう》（本州）、白石稔《しらいしみのる》（三菱）の各氏（以下一流企業の大どころが続くが略す）。

学者では大熊信行《おおくまのぶゆき》（神奈川大）、清水幾太郎《しみずいくたろう》（学習院大）、木下広居《きのしたひろい》（専修大）、磯村《いそむら》

英一《えいいち》（都立大名誉教授）、古田《ふるた》重二良《じゅうじろう》（日大）の各氏ら、それに一流出版社の幹部も数多く姿をみせた」

池田はこれらの知名人に、動く人絵や人文字を見せて、会員の統制された、彼自身への忠誠心を見せつけ、出席者に様々の感慨を強いた。森下泰《もりしたやすし》は「団結力」に感嘆久しくしたし、木下広居は「日本の将来に明るい気持をもった」（『週刊現代』昭和四十二年十一月二日号）。

また三十八年の関西文化祭を見たマックファーランドは、「こうした大衆のエネルギーと盲目的従順の表明に慄然《りつぜん》とした。第二次世界大戦当時を憶えている者にとっては、こうした光景は決して忘れられるものではない。私の心に、ナチスの青年大会のニュース映画の一コマや、文明を絶滅させてしまった全体主義の光景が、ちらっと浮かんで来る」とその著に記さねばならなかった。

道具としての女性観と廉潔を裏切る金銭観

池田の私生活も、私人的な言動も、創価学会＝公明党の首領であるという自意識から決して離れられなかった。彼は戸田の率直さだけは受け継がずに圧殺し、自ら立てた浅ハカな大義名分によって厚化粧した。

彼は女性との関係に関しては、

「法治国の国民としては、それ（一夫一婦制）に従うべきだ。ただし――ただしですよ、（笑い）――もし、それだけの理由と力があって、しかも誰にも迷惑をかけないという場合には、一夫一婦制の枠外の行為でも私は男性として認めます」（『宝石』前掲号）

と述べ、妾《めかけ》を抱えていた戸田仕込みの、まことに融通無礙《ゆうずうむげ》の見解を持ち、今ではそれを実地に試みたと報じられている。『週刊新潮』（昭和五十五年六月十二日号）によれば、池田と「ただならぬ〝間柄〟」の女性は公明党参議院議員・渡部通子、中国担当副会長・上田雅一《うえだまさかず》の夫人、創価大学図書館長Yの夫人、第一庶務の女性たち、東海研修道場の女子職員、山陰地方のある幹部の夫人、と多数に上っている（創価学会は同誌に対し昭和五十五年六月五日、記事の即時全面取り消しを求めて抗議したが、同誌は六月十九日号で逆に「当誌を〈誹謗・中傷〉する目的で書かれた〈許し難い〉文章」だとして取り消しを拒否、その後現在＝昭和五十六年四月＝に至るまで同誌記事は黙認されている）。

池田の対女性観や性についての考え方はいくつかの池田語録にうかがわれる。

そのうちの一つは本部職員の机の間を動きまわって、目につく一人一人に総括を加えたものである。

「（高田新平君に）精気を奪われちゃった顔して、こっちへこい。快活に仕事ができないんじゃー、しようがない。誰と結婚したの。（冬木さん）もう五カ月たったんなら、いいだろう。夫婦の問題は自由だけど、現場の戦いでは男のいくさだ。そこへ（夫婦の）延長がみえるようじゃーしようがない。戸田先生はそれはすごかった。毎日ふるえ上った。女房と一緒にねられるか！　そんなくだらない！　とね」（昭和五十年十月二十四日、本部で、内部文書）

もう一つはフランス日蓮正宗副理事長・長谷川彰一《はせがわしょういち》について語った言葉である。

「フランスの長谷川さんも十年前は乞食だった。今ではセーヌ河に家を建てた。奥さん二十歳上だ。フランスの画家の大家だから……。（略）うんと絵をうって、といった。それまでなかなか絵を描かなかった。それじゃーやろうと決めてやりだした。奥さんには長生きして！　といった。長谷川さんには（奥さん）もうじき死んじゃうから、二人目の新しい奥さん、もらえばいい、といった。僕は内証がきらいだから、い

っちゃうけど……」（昭和五十年七月七日、創大職員七月会との会食で、内部文書）

池田に信仰者の慎しみは無縁である。彼はおそらく平均的な成人男子以上に、女性を快楽の道具とだけしか見ていず、会内における彼の超絶的な権力者の地位を、超絶的なオスの位置にもスライドさせて一部女性会員に臨んだ形跡がある。そればかりか彼は、妻との情交をその夫に承認させることで、幹部会員の全生活面に及ぶ彼の権力を確認すると同時に、その夫たる幹部の自尊心をくじき、人間性を損ない、自立的な判断を放棄させて池田の命令に絶対服従する人間につくりかえることにも用いたとみられる。

池田の行いはうじゃじゃけたものとはいえ、夫たる会員にとっては極限状況的な試練なのだった。ちょうど一睡もさせずに総括して人間改造を図る訓練法のように、彼には己の性器を幹部の「人間革命」に用いたことが疑われる。

また池田は金に対して身を慎しんでいると宣伝してきた。彼の年間所得は昭和四十九年の一億三千五百三十三万円をピークにその後はほぼ漸減し、五十四年には三千四百五十万円へと下がったと届けられている。池田の家は創価学会本部近くの東京・信濃町の一等地にあり、四十一年三月、家・土地ともに創価学会が播磨造船所から買いとったものを、四十九年七月に池田に売却した形をとっている。池田は四十一年九月から、創価学会から同家を借りていたが、あらためて買いとったのである。敷地は四六二・八四平方メートル（約百四十坪）、家は木造瓦葺《かわらぶ》きの二階建てで一階三三平方メートル、二階が一一一・一二平方メートルと、土地柄からいえば頭抜けた豪邸である。

内部文書をたどると、この家を池田は創価学会から時価よりだいぶ低目に買ったとみられる。

まず家を買う前、四十八年十月八日の記録では、池田はこういう。

「私は、月給十八万円ですよ。重労働者だ。家だって借り屋ですよ。（略）私は私有財産ゼロですよ。（略）女房が言っていた。あなたが死んだら困まるからこの家だけでもなんと（か）買ってくださらないかって。中西（注・総務の中西治雄）に相談したら、七千万円だという。とても、そんなの買える金がない。高くて買えないよ」（総本山で）

この年の池田の年間所得は一億一千三百五十七万円であり、月割りにすれば九百四十六万円あまり、「月給十八万円」とは雲泥の開きがある。が、ここで重要なのは七千万円という家の価格である。

ついで五十一年十一月三日の語録では、

「私（の）家だって、まだ十年月賦で五分の一しか払っていない。何もない、私は」

（第四回鳳友祭での挨拶）

という。彼は四十九年七月に買ったのだから、このときまでに二年余り経過しており、ちょうど十年月賦、頭金なしの均等割りなら、「五分の一」にぴったり相当する。

ところが一月後の十二月九日、池田は原島宏治（公明党初代委員長）の十三回忌の席でこういう。

「私も、ついこの間までは、借家です。それではまずいということで、いろんな原こう（稿）を書いておりますから、原こう書いているから今のうちになんとかしなくちゃならないという、強い要請がありまして、十年ばかりで今払っている。二千七百万今残っていますけども、それが実態です」

彼の言によれば、残り五分の四が二千七百万円である。ということは総額三千三百七十五万の家ということになる。四十八年時、七千万円の住宅をその後の値上がりや金利分があるにもかかわらず、池田は半値以下、十年賦で入手したことになろう（池田は『週刊朝日』昭和五十六年四月十日号で、彼の家は七千八百万円、銀行ローンで支払い、銀行には十年賦で返済し、期限前に返し終わったといった意味のことを述べているが、登記簿には銀行ローンの記載がなく、「財産といえば、この家一軒」のはずの彼は何を担保に銀行ローンを利用できたのだろうか、きわめて疑わしい話である)。

長期間にわたる池田の会内での地位の重要さを思えば安い支払いともいえようが、これが彼の廉潔の宣伝を裏切る行為であることはいうまでもない。加えて池田にはⓅ(マルピー)代の疑惑が持たれている。

Ⓟ代とは中元、歳暮、池田の外遊などに際し、通常のそれらとは別に公明党議員や創価学会の外郭企業、本部職員などから集められ、池田に贈られる現金である。国会議員や都議が一人三万か四万円、地方議員が一万円から二千～三千円、党本部職員が三千円から千円、外郭企業とその社長から多くは百万円単位、少なくて数十万円が集められるという(『週刊文春』昭和五十五年八月七日号)。

Ⓟ代はその都度、数千万円の現金となって池田の手に入るが、源泉課税されず、池田が所得申告して贈与税を支払ったという話を聞かず、今では脱税が疑われている。

池田はこうして所有権において廉潔ではなかったが、使用権においてはなおさら度をこしていた。創価学会は昭和四十九年から五十二年にかけて会員から特別財務として六百七十億円を集め、全国各地に会館や研究所を乱立させたが、山崎正友の手記(同前、昭和五十五年十二月四日号)によれば、そのうちの三分の一を下らない額を池田専用の豪華施設に振り向けたという。彼は多くの会館に専用フロアを設け、そこではトイレにまでじゅうたんを敷きつめさせていた。

そのほか、池田が国産と外車と、二台の車を乗りかえていたとか、旅行に専任のコックをひきつれていくとかの話が伝えられている。彼が所有においてより使用において専横をきわめたのは、創価学会規則(四十五年一月施行)で彼の利益が保証されていたからである。

その第十七条は「代表役員(池田)はこの法人と利益が相反する事項については代表権を有しない。この場合においては、第十四条第一項の規定に準じて仮代表役員を定める」と一応池田の権限を規制していたが、その第十四条第一項というのは「代表役員の代務者は代表役員(池田)が予め定められた順位により責任役員が就任する」となっており、まるきりの尻抜けであった。池田は息のかかった者を代表役員代務者に定めれば、創価学会の財産でも思うがままに処置できたのである。

こうして創価学会自体が池田の持ちものだったから、創価学会への寄付も、創価学会からの借家の買収も単に形式にすぎなかったともいえよう。

アナクロニズムで無内容な文章のたれ流し

池田が偉大だったのは創価学会＝公明党によってだったが、いつしか池田は、組織を離れて裸一貫でも偉いのだと思いこみ始めた。その思いこみに大いに力を貸したのは彼の著作活動であった。彼の著書はことごとくが大ベストセラーとなった。

「小説『人間革命』は一巻から五巻まであるし、合計で六百十七万部。『家庭革命』三十五万部、『科学と宗教』五十万部、『私はこう思う』四十二万部、『わたくしの随想集』四十五万部、十月に出たばかりの『私の人生観』でもわずか一カ月たらずで三十万部だ」（浅野、前掲書）

これらは内容ではなく、池田の創価学会会長という地位によって売れたと見られる。彼の本を会員外の者が、どれほど購読したかは詳《つまびら》かでないが、たとえば『人間革命』五巻で計六百十七万部は、一巻あたり平均百二十三万部となり、購読者を会員だけとしても、むしろ少なきにすぎるようだ。公称世帯数におよばぬことは当然としても、公称教学部員数百八十五万人にも達してはいない。

同書は教学部の任用から助師、講師、助教授補、助教授、教授補に至る各級すべての試験に出題され、受験者は『聖教新聞』に連載された分を読むとしても、利用しやすい形で手元に置きたいだろうから、その多くが購入したであろう。

ましてー般の新聞社、出版社から刊行された随想ものの最高四十五万部は、大ベストセラーはまちがいないものの、池田の地位にしては、さらに少部数との感は免《まぬか》れず、会員外の購読者はごく少数だったにちがいない。そうならば、池田はなくもがなの自著によって会員の財布をいっそう軽くしたのだから、それによる印税の、会活動への寄付は当然だったといえよう。

が、ともあれ池田はこうした実績を踏まえて、私は小説家というより詩人といい、また言論抑圧の際には、

「私自身、小説も書いております。随筆も書いてきました。いろいろな論文も書いております。これからも書いてまいります。近代社会の言論の自由の恩恵に浴している一人であります」（池田『池田会長講演集』三）

と、誇らしげにいうことができた。

本書の巻末の「主要参考文献」の最初に池田の著書を掲げているが、これで昭和四十六年時までの池田の全著作の三分の二ほどであろうか。もっとも彼の本は、講演にしろ、随筆にしろだいぶ収録文がだぶっており、速記による講演や講義、輩下が編集したと思われる指導ものを除けば、著作らしい著作はかなり少数となる。

が、いずれにしろ、池田は一日に九枚から四十枚というペースをもって教義、講演以外にも様々な分野で発言してきた。『人間革命』のほか、ありきたりの微温の常識をとく女性ものや少年もの、物知りのあまり、カントが「『法哲学』等の有名な著書を残した」とする『政治と宗教』、科学的な研究の成果が仏法の正しさを証明すると主張する『科学と宗教』、さらにはまた、その多くが、ああとか、おおとかで始まり、命令形で終わる、時代錯誤の寮歌と星菫派《せいきんは》の混交物、デラックスな詩集『青年の譜』をも出版した。

池田の名による多数の著作は代筆陣に支えられていた。『人間革命』は本部近くで博文堂という書店を経営し、川用清史《かわもちせいし》というペンネームを持つ作家でもあった篠原善太郎による。また池田の日蓮正宗の教義関係の著作は参院議員の多田省吾と、元教学部長・原島嵩の代作、『忘れ得ぬ人々』は聖教新聞局長の佐々木捷祐《ささきしょうゆう》、松岡資、『仏教説話』は同論説委員長の松島淑《まつしまきよし》のそれぞれ代筆、ほかに現教学部長・桐村泰次《きりむらやすじ》、総務・野崎勲《のざきいさお》、野崎至亮《のざきしりょう》、川田洋一《かわだよういち》、松本一夫《まつもとかずお》らの幹部も代筆陣の一員であり、彼らは「特別書籍」という名のグループをつくっていたという（『週刊文春』昭和五十五年六月十九日号）。

たしかに池田自身、『人間革命』を書くと発表した昭和三十九年四月一日、「私ひとりではできませんもので、同じく戸田門下生を代表して、一、二名の人に手伝ってもらう予定であります」（『聖教新聞』昭和三十九年四月四日）と語っている。その「手伝い」がどの程度のものか、おそらく代筆にまで及ぶものだったのだろうが、一面、池田もなかなか文章にうるさかったのも事実である。内部文書の中には池田が聖教紙の記事を書き直す場面のものがあったり、代筆した原島嵩でさえ、自分は「文章も下手で、先生にずいぶんご迷惑をかけたことも幾度もあり」（原島『池田大作先生への手紙』）と記している。

彼の著作の中には全面的な代筆によるものも含まれていようが、そのようなものをも含めて、彼の名による著作には彼の構想や文飾がなんらかのかたちで混入していることは確かとみられる。芸能人の自伝等によくあるように、短時間取材して、ゴーストライターがまとめるものとは性格を異にしている。

ものを書く人間として恥ずべきことにちがいないものの、ここでは一応、池田の名による著作は池田の著作として扱うことにする。

池田は自ら、「私は、あくまでも、創価学会会長であり、仏法の指導者の立場である。政治、経済、教育、学術、芸術等の、万般にわたる文化の土壌を創っていくのであ」（池田『政治と宗教』）ると述べた通り、ルネサンス的な全能者だったから、彼の脂ぎった手で言葉を汚し、洛陽の紙価を高める権利を授けられていたのであった。

池田の全著作は、主として彼の物怖《ものお》じしない態度の産物であった。彼の著作の水準は、一般紙の読者投稿欄のそれを抜くものではない。一般向けのどの書をとっても、陳腐な世智が冗漫に記されているにすぎず、読了するに退屈で耐えがたいものばかりである。そこには、宗教者の書いた書籍にときおり見られるハッと胸をつかれる指摘も、にじみ出て迫る精神の高貴さもなく、逆に池田ほどの権力者だけが持つような邪悪なまでの権力意志のひらめきもなく、あるのは凡庸と無内容ばかりである。

また池田の詩にしたところで、小器用さは認められるとしても、その意識はせいぜい明治の段階にとどまり、世界は円満に自己完結しているのだった。

彼にあっては少年の心は、結構なことに、「もぎたての果実のように　柔軟」（『少年』）だし、また「少年動かず　月明かり　伝記と歴史の　書をよみて　紅顔可憐に涙あり　正義の心の鼓動楽」（『厚田村』）なのである。月並みというより、むしろ噴飯ものの語法と発想、貧しさを貧しさなりによしとするリズム、紋切型の感性。ここに、太宰治の作品中、「走れメロス」だけしか理解し得ない池田の限界が露呈している。彼にとっては、詩は世界の認識ではなく、卑小、甘美な感傷と粉飾の小世界であった。

彼はことによると、現代にはまれに見る全的人間だったかもしれないが、それは彼の度しがたいアナクロニズムによってのみ、からくも可能だったのだ。

池田は売れることを自負とし、会員と同調者からの激賞を内発性にかえて、恥ずかしげもなく著作活動にいそしんできた。池田の文章に対して、世間がその発行部数に対したとき以上には、賛嘆の声をあげることを惜しんだのも道理である。

曾野綾子《そのあやこ》は、「ツルツルで読むものの心にナニもひっかからない」、野坂昭如《のさかあきゆき》は、「区役所の広報、お知らせみたいなところがあるヨ。味もソッケもない。……ボクはつまらない文章だと思います」と評した（『週刊文春』昭和四十五年三月三十日号）。またマックファーランドは、創価学会の出版物は、「日本語のも英語のも、露骨なほど宣伝臭が強く、また空理空論なものが多い。そして、その文学的な質はきわめて貧しい」としている。

「昔の人の芸術は実に優秀であった。それは夜は電燈がなく、睡眠を思いきり取ったからともいえよう」（池田『指導メモ』）という池田学説をもってしても、彼の名高い睡眠時間の短さでは、ロクな詩や小説はできなかったということになろうか。

池田がどのように知的上昇の思いに身もだえしようと、彼はどこまでいっても疑似《えせ》インテリから抜けられなかった。彼は二十三歳時の日記に、「久方振りに、バーバーにゆく。帰り浴場（バス）にゆく」（池田『若き日の日記から』昭和二十六年四月二十四日の条）と、小、中学生並みの英語を使わずにいられなかったが、これと、「学生を、破壊的な抵抗運動に走らせたものは、現代大学社会に瀰漫《びまん》する積年の病弊と、矛盾にあることは誰の目にも明らかである」（池田「学生問題に思う」昭和四十四年、『私はこう思う』所収）との、もっともらしい、その実何もいってないに等しい無内容との間には、本質的な差違はなに一つない。

ベストセラーが現れると浮かび上がる、やや軽蔑的なニュアンスを含んだベストセラー購読者層という言葉があるが、池田をはじめとする創価学会員たちは、どうやらその層と多分に重なる疑いがある。彼らはまじめで時流の知識の獲得に熱心なのだが、どうも偏頗《へんぱ》なのである。

池田はしきりにインテリ的な一家言を持ちたいと願ってきた。おそらく池田の心内には、彼が意識する、しないにかかわりなく、知的水準の低さが定評と化した感のある創価学会＝公明党と、彼自身を同一視しないでほしいとの願望もあったことだろう。

そのために、彼はその時々の最新の話題と流行語の使用法を会得した。たとえば池田は、言論妨害を一応詫びた昭和四十五（一九七〇）年五月の演説で、日蓮はともかくとしても、ボルテール、エーリッヒ・フロム、ボールディングを引用し、アインシュタイン、トインビーを引き合いに出し、またコンピュータ、アポロ13号、アース・デー、世代の断絶、スチューデント・パワー、ゲバルト、ヒッピーなどに言及、ないし言葉として使っていた。

だが、それは単にそれだけにとどまり、文章としても構造化されず、つねに上すべりなものに終わった。

「ソ連はこの『言論の自由』の威力が、社会主義国においては、原子爆弾より恐ろしいことを知って、恥も外聞もなく、武力介入に出ざるを得なかったのであろう」（『プラハの秋』昭和四十三年、『私はこう思う』所収）

池田は天下国家を大所高所から論じれば、単に語としての把握にとどまっても、それだけで自身の大物ぶりを自覚するという快感を覚えることができた。彼はもっともらしさとしかめっつらの教養主義者で、彼がこれぞと思う知識人像に自らを合わせ、得々と弁じたてた。

が、そこでは文は人なりの言葉そのままに、池田らしいいくつかの特徴を隠すわけにはいかなかった。

まず尊大な語り口。「私は……現在の地球の防衛について、いかにすべきかに思いを致しているのである」（『人間革命』四）「私は……人間の異常さに考えをいたしているのである」（同前六）

比喩《ひゆ》による見せかけの論証。

「自動車も走っていれば、窓から風もはいって涼しいが、止まっていたのでは、風も入らないから、涼しさを味あうことができない。同じように信心も前進していなければ、しあわせをわが身にうけることはできない」(『指導メモ』)

冬ならば涼しいどころか寒いだろうし、風があれば止まっていても涼しいだろう。また窓やベンチレーターが閉まっていれば、走っていても風は入らない。このような屁理屈《へりくつ》をもってしても、この一文は何ものでもなくなる。比喩による論証は俗耳《ぞくじ》に入りやすいという利点はあっても、多くが不正確で、偽りの論証にすぎない。

非科学的な床屋談議。

「戦前、満州に日本人が行くようになったら、それまで鳴らなかった雷が、鳴りはじめた。北海道や東北も、人口がふえてきたら、雪が少なくなったという。どれほど、人心の動きが、宇宙に瀰漫《びまん》し影響するかという証拠である」(同前)

これは床屋談議にはふさわしかろうが、指導と銘打った活字にする文章ではあるまい。いうまでもなく天候は、局地的な人口増がただちにその局地に影響するようなものではない。天候を決定する要因は多数複雑なはずであり、もし人口増だけによるのなら、積雪量の年ごとの変化は説明できないことになる。

総じて池田の文章は、大仰な形容、陳腐な表現、新しがり、論証抜きの断定といった欠点があると思われるが、さとう・せいこうは彼の文章に即して詳細に批判を試みている。次に再引用する池田の文章は、例の戸田の原水爆声明に関する『人間革命』の一節であり、よくも悪くも彼の文章の典型であろう。

「〈いったい『魔』とは、どんな正体なのであろうか。これまで、抽象的な解釈や説明はなされてきたが、要を得た解明はみられない。だが、根本的には、幸福を奪うもの——人をして、不幸へ、不幸へと落としてゆく作用、力であるにちがいない。では、その『魔』を見破ることのできるものは何か。ここに、生命哲学の重大さが浮び上ってくる。結論していえば、『魔』を破るものは、ただ一つ『仏』の生命しかないのだ。魔は絶対に、仏に勝つことはできない。ゆえに、核戦力という魔の仕業も、所詮《しょせん》は仏の軍勢によって衰滅するに至るであろう。核能力の絶滅ということは、二十世紀に時を同じくして、この地上に出現した、仏の軍勢の使命にかかっている〉（池田『人間革命』四）

これまたアッケラカンとしている。魔が『どんな正体なのだろうか』と自問しながら、『根本的には、幸福を奪うもの』という、自分で遺憾《いかん》とした『これまで』の『抽象的な』『説明』しかできないのである。何が『だが、』であろうか。もっとも、それ以上説明できるはずもない『にちがいない』のであるのだけれども。続けて『魔を見破る』ことがさもさも『重大』そうに語られ、その証明がメンドクサクなったのであろう、『結論していえば』とくる。そして、『魔は絶対に、仏に勝つことはできない』と断言し、この断言に勢いづけられて「ゆえに」と、力を入れる。この断言はどこからくるのかは皆目見当がつかない。例によってアイマイである。そういう時にかぎって彼らはゼッタイニと断言してそこをすばやくスリ抜けてしまうのだ」（さとう『池田大作を裁く』）

これにつけ加えることはあるまい。池田の文章の一大特色は非論理という点にあり、ゆえにとか、したがってとかの論理の帰結を示す言葉を単なる整調に用いる点にある。前章で引用した衆議院進出の演説（二五八ページ）は、書かれた文章とはいえまいが、それをよく示していよう。

このことは池田がなかなか詭弁《きべん》にすぐれ、飛ばし読みする分には、――もっとも『人間革命』は前述したように教学部の試験に出題され、会員は熟読玩味《じゆくどくがんみ》を要求されるのだが、――さしてアラの目立たない文章を書けたということでもある。

彼の臆面《おくめん》もない自己肯定――池田は『中央公論』昭和四十六年七月特別号「日本の

宗教」で、「自己否定と法華経」という題の文章を求められ、私には書けないと断わった、その結果、「自己変革と宗教者」になったという——と、自己陶酔——「やや長い睫《まつげ》毛が、影をおとし、稚《いとけ》ない眼元を涼しくしていたが、また、そのあたりに憂いを帯びていた」（池田自身である副主人公の描写、『人間革命』二）——をもってすれば、彼は創価学会会長ならずとも、彼自身をモデルとするスーパーマン的な善玉が主人公の、彼の用語を借りれば、五、六流の通俗小説の書き手には立派になれたとみられる。

時代の貧しさと低俗性の産物

こうして池田は宗教という辛気くさい世界で、組織と自己の人間性を正しく結びつけ、全能者である彼自身の膨大化を完成し、法外な権力を手にしたのみか、全分野にわたって自らの臭い息を吐きちらした。彼は庶民の非科学的とはいえ、拠《よ》りどころを求めてやまない真摯《しんし》な心と金銭に基づき、どのような場合でも自己嫌悪を知らない安定した精神と、俗物風にすぐれた平衡感覚とをもって日本国を望見し、愛用の「余」

という単語を「朕《ちん》」に似せて発音した。

　彼は徹底的な俗物性によって、彼の権力を貫く主要な色調とした。彼が自ら凡人を称したように、その個性は公私両面にわたる非行にもかかわらず、彼の意識の面では肥大した凡庸《ぼんよう》にきわまり、そこには興味をひくに足る何ものもなかった。彼に関心を払わざるを得なくさせたのは、創価学会＝公明党という組織に裏打ちされた彼の権力の大いさと、その現れ方である。

　昭和四十五年上半期の世論が彼をたたくまでは、彼の綸言《りんげん》は汗のごとくではなく、彼の言葉は彼の言動を規制することがなかった。彼の権力を政治の場に持ち込ませぬためには、さらに継続的な監視が必要だろうが、ほぼその権力の強大化は終熄《しゅうそく》し、五十五年下半期の世論によって彼の今後は風化の過程に入った。

　彼を「偉人」と仰がねばならなかったのは、まさしく時代のもつ散文性の悲劇にちがいなかった。現代は大物の役柄でさえ、つまらぬ管理的な小物にしかつとまらぬ時代かもしれない。後世が彼を記憶しているなら、皮肉をこめて、この時代の貧しさと低俗性が生んだのっぺらぼうの八岐《やまた》の大蛇《おろち》だったと評するのだろうか。

主要参考文献

池田大作「池田会長全集」1、3、「池田会長講演集」全十三巻、「巻頭言・論義集」全四巻、「池田会長講演集」第一―第三巻、「立正安国論講義」、「指導メモ」、「指導要言集」、「指導集」、「人間革命」第一〜第十巻、「科学と宗教」、「政治と宗教」

池田大作「わたくしの随想集」、「私の人生観」、「私はこう思う」、「私の人生随想」、「家庭革命」、「女性抄」、「少年に語る」、「青年の譜」

＊　＊

央忠邦「池田大作論」、小林正巳「池田大作」、高瀬広居「池田大作」、室伏高信「池田大作」、五島勉「現代の英雄」、二反長半「若き池田大作」、平林猛「巣立ちの日々」、小口偉一「宗教と信仰の心理学」（「新心理学講座」第四）、日本共産党中央委員会出版局「公明党と池田大作氏」、さとう・せいこう「池田大作を裁く」、斎藤康一「写真池田大作を追う」、菊村到「小説池田大作」、千葉耕堂「亡国の書『人間革命』の解剖」、原島嵩「池田大作先生への手紙」、松本勝弥「池田大作言行録」

＊　＊

戸田城聖「戸田城聖先生講演集」上、下巻、「戸田城聖先生巻頭言集」、「戸田城聖先生論文集」、「若き日の手記・獄中記」、妙悟空（戸田）「人間革命」、日隈威徳「戸田城聖」

牧口常三郎（戸田補訂）「価値論」、池田諭「牧口常三郎」

小平芳平「創価学会」、「日蓮正宗教学問題の解説」、秋谷城永編「創価学会の理念と実践」、東京大学法華経研究会編「日蓮正宗創価学会」、原島嵩「創価学会」、創価学会教学部編「折伏教典」、「日蓮正宗創価学会批判を破す」、「創価学会」、聖教新聞社「創価学会」、現代マスコミ研究会編「創価学会と公明党」

＊　＊

高瀬広居「第三文明の宗教」、鶴見俊輔、他「折伏」、草柳大蔵「現代王国論」、央忠邦「日本の潮流」、J・W・ホワイト、宗教社会学研究会訳「創価学会レポート」、後藤弘「創価学会の経営学的分析」、中江克己「創価学会の10年」、浅野秀満「あすの創価学会」、三木淳「写真創価学会」、湊邦三、高橋敏撮影「富士大石寺」、津山厳「第三の全学連」

佐木秋夫、小口偉一「創価学会」、竹中信常「創価学会」、笠原一男「政治と宗教」、「転換期の宗教」、中濃教篤編「創価学会への教学的批判」、石田郁夫「創価学会」、植村左内「これが創価学会だ」、藤原弘達「創価学会を斬る」、「続・創価学会を斬る」、新宗教新聞社「創価学会犯罪白書」、「創価学会の実態」、由比宏道「毒鼓の縁」、世界仏教協会編「創価学会を折伏する」、立正佼成会青年本部調査班編「創価学会批判のために」、毎日新聞社会部編「暴力新地図」、芹沢正憲「創価学会・10の疑問」、七里和来「創価学会はどこへ行く」、山崎正友「盗聴教団」

＊　＊

村上重良「創価学会＝公明党」、同編「創価学会と公明党」、福島泰照「日蓮正宗・創価学会・公明党の破滅」、「創価学会・公明党の解明」、新田倫三「創価学会・公明党の真相」、榊利夫、中川一編

「公明党・創価学会批判」、言論・出版の自由にかんする懇談会編「公明党創価学会の言論抑圧問題」、段勲編「創価学会・公明党の研究」

＊　＊

公明党政策局編「公明党の主張」全八巻、鈴木一弘、矢野絢也編「労働運動と宗教」(「創価学会の思想」3)、松島淑、谷口卓三編「公明党の歩み」、毎日新聞社編「〝公明党政権〟下の安全保障」
高瀬広居「公明党」、戸川猪佐武「前進する公明党」、足立利昭「太陽と潮」、「新生する公明党」
村上重良編著「公明党」、内藤国夫「公明党の素顔」、木谷八士「疑惑のなかの公明党」、塚本三郎「公明党を折伏しよう」、日本共産党中央委員会出版局「公明党議員の言動批判」、「公明党への国民の審判」

＊　＊

高木宏夫「日本の新興宗教」、小口偉一「日本宗教の社会的性格」、「宗教社会学」、戸頃重基「近代日本の宗教とナショナリズム」、佐木秋夫、他「教祖」、H・N・マックファーランド、内藤豊、杉本武之訳「神々のラッシュアワー」、村上重良「国家神道」、E・ホッファー、高根正昭訳「大衆運動」、E・J・ホブズボーム、青木保編訳「反抗の原初形態」、遠山茂樹、他「昭和史」、早乙女勝元「東京大空襲」

＊　＊

「聖教新聞」、「大白蓮華」、「公明新聞」、「公明」、「第三文明」、「週刊言論」
「赤旗」(昭和44年12月〜45年6月)、他に「朝日」、「毎日」等の一般紙

＊　＊

「真相」30年83号、30年11月号、「日本」34年9月号、「評」32年9月号、「婦人公論」32年10月号、「大法輪」32年9月号、33年5月号、36年10月号、「文藝春秋」43年2月号、44年9月号、45年3、4月号、「中央公論」32年11月号、41年12月号、46年7月特別号、「宝石」42年12月号、44年1月号、「現代」45年2、5、6、7月号、「太陽」39年9月号、「諸君」46年10月号、「文芸朝日」38年8月号、「春秋」46年9、10月号、「現代の眼」47年1月号、「伝統と現代」44年10月号、46年2月号、「あそか」43年別冊陽春号、「綜合ジャーナリズム研究」41年1、2月号、「改革者」45年3月号、「文化評論」37年3月号、45年3月号、「前衛」45年3月号

＊　＊

「週刊朝日」31年7月29日号、同9月2日号、32年7月7日号、34年6月21日号、45年3月20日号、同3月27日号、同4月24日号、56年4月10日号
「週刊読売」30年10月30日号、45年1月23日号、同2月27日号、同3月13日号、同4月3日号、同5月8日号
「週刊サンケイ」33年5月11日号、41年10月31日号、45年3月30日号
「週刊コウロン」35年5月3日号、同7月19日号、「週刊東京」31年8月18日号、「新週刊」37年8月7日号、「日本週報」33年11月15日号、「週刊新潮」34年9月28日号、40年5月22日号、41年8月27日号、43年12月19日号、45年2月7日号、同3月28日号、同4月18日号、46年3月13日号、同7月3日号、同12月11日号、55年6月12、19日号
「週刊文春」34年5月18日号、37年11月19日号、44年12月8日号、45年3月23、30日号、同5月18日号、46年10月11日号、52年9月1日号、55年6月19日号、同8月7日号、同9月1日号、同12月4、

11日号
「週刊現代」40年4月1日号、同9月9日号、42年11月2日号、44年8月28日号、45年1月22日号、同2月5、19、26日号、同3月19、26日号、同4月2日号、同5月14日号
「週刊ポスト」45年1月16、30日号、同2月27日号、同5月1日号、53年9月22日号
「週刊明星」34年6月28日号、「人物評論」43年2月1日号、「朝日ジャーナル」37年8月5日号、45年3月15日号、「エコノミスト」43年12月3日号、「日本読書新聞」38年10月28日号、「週刊読書人」34年6月15日号

（順不同、同一著編者のものでも発表年時に従っていない）

単行本あとがき

池田大作氏の歴史が続いている以上、彼を客観的に叙述することは難しいが、筆者は彼への感情的な論断や、事実に裏づけられない批判を避ける努力はしたつもりである。しかし、本書の準備中、執筆中を通して終始、池田氏の人間性を積極的に評価できなかったことは、遺憾ながら、告白しておかねばなるまい。

本書への批判や非難もあることと思うが、その場合には、できるかぎり全体を読まれたうえで、事実をもってなさって下さるよう、あらかじめお願いしておきたい。筋の通った御教示、御批判に対しては、耳を傾けるにやぶさかでなく、そればかりか浅学非才のこととて、むしろ感謝をもって歓迎するところである。なお機会があれば、池田氏の会長就任以降については、さらに詳細に検討したいと考えている。

拙書《せつしょ》の刊行も昭和四十五年の創価学会＝公明党の言論抑圧問題がなかったならば難しかったであろう。同問題を提起し、闘った方々に厚くお礼を申し述べる。

本書の準備にあたっては、清水雅人氏、ある月刊誌編集部S氏から資料面での便宜《べんぎ》を与えられ、また日隈威徳氏、梅原正紀氏に資料の所在を教えられている。深く感謝したい。

なお以上の方々に資料面での御面倒をおかけしなければならなかったのは、一つに創価学会とその系列からの刊行物の多くが政策的に絶版されたことはともかくとしても、国会図書館に不備だからであった。創価学会の行為は不公正なばかりか違法でもあろう。池田氏をはじめ関係者に改善をお願いしておきたい。

本書の刊行は三一書房編集部の友人岸優氏の御尽力に負う。同氏と三一書房の方々に深謝する次第である。

昭和四十七年二月

文庫版のためのあとがき

本書の元版は一九七二年三月に三一書房から刊行した『池田大作　権力者の構造』である。三十歳になる寸前に脱稿、刊行した。当時は一面識もなかったのだが、創価学会批判の先達である藤原弘達、内藤国夫両氏に献本した。嬉しいことに両氏ともすぐ目を通して、まだ若造の私に懇切なお礼状を下さった。残念なことにお二人とも近年、お亡くなりになられた。礼状は私信であり、本来は公表を遠慮すべきだろうが、本書初版がどう識者に受けとめられたかを示すため、あえて引用の非礼を冒そう。

内藤国夫氏の葉書には同年三月二十一日の消印があった。刊行の直後である。

〈前略、読みごたえのある力作、『池田大作　権力者の構造』をご送付いただきありがとうございました。よくここまで調べあげたものと感心しながら読ませていただきました。こういう、しっかりしたものが出てくれれば、もう小生の本などはご用済みになっても、文句がいえません。私自身、教えられるところが多々あり、他の公明党創価学会ものより、一段と中身の濃いものとなっていることに敬意を払います。池田大作氏以下学会、公明党幹部にとっても、さぞ耳の痛いことでしょう。今後の一層のご活躍を期待しています〉

藤原弘達氏の葉書は三月二十三日の消印である。

〈貴著早速拝見しました。綿密なフォローと冷静の目に感服しました。まだまだ問題は終っていないのに、日本人はとかく健忘症です。本当の闘いはこれからではないかと存じます。御健闘を祈ります。一筆お礼まで。三月二二日〉

今回、あとがきを書くため古い物入れをあさって探し出したのだが、黄ばんだ葉書を手にして、当時の気持ちをまざまざと思い起こした。お二人のご感想に接して、どれだけ力づけられたことか。

だが、私は怠け者で、次の年サラリーマン生活に舞い戻った。再び書き出したのは八〇年からである。

八〇年、創価学会の元顧問弁護士である山崎正友氏、元教学部長の原島嵩氏などが学会本部から持ち出した機密資料などをもとに、驚くべき創価学会の実態を暴露し始めた。そのころ私は月刊誌や週刊誌を舞台に執筆活動を再開していたが、両氏のもたらした情報は驚天動地の内容といってよく、胸がわくわくするほどの興奮を覚えた。

この前後から創価学会本部に勤める職員などから情報が漏れ出し、意外なことも聞いた。本書を手に取った野崎勲副会長が「よくできた本だな」といったこと、秋谷栄之助会長が本書の刊行に危機感を持ち、一時筆者の動向を気に掛けたこと、日蓮正宗の若手僧侶たちが本書を池田大作研究の参考書に使っていたこと――などである。

本書は『聖教新聞』を創刊時からたんねんに読み込むことで始まっている。特に内部情報を求めたわけではなかったが、池田氏について推測したおおよそは当たっていた。相手側の創価学会から評価されて、逆にそのことを知ったのだが、物書きとしては非常な名誉と心得る。

もちろん刊行後、創価学会や池田氏からは名誉毀損の苦情や訴訟など、一切受けていない。ただ先輩ライター（故人）から八三年、学会系の『潮』誌などで見当違いの罵詈讒謗《ばりざんぼう》を浴びることはあったが、おそらく食うに窮して創価学会に取り込まれたものだろう。それなりに一目置いていたライターであり、学会に使嗾《しそう》されて晩節を汚すことになったのは彼のため残念である。

本書の増補改訂版『堕ちた庶民の神』は八一年六月、元版と同様三一書房から刊行された。その「あとがき」で筆者は次のように記した。

「(旧著=元版=が刊行されて九年の歳月が流れ)池田氏の実像はますます明らかになりつつあるが、筆者は新たにお世話になった方々への謝辞のほかには、旧著あとがきを変えたり、つけ加えたりする必要をほとんど感じていない。池田氏の人間性が変わらない以上、筆者の池田氏に対する評価も同様に変わりようがない」

本書はこの増補改訂版を底本としている。今回、講談社+α文庫の一冊に収容されることになったが、最初の刊行計画は同社生活文化局・柿島一暢氏に発している。同氏がその後『現代』編集部に移られたため、実際の刊行では生活文化局担当副部長・木原進治氏にひとかたならぬお世話になった。底本でお世話になった方々と併せ、末尾ながら深謝する次第である。

二〇〇五年八月

溝口敦《みぞぐちあつし》

(本文中においてはすべて敬称を略させていただいた)

池田大作・創価学会関係年表

	池田大作関係年表	創価学会・公明党関係年表
1928(昭3)1・2	東京府荏原郡入新井町に出生	
6		牧口常三郎、戸田城聖、日蓮正宗に入信
1930(昭5)	池田家、羽田町大字糀谷三丁目に移転	
11・18		創価教育学会創設、初代会長に牧口
		牧口、「創価教育学体系」第一巻を刊行
1934(昭9)4	羽田第二尋常小学校に入学	
6		牧口、「創価教育学体系」第四巻を刊行
1936(昭11)	池田家、糀谷二丁目に移転	
	長兄・喜一、出征	
1937(昭12)		創価教育学会発会
1940(昭15)	羽田高等小学校に入学	
1941(昭16)7・20		機関誌「価値創造」発刊
1942(昭17)3	萩中国民学校を卒業、新潟鉄工所に就職	
5・10		「価値創造」第九号で廃刊

1943(昭18)	7・6		牧口以下幹部二十一名が治安維持法違反、不敬罪容疑で投獄
1944(昭19)		池田家、強制疎開で大森・馬込に移転	
	11・18		牧口、東京拘置所にて獄死
1945(昭20)	5・24	池田家、空襲で焼失、蒲田区森ケ崎に移転	
		新橋の昭文堂印刷に勤務	
	7・3		戸田出獄、日本正学館設立
	9	旧制東洋商業学校夜間部二年に編入学	
1946(昭21)	3		「創価教育学会」を「創価学会」と改称
	5・1		第一回幹部会
	6・1		「価値創造」復刊
	9・21		栃木、群馬方面に地方折伏
1947(昭22)	3	東洋商業卒業、昭文堂印刷退社 蒲田工業会に勤務	
	8・24	創価学会に入信	
	10・19		第二回総会
1948(昭23)	4	大世学院政経科夜間部に入学	
	10		「価値創造」第十六号で停刊
	12	蒲田工業会を退社	
1949(昭24)	1・3	日本正学館に入社 家を出、大森・新井宿にアパートを借りる	

	5	「冒険少年」を編集	
	7・10		機関誌「大白蓮華」創刊
	10	日本正学館倒産	第四回総会
		東京建設信用組合の社員に異動	
	秋	大世学院を中退	
1950（昭25）	8	東京建設信用組合、営業停止命令を受く	
	秋	大蔵商事の社員に異動	
	11・12		戸田、理事長を辞任し、後任に矢島周平
	11・27	同商事営業部長	
1951（昭26）	3・11	東京建設信用組合解散	
		蒲田支部大森地区委員	
	4・6		支部組織再編成（会員約三千名）
	4・20		機関紙「聖教新聞」創刊
	5・3	講義部助師	戸田、第二代会長に就任
	5・19		日蓮正宗総本山大石寺より本部に本尊下賜
	6	大蔵商事、市ケ谷に移転	
	7・11	男子部班長	男子部結成
	7・22		臨時総会
	10	指導部準指導員	
	11		「折伏教典」発刊
	12・27	教学部講師	
1952（昭27）	1	蒲田支部幹事	

年	月日	池田大作	創価学会
	2・9	男子部参謀（班長を解任）	
	4		「日蓮大聖人御書全集」刊行
	4・27	「狸祭り事件」に参加	
	5・3	白木かねと婚姻、目黒に移転	
	5・18	男子部情報参謀、第四部隊幹部長兼教育幹部	
	9	大森・山王のアパートに移転	
	9・8		宗教法人「創価学会」設立
	10	大蔵商事取締役兼営業部長	
	12	教学部助教授	
1953（昭28）	1・2	男子部第一部隊長兼教育参謀	
	4・20	文京支部長代理	
	7・21	水滸会に参加	
	8・6		地方都市折伏
	9・6		「聖教新聞」週刊化
	11・13		本部、信濃町に移転
	11・25	太作を大作に改名	
1954（昭29）	1	「聖教新聞」社友	
	3・30	青年部参謀室長（男子部第一部隊長解任）、情報部最高顧問	青年部、一支部一部隊制、参謀室設置
	5・10	教学部教授	
	8・6	地方折伏で札幌を担当	全国地方折伏
	10・1		戸田、青年部員に国士訓を与う

	10・31		青年部大出陣式
	11・7		青年部、「世紀の祭典」行う
	11・22		文化部設置
	12・13	渉外部長（情報部解消）	
1955（昭30）	1・24		「蓮華寺事件」
	3・11	「小樽問答」に司会者として参加	小樽問答
	4・30		市議選、都区議選に五十一名当選
	5・9		都内にブロック制実施
	5・29		男子部、一万名総登山
	8	地方折伏で札幌を担当	
		大田区小林町に移転	
	8・15		全国地方折伏
	12・2		破防法適用問題
	12・10	父・子之吉死亡	
1956（昭31）	3・29		日蓮正宗法王・水谷日昇退き、堀米日淳就任
	4・1		学生部設置
	5・14		大阪府警問題
	6・30	選挙妨害対策委員会委員	
	7・8		参議院選挙三名当選
1957（昭32）	5・19		炭労問題
	6・29		大阪事件
	7・1	炭労事件に参加	

	7・3		戸田、「人間革命」発刊
	7・4	大阪参院補選にからみ、戸別訪問で逮捕される	
	9・8		戸田、原水爆声明
1958（昭33）	3・1		法華本門大講堂落慶法要
	3・16		本山に首相岸夫人らを迎う
	4・2		戸田死亡
	6・30	総務に就任（渉外部長解任）	
1959（昭34）	4・23		都道府県議、五大市議選
	4・30		統一地方選挙
	6・2		参院選、六名全員当選
	6・30	理事に就任（青年部参謀室長解任）、総務の権限規定される	組織、大幅に改編
	11・17		日蓮正宗第六十六世法主に細井日達就任
1960（昭35）	4・22	第三代会長に池田就任決定、発表	
	5・3	池田、創価学会第三代会長に就任	戸田「巻頭言集」
	10・23		アメリカに総支部結成
	10・31		海外部発足
	11・27		「第三文明」発刊
1961（昭36）	3・5		教学部任用・昇格試験、部員四万名
	5・3		文化局、事務総局設置
	11・26		初の教学部教授試験
	11・27		公明政治連盟結成

1962(昭37)	1・7		公政連「基本要綱」「基本政策」を発表
	1・25	大阪の参院選違反事件で、池田に無罪の判決	
	1・27		東洋学術研究所設置
	3・3	法華講大講頭に任ぜられる	
	4・2		公政連機関紙「公明新聞」創刊
	7・1		参院選に九名全員当選
	7・20		参議院公明会結成
	8・4		富士吹奏楽団結成
	9・13		機関紙「公明」創刊
1963(昭38)	1・8	世界一周指導	
	4・17		統一地方選挙、都知事選で自民党系無所属・東龍太郎を支持
	5・6		全国に公明会「生活相談所」開設
	5・25		アジア文化研究所設置
	9・1		民主音楽協会（民音）発足
1964(昭39)	2・26		アジア民族協会発足
	4・1	大客殿落慶法要、池田、信徒の最高位である法華講総講頭に任ぜらる	
	5・3	池田、政党化と衆院進出を発表	
	8・3		「公明新聞」週三回発行となる
	8・15		海外初の機関誌「ワールド・トリビューン」創刊

年	月日	池田大作	創価学会
	11・2		公明会館落成式
	11・7	「政治と宗教」発行	
	11・17		公明党結成大会
	12・9		公明党初代中央執行委員長・原島宏治死亡
1965（昭40）	1・1	「聖教新聞」に「人間革命」の連載始める	
	4	富士短期大学（大世学院の後身）に再入学	
	4・2	「御義口伝講義」上、発行	
	5・3	「科学と宗教」発行	
	6・15		「公明新聞」日刊化
	7・5		参院選に十一名当選
	7・15		「聖教新聞」日刊化
	10・17		正本堂建立御供用金奉呈式
1966（昭41）	2・27		理事長に和泉覚就任
	3・5		壮年部結成
	7・3		男子部「青年ジャーナル」、女子部「華陽ジャーナル」発刊
	7・25	「立正安国論講義」発刊	
	11・26		文化部機関誌「文化創造」発刊
1967（昭42）	1・6	「公明党のビジョン」発表	
	1・29		公明党、初の衆院選に二十五名当選。委

			員長に竹入義勝、書記長に矢野絢也
	4・2	「指導集」発刊	
	4・15		都知事選、阿部憲一落選
	5・3		理論部結成
	9・1		東京文化会館落成
1968(昭43)	1・29		創価学園落成式
	2・9		「日蓮正宗創価学会の時間」始まる
	3・3		「公明党アワー」始まる
	7・8		参院選に十三名当選
1969(昭44)	2・10		「人間革命」ラジオ放送開始
	7・14		公明党、都議選で第二党に
	10・7		創価大学定礎式
	12・17		「赤旗」が、「創価学会を斬る」(藤原弘達・著)に対する学会・公明党の出版妨害事件の記事を連載
	12・28		公明党、衆院選で四十七人当選、第三党に
1970(昭45)	5・3	言論出版妨害事件について「猛省」を発表。「政教分離」の方針を打ち出す	
	9・2		聖教新聞社新社屋完成
	10・12		正本堂上棟式
1971(昭46)	1・15		教学部大会
	4		創価大学開校

			統一地方選
	6・6		牧口常三郎生誕百年
	6・27		公明党、参院選で十名当選
	9・21		公明党第九回全国大会、委員長・竹入義勝刺傷
1972（昭47）	10		大石寺に創価学会が寄進した正本堂完成
1974（昭49）	12・28		共産党との間で「創共協定」を締結
1975（昭50）	1・26		創価学会インターナショナル（SGI）発足、会長に池田
1976（昭51）	5・21		「月刊ペン」事件で、編集長の隈部大蔵が警視庁に逮捕される
1977（昭52）	1	講演「仏教史観を語る」で在家主義を打ち出す。これを機に、第一次宗門戦争に	
1978（昭53）	1	池田の本尊模刻が発覚	
	8		大石寺で「第一回日蓮正宗全国檀徒総決起大会」
	11・7	本尊模刻にからみ、大石寺に「お詫び登山」	
1979（昭54）	4・24	創価学会会長を辞任、名誉会長に。法華講総講頭も辞任	
	5・3		第四代会長に北条浩就任
1981（昭56）	7・18		北条浩死去、第五代会長に秋谷栄之助が就任

1983(昭58)8	「国連平和賞」を受賞	
11・2		東京富士美術館開館
1984(昭59)1	再び法華講総講頭に就任	
1990(平2)12		創価学会幹部会での池田の発言に対し、宗門から「お尋ね」文書
		宗門、法華講役員の任期制導入。池田は総講頭の資格を失う
1991(平3)3・31		朝日新聞の記事により、ルノワールの絵画取引をめぐり十五億円の使途不明金疑惑が発覚
5・7		東京国税局により、墓地事業に絡む約二十三億円の申告漏れが発覚
7		国際証券から創価学会への損失補てん発覚
11		日蓮正宗が創価学会に解散勧告
		阿部日顕管長の退座要求書を発送
		日蓮正宗が創価学会を破門
1992(平4)8・11	日蓮正宗、池田を信徒除名処分	
1993(平5)8・9		細川連立政権発足。公明党から神埼武法・郵政相、坂口力・労働相、広中和歌子・環境庁長官、石田幸四郎・総務庁長官が入閣
10		会員に対して独自の本尊授与を始める

1994（平6）4・28		羽田内閣発足。公明党より石田・総務庁長官、近江巳記夫・科技庁長官、二見伸明・運輸相、森本晃司・建設相、日笠勝之・郵政相、浜四津敏子・環境庁長官が誕生
6・29		羽田内閣総辞職。自社さによる村山政権発足。公明党は野党へ。
11		分党・二段階方式による新進党参加を決定
1995（平7）7		参院選で新進党が千二百五十万票を得て健闘。比例区で自民を上回る
12・4		参院宗教法人特別委員会で、秋谷会長を参考人招致
1996（平8）2・11		戸田記念国際平和研究所発足
1998（平10）4・21		自民党が機関誌「自由新報」に掲載した学会批判コラムについて、学会に謝罪
8・26		公明党元委員長の竹入義勝が、『朝日新聞』で手記の連載を開始
1999（平11）7・24		公明党大会で、自自連立政権への参加を決定
10・5		自自公による第二次小渕内閣で、公明党から続訓弘が総務庁長官に。
2001（平13）5・3		アメリカ創価大学開学

本書は、一九八一年六月に三一書房より刊行された『堕ちた庶民の神――池田大作ドキュメント』に一部加筆・修正の上、文庫化したものである。

溝口 敦―ノンフィクション作家。ジャーナリスト。1942年、東京都に生まれる。早稲田大学政治経済学部卒業。出版社勤務などを経て、フリーに。『食肉の帝王』（講談社＋α文庫）で2003年、第25回講談社ノンフィクション賞を受賞した。
著書には『渡辺芳則組長が語った「山口組経営学」』（竹書房）、『化・け・るサラリーマン』（にんげん出版）、『チャイナマフィア』『日本発！世界技術』『仕事師たちの平成裏起業』（以上、小学館）、『武富士　サラ金の帝王』『血と抗争　山口組三代目』『山口組四代目　荒らぶる獅子』『ドキュメント　五代目山口組』『武闘派　三代目山口組若頭』『撃滅　山口組vs一和会』（以上、講談社＋α文庫）などがある。

講談社＋α文庫　池田大作《いけだだいさく》「権力者《けんりよくしや》」の構造《こうぞう》

溝口《みぞぐち》 敦《あつし》

2005年9月20日第1刷発行

発行者――野間佐和子
発行所――株式会社 講談社
東京都文京区音羽2-12-21 〒112-8001
電話 出版部(03)5395-3545
販売部(03)5395-5817
業務部(03)5395-3615

カバー・本文写真―講談社資料センター
デザイン――鈴木成一デザイン室
カバー印刷――凸版印刷株式会社
印刷――慶昌堂印刷株式会社
製本――有限会社中澤製本所

落丁本・乱丁本は購入書店名を明記のうえ、小社業務部あてにお送りください。
送料は小社負担にてお取り替えします。
なお、この本の内容についてのお問い合わせは
生活文化局Cあてにお願いいたします。
Printed in Japan ISBN4-06-256962-0
定価はカバーに表示してあります。